U0607975

高中 信息技术教师 专业能力必修

gaozhong xinxi jishu jiaoshi zhuanye nengli bixiu

教育部基础教育课程教材发展中心 组编

编委会主任：曹志祥 周安平
本 册 主 编：张义兵 李 艺

西南师范大学 出版社

全国百佳图书出版单位 国家一级出版社

图书在版编目（CIP）数据

高中信息技术教师专业能力必修／张义兵，李艺主编 . －重庆：
西南师范大学出版社，2012.4

（青蓝工程系列丛书）

ISBN 978-7-5621-5697-0

Ⅰ.①高…　Ⅱ.①张…②李…　Ⅲ.①计算机课－教学研究－高
中－师资培训－教材　Ⅳ.①G633.672

中国版本图书馆 CIP 数据核字（2012）第 055880 号

青蓝工程系列丛书

编委会主任：曹志祥　周安平

策　　划：森科文化

高中信息技术教师专业能力必修

张义兵　李　艺　主编

责任编辑：张浩宇
封面设计：红十月设计室
出版发行：西南师范大学出版社
　　　　　地址：重庆市北碚区天生路 1 号
　　　　　邮编：400715　市场营销部电话：023-68868624
　　　　　http：//www.xscbs.com

经　　销：新华书店
印　　刷：重庆川外印务有限公司
开　　本：787mm×1092mm　1/16
印　　张：13.75
字　　数：310 千字
版　　次：2012 年 5 月　第 1 版
印　　次：2012 年 5 月　第 1 次印刷
书　　号：ISBN 978-7-5621-5697-0

定　　价：27.00 元

若有印装质量问题，请联系出版社调换

版权所有　翻印必究

《青蓝工程》

编委会名单

丛书编委会

主　任	曹志祥	周安平		
副主任	付宜红	米加德		
编　委	程光泉	顾建军	金亚文	李力加	李　艺
（按姓氏拼音排序）	李远毅	林培英	刘春卉	刘克文	刘玉斌
	鲁子问	毛振明	史德志	王　民	汪　忠
	杨玉东	喻伯君	张茂聪	郑桂华	朱汉国

编者的话

在基础教育课程改革 10 周年之际，伴随着义务教育课程标准的再次修订与正式颁布，我们隆重推出这套"青蓝工程——学科教师专业能力必修系列"丛书。丛书立足于教师应该具备的最基本的教学专业知识与普适技能，为有效实施新修订的义务教育课程标准，深化基础教育课程改革，贯彻落实《国家中长期教育改革和发展规划纲要（2010－2020 年）》，助力素质教育高质量地推进提供了保证。

"教育大计，教师为本。"课程改革的有效实施和素质教育的贯彻落实需要一支高素质、专业化的教师队伍做支撑。教师的专业化发展在我国历来受到高度重视，但今天我国教师的专业化水平与社会的现实需求和时代的进步，特别是与教育改革发展的需要还存在着较大的差距。

以往，我们常常说教师要提高自身的专业水平或教学技能，但一个合格的教师究竟需要哪些最基本的专业知识与专业技能？教师的专业发展又该朝着哪个方向和目标去努力？这些问题，在教师专业化发展，尤其是在学科教师专业能力的提高上，一直以来并不是十分清晰。因此，我们聘请了当前活跃在基础教育学科领域的顶级专家，他们中的绝大多数是直接参与义务教育课程标准修订、审议或教材编写的资深学者，以担任相应学科的中小学教师应该（需要）了解（具备）的最基本的常识性知识和技能为出发点，总结了具有普适意义的学科教育教学知识和技能，力求推进教师教育教学能力的均衡发展，实现大多数教师教育教学能力的达标。从这个意义上，可以说这套丛书是教师专业化水平建设与发展的一个奠基工程，也是 10 年基础教育课程改革成果的结晶。我们希望青年教师不但能从书中充分汲取全国资深专家与优秀教师的经验、成果，更能"青出于蓝而胜于蓝"，在前辈的引领下，大胆创新，勇于超越，也因此，我们将丛书命名为"青蓝工程"。

丛书从"知识储备"和"技能修炼"两个维度展开论述（个别学科根据自身特点在目录形式上略有不同）。"知识储备"部分一般包括：①对学科课程价值的理解与认识；②修订后课程标准（义务教育）的主要精神；③针对该学段、该学科的教学所需的基本知识和内容等。"技能修炼"部分主要针对教学设计、目标把握、教学实施与教学评价等专题展开论述。每个专题下根据学科特点和当前教学实际设有几个小话题，以案例导入或结合案例的形式阐述教师教学所必需的技能以及形成这些技能所需要的方法和途径等。

本丛书具有权威性、系统性和普适性，希望对广大教师，特别是青年教师的专业成长能有实实在在的帮助。

丛书编委会
2012 年 1 月

目　录
Contents

上 篇

知 识 储 备

该篇重点讲述了对高中信息技术课程的理解与认识；修订后课标（义务教育）的主要精神，还针对高中信息技术教师的基本素质，对算法与程序设计、多媒体技术应用、网络技术应用等各方面教学方法进行了深入探讨。

专题一：对信息技术课程的理解和认识

21世纪初,社会信息化的发展已经呈现出全球化的趋势,人类社会的各个领域,包括政治、经济、教育等都在进行着逐步信息化的过程,且有日益广泛、深入迅猛的趋势。因此,进一步落实素质教育、培养能够适应信息社会、具有持续发展和终身发展的社会公民,已成为当前教育探索和关注的焦点。在中小学开展信息技术教育是全球竞争的需要,是我国社会经济发展的需要,更是培养信息时代全面发展的创新人才的需要。

我国的信息技术教育经历了20世纪80年代的起步阶段和90年代的逐步发展阶段,进入新世纪以来,中小学信息技术教育进入了全面发展的新时期。当前,我国信息技术教育的实施沿两条主线进行:其一是狭义层面上的,即在基础教育阶段设置信息技术课程,在普通高中课程标准里将信息技术作为一个独立科目放在技术领域,从此确定信息技术课程的地位;其二是广义层面上的,即把信息技术整合到其他学科之中,在其他学科学习的同时运用信息技术。

开设信息技术课程是与我国基础教育的实际相吻合的,从当前的教育体制、课程设置、教学评价、师资配备、软硬件条件等看,通过开设信息技术课程显然是有效提高我们公民信息素养的重要途径。自2003年3月,"普通高中技术课程标准(实验)"公布后,2004年秋,普通高中信息技术新课程率先在山东、广东、海南、宁夏四个省份实施,至2008年9月,先后有20多个省级单位进入高中信息技术新课程实验,信息技术课程已经在全国普遍展开。

【问题提出】

我们都知道当前高中信息技术课程的目标是培养学生的信息素养。尽管这一认识的获得花费了专家学者近数十年的研究与探索,然而在我们实施新课程的过程中,仍然面临许多疑惑:

我国的信息技术课程是如何形成与发展的?

人们是如何逐步提出"信息素养"这一概念的?

信息素养与信息技术课程的关系如何定位?

如何培养学生的信息素养?

此前的信息技术教学实践中还有哪些问题值得我们去反思,需要我们去探究?

【内容梳理】

一、信息技术课程的发展历程

关于信息技术课程的发展历程,有多种不同的阶段划分方式。观察的视角不同,课程发展过程的阶段划分也相应不同。按照发展的规模,可以将课程发展过程划分为三个阶段,即起步阶段、逐步发展阶段和全面发展阶段;从技术角度出发,可以划分为单机和网络两个阶段;根据信息技术课程观念的变化可以分为"计算机文化论"、"计算机工具论"、"计算机文化论"的再次升温、"信息素养"四个阶段。下面就以信息技术课程观念的变化为线索,梳理信息技术课程的历史演变,以进一步增进对信息技术课程的认识。

(一)第一阶段——计算机文化论

时间是从 20 世纪 70 年代末到 80 年代初,这一阶段主要是受"计算机文化"观的影响。当时标志性的口号是"程序设计是第二文化",这是由原苏联的计算机教育学家尹尔肖夫(Ershov)于 1981 年 8 月在第三届世界计算机教育应用大会(WCCE)的报告《程序设计——第二文化》中提出的。他在报告中指出,科学上的发现、社会工作组织、人们的日常生活与学习都按照一定的过程进行,都是一种有序的生活。善于还是不善于编排与执行自己的工作、生活与学习是人们能不能有效地完成各种任务以及获得一种有条理的生活之关键所在。他提出,现代人除了具有传统读写算的意识与能力以外,还应该具有一种可以与之相比拟的程序设计意识与能力,也就是说具有第二种文化——程序设计文化,而教授计算机程序设计可以帮助人们从小培养一种程序设计意识与能力。美国麻省理工学院的计算机教育家西蒙·帕伯特(Seymour Papert)于 1980 年提出计算机可以具体化形式思维,他强调应该让儿童摆弄计算机,在计算机文化的氛围中去理解现实世界。他发明了 logo 语言,并倡导学生学习这种易于掌握、结构良好、程序运行过程可见的程序设计语言。

在计算机文化论阶段,学者和专家们认为,进入信息社会后,所有的文明都是建立在以计算机为核心的信息技术上的,人们的工作和生活离不开计算机。因此,人类需要一种新的文化基础,即计算机文化。同时,比较人类思维活动的过程和人们工作生活的模式与计算机的工作原理和基本工作流程,他们认为计算机与人类的思维有着共同的特点:都要对自己的活动进行程序设计。由此,程序设计得以确立其在计算机教育中的重要地位。

受"计算机文化论"的影响,当时在我国的计算机教育中,也充分体现出对程序设计语言的学习及与之相关的逻辑思维能力培养的重视。例如,1984 年《中学电子计算机选修课教学纲要(试行)》中规定,计算机选修课的目标是:"初步了解计算机的基本工作原理和它对人类社会的影响;掌握基本的 BASIC 语言并初步具备读、写程序和上机调试的能力;逐步培养逻辑思维和分析问题、解决问题的能力。"

(二)第二阶段——计算机工具论

时间是从 20 世纪 80 年代中后期到 90 年代,这一阶段主要是受"计算机工具论"的

高中信息技术教师专业能力必修 Gao Zhong Shu Xue Jiao Shi Zhuan Ye Neng Li Bi Xiu

影响。在1985年召开的第四届世界计算机教育大会上,英国专家明确提出应当把计算机作为一种工具来应用,这一观点得到普遍的认同。这就是"计算机工具论"的提出。

持"计算机工具论"这一观点的人们认识到,使用计算机和编制程序不是一个范畴的概念。信息社会中计算机将渗透到生活的各个方面,因此人们必须学会使用,但不是必须学会编程。这种观念的变化,促使许多教育家提出计算机文化应该从教程序设计语言为主转向将计算机作为一种工具,也就以应用计算机为基础的教学。对多数人来说,普及计算机教育主要是把计算机作为一种资源、作为一种工具来掌握就够了。

受"计算机工具论"的影响,我国开始关注计算机的使用能力,也逐步明确了计算机的工具性定位。例如,1987年《普通中学电子计算机选修课教学大纲(试行)》规定计算机课程的教学目的与要求是:"使学生初步了解电子计算机在现代社会中的地位和作用,锻炼学生应用电子计算机处理信息的能力,提高学生的逻辑思维能力以及创造性思维能力。通过电子计算机选修课的教学,要求学生初步了解电子计算机的基本工作原理及系统构成;会用一种程序设计语言编写简单程序;初步掌握电子计算机的操作并了解一种应用软件的使用方法。"1994年《中小学计算机课程指导纲要(试行)》中对中学与小学计算机课程的教学目标进行分别规定,其中中学目标为:"认识计算机在现代社会中的地位、作用以及对人类社会的影响;了解电子计算机是一种应用十分广泛的信息处理工具,培养学生学习和使用计算机的兴趣;初步掌握计算机的基础知识和基本操作技能;培养学生逐步学会使用现代化的工具和方法去处理信息;培养学生分析问题、解决问题的能力,发展学生的思维能力;培养学生实事求是的科学态度和刻苦学习克服困难的良好意志品质,并进行使用计算机时的道德品质教育。"

(三)第三阶段——计算机文化论的再升温

时间是从20世纪90年代初期到世纪末,在这一阶段"计算机文化"的说法又被重新提起。不过此时"计算机文化"的内涵与80年代初相比发生了很大的变化。比如,相继出现的"多媒体文化"、"超媒体文化"、"网络文化"等概念就是新文化观发展过程中阶段性的产物。

丹麦皇家教育研究院的高级讲师安德森(B. B. Anderson)在题为《有超媒体文化才是有文化:读写算与多媒体文化是基本的技能》的论文中提出,在信息时代,文化包括六个方面:阅读文字消息的能力、书写文字的能力、理解数字与进行计算的能力(定量能力)、(不以英语为母语的人能够)以英语进行沟通与会话的能力、媒体文化(能够破译与理解那些由电视、电影以及录像等电子媒体所传播的消息所需要的知识与技能)、计算机文化(利用计算机技术手段进行沟通与会话以及解决问题的能力)等。并且他引用希格顿(Higdon)的话"超媒体文化可以定义为使用超媒体光盘以及网络服务作为解决问题与互相沟通的方便工具的能力"。费尔莫(Fillmore)在其论文《因特网:文化的最后与最好的希望》中指出:"超媒体文化使得学习者超越了只是信息的接收器与处理器的情况,而成为多媒体内容制作过程的参与者。学习者不再需要对自己的体验与看法保持沉默。利用新媒体,学生能够制作文章、声音、视频图像等,并且参加不同的讨论论坛且加入他们的进一步解释。"①此外,还有一部分人提出了"网络文化"的概念。他们认为,网络改变了人们获得信息与传播信息的手段,人们必须适应这种变化。网络不仅是人们生活、学习的一种工具,更成为了人类的一种生存方式,网络具有了文化的内涵,成为了一种新的文化形式——网络文化。从这些观点中可以看到,"计算机文化"的观念逐渐向着信息技术的使用能力转变。

受新的"计算机文化论"的影响,我国计算机课程目标也逐渐趋向重视信息意识,强调信息能力及合作精神。例如,1997年《中小学计算机课程指导纲要(试行)》中进一步将初中与高中计算机课程的教学目标进行区分,其中高中阶段的目标为:"使学生了解计算机在现代社会中的地位、作用以及对人类社会的影响,培养学生学习和使用计算机的兴趣以及利用现代化的工具与方法处理信息的意识;使学生掌握计算机的基础知识,具备比较熟练的计算机基本操作技能;培养学生利用计算机获取信息、分析信息和处理信息的能力;培养学生实事求是的科学态度、良好的计算机使用道德以及与人共事的协作精神等。"

(四)第四阶段——信息素养观的形成

时间是从20世纪末到现在。这一时期,随着信息技术高度发展,人们逐渐意识到信息技术不再是简单的技术问题,而是一种文化,一种基于信息技术的文化,一种走向大众的文化。在这一阶段"信息素养"一词逐渐走进人们的视野,在计算机教育领域日渐升温,计算机教育开始向信息技术教育转型,培养信息素养也逐渐成为信息技术教育的新目标。有关专家学者对信息素养的认识,我们会在下一节中详细地讲到。

在"信息素养观"的影响下,我国的信息技术课程目标中有了信息意识、信息处理、信息活动等提法,彰显出信息技术课程的特点,也体现出培养信息素养的目标。例如,2000年《中小学信息技术课程指导纲要(试行)》中关于高中阶段信息技术课程教学目标的描述是:"使学生具有较强的信息意识,较深入地了解信息技术的发展变化及其对工作、社会的影响;了解计算机基本工作原理及网络的基本知识;能够熟练地使用网上信息资源,学会获取、传输、处理、应用信息的基本方法;掌握运用信息技术学习其他课程的方法;培养学生选择和使用信息技术工具进行自主学习、探讨的能力,以及在实际生活中应用信息技术的能力;了解程序设计的基本思想,培养思维能力;通过与他人协作,熟练运用信息技术编辑、综合、制作和传播信息及创造性地制作多媒体作品;能够判断电子信息资源的真实性、准确性和相关性;树立正确的科学态度,自觉地按照法律和道德行为使用信息技术,进行与信息有关的活动。"《普通高中技术课程标准(实验)》(以下简称"课程标准")明确提出,普通高中信息技术课程的总目标是提升学生的信息素养。

二、信息技术课程目标定位——信息素养

21世纪以后,进入了信息网络化时代,人们畅游在信息的海洋中。随着信息量爆炸式的增长,人们犹如逆水行舟,不及时有效地处理和吸取自己所需的信息,就将成为时代

① 王吉庆.信息素养论[M].上海:上海教育出版社,2001.139~140

的弃儿。信息素养(Information Literacy)作为信息时代的一种必备能力,正日益受到世人的关注。

(一)国外对信息素养的认识

信息素养的概念最早是从图书检索技能演变发展而来。1974年,美国信息产业协会主席保罗·泽考斯基(Paul Zurkowski)首次提出这一概念,并把它定义为"人们在解决问题时利用信息的技术和技能"。与现在的信息素养理论相比,这个定义只是一个雏形。

1989年,美国图书馆协会(ALA,American Library Association)下设的"信息素养总统委员会"在其研究的总结报告中给信息素养下了这样一个定义:"要成为一个有信息素养的人,就必须能够确定何时需要信息,并具有检索、评价和有效使用信息的能力。"[①]随着信息技术的发展,这一概念迅速从图书情报界扩展到教育界乃至社会各界,逐渐成为信息时代每个公民必须具备的基本素养。

由于信息素养是对信息社会中人的信息行为能力和思维方式的整体描述,所以国外许多学者避开对信息素养定义方面的纠缠,重视对具有信息素养的人的特征的描述,提供了理解信息素养性质的广阔视角,这种描述在以后更加盛行。1992年,多伊尔(Doyle)在《信息素养全美论坛的终结报告》中给信息素养下的定义是:一个具有信息素养的人,他能够:认识到精确的和完整的信息是做出合理决策的基础;确定一个对信息的需求;形成基于信息需求的问题;确定潜在的信息源;确定成功的检索方案;从包括基于计算机的和其他的信息源中获取信息;评价信息;组织信息用于实际应用;将新信息与原有的知识体系进行融合;在批判性思考和问题解决的过程中使用信息。这个定义是在1989年定义的基础上全面展开的,因而显得更加详尽,使信息素养的内涵更加具体化。

随着教育领域对信息素养的重视,各国的研究机构和学校经过研究制定了一系列有关信息素养的评价标准,用于指导信息素养的培养工作。美国全国图书馆协会和教育传播与技术协会在1998年出版的《信息能力:创建学习的伙伴》中,给出了学生学习的九大信息素养标准。这一标准包含了信息技能、独立学习和社会责任三方面内容。随着信息技术在社会各个领域的渗透,信息道德等社会责任问题引起了人们的重视。这一标准明确提出社会责任问题,是对信息素养理论建构的一个突出贡献,从而进一步丰富和深化了信息素养的内涵与外延。

对信息素养的研究不仅限于理论层面,许多研究者还开展了试验研究。最著名、影响最大的当数"Big6技能"。1990年,美国的 Mike Eisenberg 博士和 Bob Berkowitz 博士共同创立了一个旨在培养学生信息素养、基于批判性思维的信息问题解决系统方案,由于它为成功的解决信息问题提供了必需的6个主要技能领域,因而该系统方案又得名为"Big6技能",其具体内容见表1-1[②]:

---

① American Library Association:Presidential Committee on Information Literacy.
http://www.ala.org/acrl/nili/ilit1st.html. 浏览时间:2009-11-12
② http://www.big6.com/. 浏览时间:2009-11-12

表 1-1　Big6 方案

The Big6 方案	信　息　素　养
确定任务	1. 确定信息问题； 2. 确定为解决问题所需求的信息。
信息搜寻策略	1. 确定信息来源范围； 2. 选择最合适的信息来源。
检索获取	1. 检索信息来源； 2. 在信息来源中查找信息
信息的使用	1. 在信息来源中通过各种方式感受信息； 2. 筛选出有关的信息。
集成	1. 把来自多种信息来源的信息组织起来； 2. 把组织好的信息展示和表达出来。
评价	1. 评判学习过程（效率）； 2. 评判学习成果（有效性）。

同时，Elsenberg 博士指出要将各种孤立的信息技能有效地整合在一起，必须满足两个条件：（1）信息技能必须直接与课程内容和课程作业相关；（2）技能本身必须与逻辑的和系统的信息过程联系在一起。

针对"Big6 技能"，研究人员设计了专门的技能训练课程，开展了长期的实践研究。"Big6 技能"不仅被数以千计的中小学校应用，普及领域更延伸至高等教育、成人教育[1]。鉴于"Big6 技能"的贡献，2002 年，"21 世纪素养高级会议"白皮书将"Big6 技能"誉为"教育最佳实践范例"[2]。

（二）国内对信息素养的认识

国外对信息素养培养的理论研究和实践探索日渐成熟。为了更好地利用国外已有成果推动我国的信息技术教育工作，促使我国信息技术教育再上一个新台阶，我国学者相继翻译信息素养理论，并将其本土化。其中最具代表性的著作当数华东师范大学王吉庆编著的《信息素养论》。这本书从现代社会对信息素养的需求、信息素养的目标、内容及培养等方面系统地介绍了信息素养理论。王教授认为，信息素养是一种可以通过教育所培养的、在信息社会中获得信息、利用信息、开发信息方面的修养与能力。它包括信息意识与情感、信息伦理道德、信息常识以及信息能力等多个方面，是一种综合性的、社会共同的评价。

1. 我国专家学者对信息素养的认识

在国内学者对信息素养的认识中，较有代表性的主要是李克东、桑新民、张义兵、李

① http://www.big6.com/. 浏览时间：2009 – 2 – 20
② http://www.big6.com/. 浏览时间：2009 – 2 – 20

艺的观点。

李克东提出信息素养应当包括三个最基本的要点：①

（1）信息技术的应用技能：指利用信息技术进行信息获取、加工处理、呈现交流的技能，需要通过对学习者进行信息技术操作技能与应用实践训练来培养。

（2）对信息内容的批判与理解能力：在信息收集、处理和利用的所有阶段，批判性地处理信息是信息素养的重要特征。这些素养的形成不仅要通过计算机技术技能训练来培养，还要通过加强科学分析思维能力的训练来培养。

（3）能够运用信息并具有融入信息社会的态度和能力：指信息使用者要具有强烈的社会责任心，具有良好的与他人合作共事的精神，使信息技术的应用能推动社会进步。这些素养需要通过加强思想情操教育来培养。

李克东将信息素养各方面含义进行综合之后，从技能、批判思维、社会责任等方面进行递进阐述，并将信息素养的最高境界提升为推动社会进步。

桑新民从三个层次描述了信息素养的内在结构与目标体系。②

第一层次：

（1）高效获取信息的能力；

（2）熟练、批判性地评价、选择信息的能力；

（3）有序化地归纳、存储、快速提取信息的能力；

（4）运用多媒体形式表达信息、创造性使用信息的能力；

第二层次：

将以上一整套驾驭信息的能力转化为自主、高效地学习与交流的能力；

第三层次：

学习、培养和提高信息时代公民的道德、情感，以及法律意识与社会责任。

这三个层次从操作技能和评价能力、问题解决能力、情感态度价值观等方面将信息素养进行细化，与第八次基础教育改革所倡导的将目标体系分为知识与技能、过程与方法、情感态度价值观三个层次的基本精神相一致，恰当地体现了信息素养的基本内涵和重要外延，使信息素养的界定在当前时期趋向完善，有利于指导信息素养培养工作的具体实施。

张义兵、李艺在考察现有的信息素养的界定时认为，由于存在着不同时期（时间）、不同国家（空间）、不同学者（人）等多个纬度的差异，因此对信息素养的描述差异也较大，对信息素养的任何单一角度的描述都会带上人与时空交汇的烙印，也都有其不可忽视的积极意义和不可避免的局限性，所以建议在已有研究的基础上，超越单一视角对信息素养进行界说。③

（1）信息处理能力：信息素养的技术学层面

在从计算机素养向信息素养转型的过程中，最初对信息素养的研究几乎都认为其核

---

① 李克东. 信息技术与课程整合的目标和方法[J]. 中小学信息技术教育,2002(4)

② 桑新民. 探索信息时代人类文化与教育发展的新规律[J]. 人民教育,2001(1)

③ 张义兵,李艺. "信息素养"新界说[J]. 教育研究,2003(3)

心问题是对信息的处理能力,其内涵包括从采集信息到发布信息的整个处理流程。然而,把信息素养单纯等同于信息处理能力,是计算机教育时代一些习惯思维的继续,不仅理论上有其严重的"技术论"局限,更主要的是会造成信息技术教育实践上形成一个新的误区。因此,可以肯定地说,信息处理能力是信息素养的技术学层面的解读,或者说是信息素养的一个层面;信息处理能力是人的信息素养的基石,信息处理过程也是信息素养培养的主要载体。

（2）信息问题解决:信息素养的心理学层面

从信息问题解决的观点研究信息素养,显然比只从信息处理过程谈信息素养上升了一个台阶。从问题解决出发进行信息技术教育,更可以激发学生的学习动机,发展学生的思维能力、想象力以及自我反思与监控的能力。通过问题解决活动,学生也可以间接乃至直接参与到社会生产、信息技术革新等各项活动中去。

但是,信息问题解决也只是在信息处理的基础上对信息素养作了一定程度的提升,其局限是仍然把看问题的视角放在个体的纬度上,淡化了问题解决过程中的人与人、人与机、人与资源等多通道的交流与合作,更主要的是没有反映出信息时代人应该具有的信息交流与合作的模式、内容、手段、规则等问题。因此,信息问题的解决只是信息素养的心理学层面的反映,更深刻的理解还需要走向社会层面。

（3）信息交流:信息素养的社会学层面

把信息交流作为信息技术教育的主要内容之一,融入到信息处理与信息问题解决的过程中,可以极大地拓宽信息技术教育的范畴,并且把信息技术教育从局限于个体活动的误区中解放出来,进入到群体活动中来。信息技术教育由此具有了社会性、互动性,从社会学意义上提升了信息技术教育,使得信息技术教育成为真正的信息时代的教育活动。信息交流不仅可以通过活动培养学生的交流技术与技巧,更主要的是促进了学生在信息时代的社会化,在中小学生由自然人转变为社会人的过程中起到不可替代的作用。当然,对信息技术教育,认识到这一层面,仍然是不够的,还必须关注观念层面的东西。因为不涉及最深层的意识,极易使得前面所谈的信息处理、信息问题解决、信息交流等都流于形式,同样容易使信息技术教育走入新的误区。

（4）信息文化的多重建构:信息素养的文化学层面

在文化学的意义上重新认识中小学信息技术教育,一个鲜明的事实被揭示出来:基础教育阶段的信息技术教育已经摆脱了单纯技能与知识训练的窠臼,从形态到内涵都实现了本质的升华,走向了文化素养的教育,已经与基础教育阶段的其他课程具有很好的可比性。

信息技术教育所指的信息文化,并不是孤立于技术、孤立于各种信息活动的。信息技术教育不是上述四个方面的简单叠加,而是从信息处理到信息文化的不断升华。信息素养的科学结构,也不是能简单界定为单纯的信息活动的某个方面或某个环节,而是建立在上述四个层面相互融合基础上的健全人格塑造。其中,信息处理是基础,信息问题解决是关键,信息交流是根本,信息文化是导向,四者相互依存并构成一个统一而丰满的整体。

高

中信息技术教师专业能力必修

Gao Zhong Shu Xue Jiao Shi Zhuan Ye Neng Li Bi Xiu

四个层面所构建出的信息素养是一个相互交融的整体,以教育学的视野看,信息素养的核心是要培养信息时代符合社会需求的全面发展的人!

2. 一线教师对信息素养的认识

在专家学者对信息素养进行理论探究的同时,广大一线教师经过长期的授课实践,总结切身经验,也逐渐形成了一些关于信息素养的见解。有人认为信息素养是一个内容丰富的概念,它不仅包括利用信息工具和信息资源的能力,还包括选择、获取、识别信息,加工处理,传递信息并且创造信息的能力,具体来说它主要包括四个方面:

其一,信息意识。就是人们对信息的敏感程度,是人们对自然界和社会的各种现象、行为、理论、观点等,从信息角度的理解、感受和评价。通俗地讲,面对不懂的问题,能能积极主动地去寻找答案,并知道在哪里,用什么方法去寻求答案,这就是信息意识。

其二,信息知识。这既是信息科学知识的理论基础,又是学习信息技术的基本要求,通过掌握信息技术知识,才能更好地理解和运用它,它不仅体现学生所具有的信息知识的丰富程度,而且还制约着他们对信息知识的进一步掌握。

其三,信息能力。信息能力包括信息系统的基本操作能力,信息的采集、传输、加工处理和应用能力,以及对信息系统与信息进行评价的能力等,这也是信息时代重要的生存能力。信息能力是信息素养诸要素中的核心,只有具备较强的信息能力,才能在信息社会生存和发展下去。

其四,信息道德。培养学生具有正确的信息伦理道德修养,让学生学会对媒体信息进行判断和选择,自觉地选择对学习生活有用的内容,自觉抵制不健康的内容,不组织、不参与非法活动,不利用计算机网络从事危害他人信息系统和网络安全,侵犯他人合法权益的活动,这也是信息素养的一个重要体现。

信息素养的四个要素,共同构成一个统一的不可分割的整体。信息意识是先导,信息知识是基础,信息能力是核心,信息道德是保证。广大中小学生是祖国的希望和栋梁,提高他们的信息素养,也是教育最基本的需求。

（三）高中信息技术课程标准中的信息素养

信息素养在快速发展的信息化社会中,日益成为公民素养不可或缺的组成部分。信息技术教育已不再是单纯的计算机技术训练,而是发展成为了与信息社会人才需求相适应的信息素养教育。

2003 年推出的普通高中信息技术课程标准中给出了高中信息技术课程的设计方式。高中信息技术课程包括必修与选修两个部分,共六个模块,每个模块 2 学分。高中信息技术课程总学分 2＋2＋(x),其中必修 2 学分,科目内选修 2 学分,跨领域选修 x 学分。必修部分只有"信息技术基础"一个模块。它与九年义务教育阶段相衔接,是信息素养培养的基础,是学习后续选修模块的前提。选修部分包括"算法与程序设计"、"多媒体技术应用"、"网络技术应用"、"数据管理技术"和"人工智能初步"五个模块,每个模块 2 个学分。选修模块强调在必修模块的基础上关注技术能力与人文素养的双重建构,是信息素养培养的继续,是支持个性发展的平台。高中信息技术课程各模块之间的关系结构如下图:

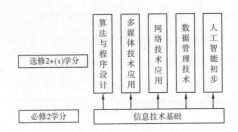

图 1-1 高中信息技术课程各模块之间的关系结构

　　课程标准认为学生的信息素养表现在四个方面,即:对信息的获取、管理和加工、表达和交流的能力;对信息及信息活动的过程、方法、结果进行评价的能力;表达观点、交流思想、开展合作并解决学习和生活中实际问题的能力;遵守相关伦理道德与法律法规,形成与信息社会相适应的价值观和责任感。同时,课程标准还从知识与技能、过程与方法、情感态度与价值观三个方面给出了多达 11 条的较为详细的描述。这三个维度的目标彼此渗透,相互融合,统一于学生的成长、发展之中。知识与技能目标是实现三维目标的基础,过程与方法目标是衔接三维目标的桥梁,而情感态度与价值观目标使这三维目标进一步得到升华。

　　知识与技能目标与以往教学中的知识技能的传授有很多共同之处,但新课标指出不能单纯地追求知识,而且要强调过程与方法、情感态度和价值观,但这种强调不能矫枉过正,不能忽略基础知识和基本技能的培养。

　　过程与方法目标并不是简单地让学生知道、完成某个任务需要哪几步,需要哪些方法,而是强调让学生参与到信息处理和信息交流的具体过程中,体验该过程与方法,并把对过程的参与和方法的运用内化为解决实际问题的能力。因此,在教学过程中,要让学生在技术工具操作与使用的过程当中,培养学生技术工具操作和使用的能力。在运用技术工具解决实际问题的过程中,掌握解决问题的方法,全面达成课程目标。

　　情感态度与价值观目标在教学实践中,常常得不到应有的重视。实际上,它与知识和技能目标、过程和方法目标是并列的,三位一体,同等重要。但是,情感态度与价值观更多地表现为抽象的概念,而且这些抽象的概念不是单凭简单的、严肃的指令就可以让学生接受的。教学过程中,要将这些观念内化为正确的信念,才能形成一种稳固的动力、持恒的信念。

【教学分析】

　　在过去的教学活动中,存在学生缺乏主动性的学习;教师灌输式、填鸭式教学课程;学生之间缺乏相互交流合作等问题。新课程改革大力倡导"自主学习、合作学习、探究学习"的学习方式。《基础教育课程改革纲要》中指出:"要转变学生的学习方式,就要改变课程实施过于强调接受学习、死记硬背、机械训练的状态,倡导学生主动参与、乐于探究、勤于动手,培养学生搜索和处理信息的能力、获取新知识的能力、分析和解决问题的能力以及交流和合作的能力。"

　　"自主、合作、探究"的学习方式是指学生在老师的启发和帮助下,以学生为主体,充分发挥小组学习、全班学习的群体作用,在合作中学习,丰富知识的积累,培养学生主动探究、团结协作、勇于创新的精神。自主是合作、探究的基础和前提,合作是促进自主、探究的形式和途径,探究是自主、合作的目的。三者不仅互为一体,还相互促进,使学生实现由"要我学"到"我要学"的转变,使课堂进入一个新的境界。在信息技术教学中,教师要贯彻新课程理念,采取科学的教学方法,引导学生掌握科学的学习方式,促进学生学习方式的转变,提高信息技术教学质量。

一、实现学生的自主学习,培养学生学习的主动性和独立性

根据国内外学者的研究成果,概括地说,自主学习就是"自我导向、自我激励、自我监控"的学习。它有以下特征:学习者参与确定对自己有意义的学习目标,自己制定学习进度,参与设计评价指标;学习者积极发展各种思考策略和学习策略,在解决问题中学习;学习者在学习过程中有情感的投入,学习过程有内在动力的支持,能从学习中获得积极的情感体验;学习者在学习过程中对认知活动能够进行自我监控,并做出相应的调适。

在自主学习模式下,教师要注意以下两点:

一是自主学习并非简单放任的学习,教师要提供适时的自主学习辅助。在信息技术课堂实施自主学习过程中,很多教师把主要精力放在上机任务的设置上,把任务直接抛给学生,简单地让其当堂独立完成;误认为只要上机任务设计合理,学生通过看书完成相应任务,就是最好的自主学习过程;在整个课堂实施过程中,教师甚至不做任何提示、讲解、演示。实际是从过去包办学习直接跳到独立完成上机任务,从一个极端走向了另一个极端,因此,学生有时不知所措,不知道如何看书,从何切实去完成教师布置的任务。

显然,教师提供适时的、必要的指导,是自主学习成功的关键。自主学习不等于自我封闭的学习,学习者需要适时与外部沟通,不断调整自身的学习策略,尤其是在碰到疑难障碍的时候,需要得到一定的外部支援,才能使自主学习进一步深入下去,教师在这一过程中的作用是不可否认的。一个优秀的教师会在课堂中扮演一个帮助者和指导者的角色,走进学生当中,及时发现学习中的问题和错误并及时作以汇总,针对共性问题,在学生尝试的基础上简明扼要地作以讲解示范,使学生停滞不前的求知思维豁然开朗,使进入歧路的探索步入正轨,从而提高自主学习的效率。

二是自主学习并非仅仅是"完成任务"就行,而是要注重自主学习后的概括和总结。在信息技术课堂上,教师常将教学内容设计成一个或几个任务,学生的自主学习常常通过自主完成这些任务来体现。当学生完成课堂任务,就意味着自主学习的结束。殊不知,这个阶段学生的认知仅仅停留在解决某个问题的层面上,而学习的最终目的是构建一个新的认知结构,形成一个良好的认知体系,指导解决一系列的实际问题。这就要求学生必须对自己每次的学习活动做一次概括总结,建构当前所学知识的意义,形成系统的理论体系,以提高认知水平,为下一次更好地自主学习奠定基础。

由于认知水平及经验有限,大部分学生往往对自己的学习活动缺乏准确的概括和总结。在这个环节中,教师可以帮助学生建立一个明确的评价体系,通过教师评价、学生互评、学生自评等方式,既对所学的知识进行理论上的梳理,又引导他们进行自我分析、自我评价。例如,教师可以将本节课的教学三维目标设计成《课堂自我评价量表》,概括总

结本节课所包含的知识点,让学生明白课堂任务的学习意义,在此基础上帮助学生构建一个知识板块,形成相对系统的认识。

二、实现学生的合作学习,培养学生的合作意识和合作能力

合作学习是指学生在小组或团队中为了完成共同的任务,有明确的责任分工的互助性学习。它有以下几个方面的要素:积极承担在完成共同任务中个人的责任;积极地相互支持、配合,特别是面对面的促进性的互动;期望所有学生能进行有效的沟通,建立并维护小组成员之间的相互信任,有效地解决组内冲突;对于各人完成的任务进行小组加工;对共同活动的成效进行评估,寻求提高其有效性的途径。

在信息技术教学中,合作学习有其明显的优势,但实践中却也存在着不容忽视的问题。其中一个主要问题就是过多关注合作的外在形式,出现了凡课必"合作"的现象,使合作学习泛化、形式化。造成这种现象的直接原因在于没能把握合作学习的恰当时机。那么,究竟在什么场合下才适合开展合作学习呢?[①]

当所学内容具有综合性、挑战性且独立完成有一定困难时,需要通过合作学习实现资源、思路的共享。综合性的学习任务往往是将所要学习的新知识融合在一项具体任务中,涉及的内容较广泛,学习任务也是开放的。完成这样的学习任务往往需要同伴间相互配合整合已经学过的知识和技能,同时这样的学习任务的完成耗时也较长。所以,无论是内容还是时间方面,学生通过自主学习无法完成或无法较好地完成,便会产生合作的渴望。完成具有挑战性的学习任务,需要同伴的共同努力,也适合采用合作学习的方式。因为具有挑战性的任务往往具有一定的难度,必须付出更大的努力才能完成。有时可以由个人独立完成,但通过小组合作探究效果会更好,能够体现合作学习的互助互学、共同发展的特点。通过对困难问题的共同探讨与解决,能够促进成员之间的友谊;共同体验成功的快乐,增进合作的意识。

当学生的意见出现较大分歧时,需要通过合作学习倾听他人意见,同时反思自我。在解决某一问题时,可能会有多种方法、多种意见,学生可能会认为自己的这种方法和意见是最好的。这时,教师应适时培养学生全面考虑问题和善于从他人身上取长补短的习惯,激发学生产生合作学习的愿望,让每个学生能够展示自己解决问题的方法和意见,同时也体现对别人的意见进行评价和补充、倾听别人的意见、相互欣赏、相互学习等合作学习的品质。

当需要把学习内容进一步扩展的时候,需要通过合作学习互动交流、共同提高。通过学习,在获得知识、技能和情感态度后往往需要进一步扩展。古语"独学而无友,则孤陋而寡闻"的学习原则至今具有深远影响。同学之间相互学习有利于知识的拓展和延伸,运用合作学习的形式恰恰能够实现这一点。如学习了有关"网络病毒及其危害"内容后,可以引导学生就"如何认识和使用网络"作为合作学习的专题,组成合作学习小组,通过小组中及组间的交流进一步认识网络病毒的危害,习得防范网络病毒的措施,提高网络安全意识。

---

① 张丽霞,高丹阳.信息技术教学中的合作学习时机探析[J].中国电化教育,2007(3)

高 中 信 息 技 术 教 师 专 业 能 力 必 修

Gao Zhong Xin Xi Ji Shu Jiao Shi Zhuan Ye Neng Li Bi Xiu

三、实现学生的探究学习，培养学生的创新精神和实践能力

探究式学习不同于传统的接受式学习方式，它是一种在好奇心驱使下的、以问题为导向的、学生有高度智力投入且内容和形式都十分丰富的学习活动。在探究的过程中，学生中往往会产生不同的结论，这是和以往只追求唯一答案的接受式的学习方式不同的地方，也正是因为这样，在探究的过程中学生会得到意想不到的结论，从而培养了学生的创新精神。探究式学习的基本特征可以概括为"活"和"动"两个字。"活"一方面表现为学生的积极性和主动性，另一方面表现为学习活动的生成性。教学中实际所发生的一切不可能都由教师所预设，学生的思维常常迸发出教师意想不到的智慧火花。"动"表现为学生真正的动手操作、动眼观察、动脑思考。在信息技术教学中进行探究性学习，通常按照"设疑（发现问题）——探究（研究问题）——归纳（解决问题）——应用（问题迁移）"的教学程序展开。

在探究性学习模式下，教师要注意以下两点：

一要加强双基教学，扎实探究基础。成功开展探究性学习要求学生必须具备相应的背景知识、认知能力，对探究学习持积极态度，这意味着学生的知识储备要达到一定的程度，才能完成课程中教师所要求的各项活动任务。这要求开展探究性学习之前，学生有必要进行接受学习。因为，一种学习方式，不可能不依赖其他的学习方式而独立存在。在信息技术教学中，学生对基础知识的掌握与基本技能的熟练程度，对探究性学习效率起着至关重要的作用。

二要改进评价方法，延伸探究兴趣。探究性学习成果，是一个动态的、多元的结果。学生的学习所得，可能与我们预期的知识点有所差异，甚至出现一些错误的结论，也可能出现全然不知的现象。教师对学习结果的评价要改变传统的分值评价，要注重学生的个体差异，从个人建构主义学习论出发，在肯定学生存在个体差异，以及先前认识经验和认知结构差异的同时，更要肯定个人的主动探究过程，调动起学生主动建构的积极性及潜能，让每一位学生学会有效地构建自己的知识，并及时修正、调整和重新进行自我认识。

【反思探究】

一、如何理解技术"工具的使用"在技术教学中的地位？[①]

以教科社教材为例，从必修模块到选修模块，都以信息处理、表达与交流问题的解决为线索，将技术工具的使用、技术的方法、技术的思想和技术的价值感悟等内容的学习与运用统一在信息问题解决的过程之中。主导这种处理方法的思想基础是新的知识观、新的学习观、新的教学观和新的学生观。由于信息加工技术工具的多样性和教师对这类工具使用的喜好、熟悉程度以及学校硬件环境状况的差异性，所以教材对差异关照更多体现在具体技术工具的提示和工具使用操作的省缺上。这是不是意味着

---

① 解月光. 高中信息技术课程实施阶段的教师课程认同研究[J]. 中国电化教育, 2006.1

不要或淡化技术工具的操作和使用呢？

答案是否定的。教材中对技术工具的提示、具体操作上的缺省，并不意味着不要或淡化技术工具的操作和具体使用。个别教师认为对必修模块的教学"只讲理念和文化，不讲技术"反映出对课程标准、对教材领悟与理解的偏差。无论是从解决信息问题的实际需要出发，还是从技术功能与价值的体验学习来看，课程中对技术学习的要求包括了4个方面：工具操作与使用层面的技术，即"动手做/操作的技术"；如何做才能解决问题的技术，即设计的技术和规划的技术；为什么这样做，即技术的思想与原理；技术的价值判断，即技术对社会和人类生活的意义和影响如何。这是技术学习的全部，技术工具的操作和技术使用的熟巧是利用技术解决实际问题的基础和前提，也是对技术体验与理解的前提，不会淡化，更不会丢弃。而技术方法、技术思想是用好技术、有效解决信息问题、解决好信息问题和形成信息技术学习能力的关键。

二、信息技术教师是否也需要提高自身的信息素养？

在信息技术课程教学中，我们一再强调要培养与提升学生的信息素养。信息技术教师作为学生信息素养的培养者、信息技术学习的引导者是否需要提升自身的信息素养？如何提升自身的信息素养？

信息技术教师并非"天生"的具有很高的信息素养，懂计算机也不能与信息素养高画等号。想要上好信息技术课，在教学中发挥主导作用，真正承担起提升学生信息素养的责任，信息技术教师也要在原有基础上不断提高自身的信息素养；信息技术教师信息素养的高低将直接影响到学生信息素养的培养，甚至信息技术教育的成败。

与学生的信息素养内涵相似，教师的信息素养具体体现在：一是有强烈的信息意识，对信息有较强的敏感度；对信息、信息化、信息社会有基本正确的理解；关心教育信息化进程，积极参与教育信息化的工作。二是认识到获取信息对教育与科研工作的重要性，在学习或教育教学工作中，能根据自己的信息需求，灵活地通过多种渠道较迅速地获取有效信息。三是能有效地吸收、存储、快速提取和发送信息；能较好地管理自己搜集到的或自己生成的信息。四是能选择恰当的信息技术方式对相关信息进行有效整合、准确地进行信息的表达与呈现，能创造性地使用信息解决问题。五是能准确、高效地解读信息和批判性地评价信息；能将信息应用于批判性思考。六是能将信息技术手段灵活地应用于自己的终身学习。七是有较强的信息道德意识和信息安全意识。[1]

提升信息技术教师的信息素养，除了各级教研部门、学校领导组织相关的培训外，信息技术教师的自主培养也是一条重要的途径。自主培养方式是最具生命力和活力的培养方式，是决定事物发展的关键。主要包括：阅读信息技术教育方面的相关资料或研究成果；参加网络论坛的专题讨论，交流经验，自由发言，展示自我；积极参与各种研讨会，发表教学成果等。信息技术教师信息素养培养的关键是要树立终身学习的观念，注重自我反思与实践，不断提升自身的信息素养水平。

---

① 张义兵. 信息技术教师素养：结构与形成［M］. 北京：高等教育出版社，2004（6）

三、如何培养学生对信息技术发展的适应能力①?

在信息化社会中，信息技术知识量呈现出以几何级数增长的态势，更新速度更是令人目不暇接。每个社会成员要想不被淘汰，就必须具备迅速适应这种发展变化的能力，具备不断利用已有的知识和技能快速获取新的信息技术知识和技能并应用于新问题解决的能力。为了把握时代发展的脉搏，高中信息技术课程标准中提出了"培养高中学生具有对不断发展、变化的信息技术的适应能力"的教学建议。那么，在具体的教学实践中，信息技术教师应该如何去做呢？

首先，教师要提高认识。一方面，教师应认识到基础教育中信息技术教育的使命不是要造就有关信息学或使用某种信息工具的专家学者，而是要从受教育者的素质结构着眼，在培养兴趣、形成意识、掌握基本技术、形成自主获取和运用信息技术的能力方面花力气，培养适应不断发展变化的信息技术的能力，为其终身学习打下基础。另一方面，教师要引导学生认识到学习的根本目的不仅仅是为了适应当前的学习，更是为了适应将来的环境。要想自如地应对信息技术的发展变化，就要不断努力，掌握自主学习的方法，随时了解新的信息技术发展状况，并迅速将获得的新的信息技术应用到实践中。

其次，掌握信息技术发展规律是基础。人类生产和生活的实际需求是技术发展的基础，技术的发展呈现辅人律、拟人律和人与技术共发展三大规律。辅人律是指技术发展的最终目的是协助人类更好地从事生产和生活活动；拟人律是指技术的功能基本上是模拟人类的功能；人与技术共发展是指在技术发展的同时，人类自身也获得发展。作为技术的一种特定形式，信息技术的发展同样符合这三种规律。在教学过程中，可以通过了解信息技术发展的背景和历史，以及对各种信息技术的分析，使学生逐步掌握这三种规律。如果学生掌握了信息技术的发展规律，就能够对信息技术的发展做出合理的预测和判断，学生将不会因为新技术的出现而迷茫，而是积极采取措施应对其变化。

最后，培养学习的迁移能力是保障。学生具备了迁移能力，能够将所学得的信息技术融会贯通到新的学习内容中，自觉地获取新的知识和技能。培养学生的迁移能力应贯穿在教学过程的各个环节，如通过有效组织教学内容和增加学生的练习活动来培养学生的迁移能力。在教学内容的组织上，可以把教学内容按照某一标准或线索进行组织，以归类法组织起来的教学内容本身就是一种知识的框架或知识的结构。归类作为一种科学的认识方法，可以发现科学规律，同时也是发现学习策略的一项具体的技术。它可以通过实践应用活动，引导学生将所学用于当前的生活和学习中，培养学生将在学校期间学到的信息技术基础知识和技能迁移到解决新问题的情境中的能力，以便尽快适应信息技术的发展变化。

---

① 张丽霞，韩清献. 浅析"对信息技术发展变化的适应能力"的培养——解读高中信息激活素课程标准[J]. 中国电化教育研究，2005（12）

专题二：信息技术基础

　　作为高中信息技术课程的理念，新课标中指出了五点，即提升信息素养，培养信息时代的合格公民；营造良好的信息环境，打造终身学习的平台；关照全体学生，建设有特色的信息技术课程；强调问题解决，倡导运用信息技术进行创新实践；注重交流与合作，共同构建健康的信息文化。实质上这是对高中信息技术课程价值的多视角的描述和概括。面对课程标准的课程理念、目标、内容等，如何开展信息技术课的教学？面对学生水平的参差不齐，甚至"零起点"，教与学何去何从？下面针对上述问题进行了具体分析。

【问题展示】

　　赵老师是某市一中的信息技术教师，从事高中信息技术必修模块的教学。在长期的教学实践中，他发现虽然一直进行教学改革，但是对一些问题仍然模糊不清，比如说：由于课程标准的新颖性和创新性，课程标准高一《信息技术基础》教程的内容制定在一定程度上超前于当前学生的基础。这样，如何有效地应对课程超前于学生的状况是他们最头疼的问题。还有就是关于教学的技术深度问题。由于《信息技术基础》作为必修模块，先于其他模块开展，但是各部分知识讲到什么程度就可以了呢？赵老师说在教学中他们很难把握，要么讲得太浅显，要么讲得太深奥，以至于他们在上课的时候都不知道该讲授什么了。赵老师还说，他们在教学过程中尝试和探究过各种教学模式和教学方法，但是一节课下来，学生接受的知识和技能依然不令人满意。到底怎样才能提高课堂教学效率呢？他们一直找不到合适的方法和策略。

　　赵老师所说的问题其实也是大多数老师的困惑。《信息技术基础》作为新课程标准信息技术的必修模块，既与义务教育阶段紧密衔接，又与选修模块衔接；既是高中学生信息素养提升的基础，也是学习各选修模块的前提。我们要进一步提升高中信息技术学科课堂教学效率，提高信息技术学科的课程实施水平。

【内容梳理】

　　"信息技术基础"以信息处理与交流为主线，围绕学生的学习与生活需求，强调信息技术与社会实践的相互作用。

　　通过本模块的学习，学生应该掌握信息的获取、加工、管理、表达与交流的基本方法；能够根据需要选择适当的信息技术交流思想，开展合作，解决日常生活、学习中的实际问题；理解信息技术对社会发展的影响，明确社会成员应承担的责任，形成与信息化社会相适应的价值观。

高

中信息技术教师专业能力必修

Gao Zhong Shu Xue Jiao Shi Zhuan Ye Neng Li Bi Xiu

本模块的教学要强调在信息技术应用基础上信息素养的提升；要面向学生的日常学习与生活，让学生在亲身体验中培养信息素养。

本模块由 4 个主题组成，其结构如下：

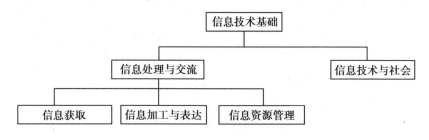

图 2-1　"信息技术基础"模块结构图

《信息技术基础》不但与义务教育阶段的信息技术课程衔接，而且在多个侧面上也与各选修模块相互衔接，所以通过对该模块的学习，既提升了学生的信息素养，又为学习各选修模块奠定了基础。

一、恰当处理不同学段、不同模块之间的衔接

（一）必修模块与义务教育阶段的衔接

必修模块与义务教育阶段衔接，是高中阶段学生信息素养发展的基础，也是学习各选修模块的前提。义务教育阶段学生信息素养发展水平的差异性成为必修模块内容构建的基点。

对于必修模块，除了在初中的基础上进一步学习知识技能外，高中更注重的是总结和提升。具体体现在以"信息处理与交流"作为构建《必修》模块体系的主要线索，按照信息的"获取与评价——加工与表达——发布与交流——存储与管理"这样一条线索呈现学习内容。在强调技术本体内容严谨完整的同时，突出了信息技术解决问题的过程、规律与方法以及对技能经验理性认识的提升。

必修模块"信息技术基础"设置的指导思想，其意图是使学生在持续信息技术经历的基础上，更多关注课程的深层次内涵。该模块所依托的技术内容不宜过分提高，可以在初中经验的基础上注入一定的实用技巧，将课程重点转移到适合高中学生认知水平的信息素养的培养上。对于具备了一定信息技术基础的学生，可以顺利而充分地展开高中阶段的学习，对于基础较差的学生，建议教师通过补课等形式使其尽快跟上。

（二）必修模块内容之间的衔接

依照"认知·技术·社会"三位一体的基本理念来构建必修模块的内容体系结构，从而使必修模块不但内容丰富，而且结构严谨。这样的编排不但符合学生的认知发展规律，同时也符合学科的逻辑线索，而且还有针对性地渗透"信息技术与社会"的相关内容，使学生逐步提高思想道德素养，不断内化与信息技术相关的伦理道德观念与法律法规意识，逐步养成负责、健康、安全的信息技术使用习惯。

二、本模块主题内容

（一）信息获取

1. 课程目标

（1）描述信息的基本特征，列举信息技术的应用实例，了解信息技术的历史和发展趋势。

（2）知道信息来源的多样性及其实际意义；学会根据问题确定信息需求和信息来源，并选择适当的方法获取信息。

（3）掌握网络信息检索的几种主要策略和技巧，能够合法地获取网上信息。

（4）掌握信息价值判断的基本方法，学会鉴别与评价信息。

2. 内容结构

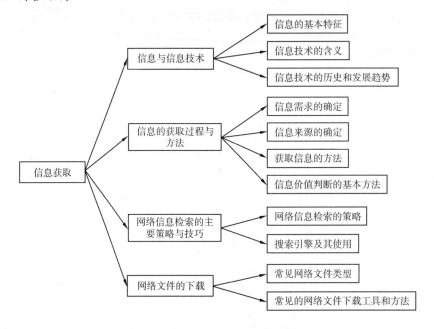

图 2-2　"信息获取"主题内容结构图

3. 学习目标

学习内容	学习结果的行为指标 （当学生获得这种学习结果时，他们能够）
信息的基本特征	结合具体例子描述信息的外在主要特征，如传递性、共享性、依附性和可处理性、价值相对性、实效性、真伪性等，并归纳对信息的感性认识。
信息技术的含义	1. 从多角度解释信息技术的含义，描述自己对信息技术的感性认识； 2. 了解信息技术中的几个核心技术：计算机技术、通信技术、微电子技术和传感技术的功能与作用。

高 中 信 息 技 术 教 师 专 业 能 力 必 修

Gao Zhong Xin Xi Ji Shu Jiao Shi Zhuan Ye Neng Li Bi Xiu

学习内容	学习结果的行为指标 （当学生获得这种学习结果时，他们能够）
信息技术的历史和发展趋势	1. 描述信息技术发展历程中几个重要阶段的基本特征； 2. 结合信息技术的应用实例描述信息技术的发展趋势； 3. 简述信息技术对个人生活与学习、科技进步及社会发展的影响。
信息需求的确定	面对具体任务时能比较准确地判断问题解决中的信息需求以及该信息的种类、形式等。
信息来源的确定	1. 针对具体问题的需求指出可能的信息来源； 2. 根据来源初步估计信息的客观性、权威性、实效性和适用性等； 3. 确定拟获取信息的来源。
获取信息的方法	根据信息来源和种类、形式等的不同，选择适当的工具，采用适当的方法获取信息、保存信息。
信息及信息价值判断的基本方法	使用阅读、比较、咨询、验证等方法对所获得的信息的客观性、权威性、实效性、适用性以及价值进行判断。
网络信息检索的策略	1. 熟悉与学习和工作需求有较高相关度的某些专题或者权威网站并经常访问这些网站； 2. 根据任务需求较快地寻找到权威网站并从中获取信息； 3. 描述不同搜索引擎的特点并灵活选用； 4. 利用互联网或者其他渠道对收集的信息进行比较以确定其价值； 5. 分析、理解检索任务，制定检索策略，力求检索到精确、可靠、客观、新颖、全面的信息，为决策服务。
搜索引擎及其使用	1. 认识搜索引擎及其简单原理、工作过程。 2. 掌握搜索引擎的分类查找和关键词查找方法。 3. 从复杂搜索意图中提炼出最具代表性和指示性的关键词。 4. 使用多个关键词，细化搜索条件，灵活运用"与"、"或"、"非"等逻辑运算提高搜索效率，会通过添加英文双引号来搜索短语词。
常见网络文件类型	了解常见网络文件，如文字、图片、视频、音频、动画、软件等文件的类型、格式、特点和用途。
常见的网络文件下载工具和方法	利用常见的网络文件下载工具，如通用下载工具（NetAnts、FlashGet、迅雷等）、网站下载工具（WebZip、Teleport Pro 等）、FTP 下载工具（CuteFTP 等）、流媒体下载工具（Net Transport、Streambox VCR 等）以及特定领域下载工具（超星图书阅读器等）等来下载文件。

4. 教学重点

（1）信息的基本特征

从不同角度去理解信息的基本特征，这对深入地理解信息和有效地应用信息都很有帮助。例如，学习如何识别信息的真伪性，可以强化学生的信息安全意识以及健康使用信息技术的习惯；另外，信息是有时效性的，也是可以经过处理加工后得到增值的，对这些特征的了解，为学习鉴别与评价信息等后续课程内容起到了重要的铺垫作用。

信息的基本特征并不局限于人们公认的几种，要引导学生更有兴趣地探讨和认识信息的其他特征，或者从已了解的信息特征中发现特征间内在的联系以及特征背后所蕴涵的现实意义。

（2）信息技术的历史和发展趋势

通过对信息技术过去、现在和未来的认识，不仅可以让学生对信息技术的发展有整体上的了解和把握，而且可以认识到在科学探索的进程中人们积极进取、发明创造的重要性，并领会信息技术应用及信息活动所蕴涵的文化内涵。

（3）根据信息需求确定信息来源，采用合适的方法来获取信息。

当学生遇到问题时，学会先从问题开始，分析信息需求，从而确定信息来源，这是信息获取的前提和基础，然后在此基础上选择适当的方法来获取信息。

（4）搜索引擎的搜索技巧

学生容易热衷于搜索活动的内容而不注重提高搜索技巧，所以要有意识地让学生学会从搜索实践中不断总结经验，提升搜索技巧，如：学会从复杂搜索意图中提炼出最具代表性和指示性的关键词；学会细化搜索条件，提高搜索精确度；学会灵活运用逻辑命令来提高搜索效率；学会根据具体要求选择不同的搜索引擎；在查找名言警句或专有名词时还可以使用强制搜索（通过添加英文双引号来搜索短语词）来高效完成搜索任务等。

5. 教学难点

（1）信息和信息技术含义的理解

对信息和信息技术的界定都是从不同视角进行的，难以做出统一的描述，所以在课程标准中对两者的定义没有做出任何要求。而信息的特征是由信息的定义派生出来的一般特性，与信息的定义密切相关，信息技术的历史和发展趋势又不可避免涉及对信息技术的理解，所以对于信息和信息技术含义的理解似乎不可回避。不妨侧重于让学生归纳自己对信息或信息技术的感性认识，达到意会水平即可。

（2）鉴别和评价信息

青少年对信息具有敏锐的洞察力，对信息的真伪有较强的辨别能力至关重要。具备上述能力，通过一两节课的学习是无法实现的，因而教师在教学过程中应不断地鼓励学生在平时的信息活动中积累经验，从而提升自身的信息素养。

（二）**信息加工与表达**

1. 课程目标

（1）能够根据任务需求，熟练使用文字处理、图表处理等工具软件加工信息，表达意图；选择恰当的工具软件处理多媒体信息，呈现主题，表达创意。

（2）合乎规范地使用网络等媒介发布信息、表达思想。

（3）初步掌握用计算机进行信息处理的几种基本方法，认识其工作过程与基本特征。

（4）通过部分智能信息处理工具软件的使用，体验其基本工作过程，了解其实际应用价值。

2．内容结构

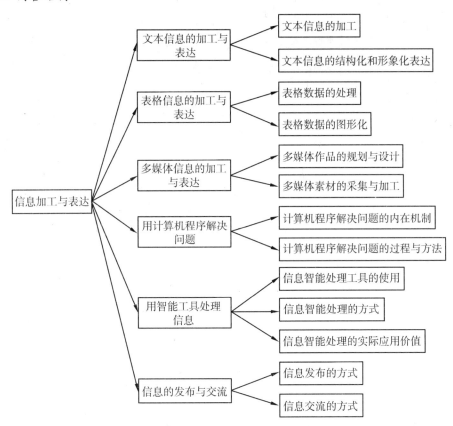

图 2－3　"信息加工与表达"主题内容结构图

3．学习目标

学习内容	学习结果的行为指标 （当学生获得这种学习结果时，他们能够）
文本信息的加工	根据任务需求，围绕主题，使用合适的文字处理工具加工文本信息，表达意图。
文本信息的结构化和形象化表达	根据实际需要，借助结构化或形象化的表达形式，如：流程图、结构图、表格、项目和图形等，使文本信息更直观、更清晰。
表格数据的处理	根据任务需求，使用合适的图表处理工具软件对表格数据进行计算（函数与公式）、排序、筛选、汇总等处理。

学习内容	学习结果的行为指标 （当学生获得这种学习结果时，他们能够）
表格数据的图形化	1. 分析几种常用图表（柱形图、条形图、线形图和饼形图等）的用途及特点。 2. 用图形表示表格数据，并配以恰当的文本内容，揭示事物的性质、特征及其变化规律。
多媒体作品的规划与设计	1. 描述制作多媒体作品的基本过程。 2. 初步掌握多媒体作品的需求分析、规划与设计的基本方法。
多媒体素材的采集与加工	1. 掌握多媒体作品素材制作与合成的基本方法。 2. 熟悉文本、图像、声音、视频、动画等素材的常用加工方法。 3. 按照设计方案，选择合适的组织和表达形式制作、集成多媒体作品。
计算机程序解决问题的内在机制	1. 描述计算机程序的运行过程。 2. 初步认识计算机程序解决问题的内在机制和作用。
计算机程序解决问题的过程与方法	1. 剖析简单的计算机程序。 2. 描述并尝试计算机程序解决问题的基本过程：分析问题、设计算法、编写程序、调试运行和检测结果。
信息智能处理工具的使用	1. 使用智能工具软件处理信息。 2. 感受信息智能处理技术对日常生活的影响。
信息智能处理的方式	说出模式识别和自然语言识别技术的区别与联系，描述两者的工作过程与简单原理。
信息智能处理的实际应用价值	了解信息智能处理的实际应用价值，客观认识人工智能对社会的影响。
信息发布的方式	1. 列举信息发布的多种方式。 2. 根据需要选择恰当的方式发布信息。 3. 描述网络信息发布的方法和过程。
信息交流的方式	1. 列举信息交流的多种类型。 2. 理解信息交流是人们学习、生活和工作中不可缺少的重要活动。 3. 选择适当的信息交流工具与他人交流，学会保护个人隐私。

4. 教学重点

（1）文本信息的加工与表达

读图时代，文本信息的结构化和形象化加工尤为重要，根据实际需要，利用合适的方法把文本信息组织起来，通过图文混排、版面设置等方式呈现主题，表达意图；还可以根据实际需要，借助结构化或形象化的表达形式，如：流程图、结构图、表格、

高 中 信 息 技 术 教 师 专 业 能 力 必 修
Gao Zhong Xin Xi Ji Shu Jiao Shi Zhuan Ye Neng Li Bi Xiu

项目和图形等，使文本信息更直观、更清晰。学会根据实际需要合理地表达观点和意图是现代公民必备的素质。

（2）表格信息的加工与表达

根据实际数据和表达，选择合适的图表处理工具软件对表格数据进行计算（函数与公式）、排序、筛选、汇总等处理，进一步借助图表表示表格数据，如生成柱形图、条形图、线形图和饼形图等，并配以恰当的文本内容，可视化表达观点、突出重点，挖掘数据背后隐藏的问题。表格信息的加工是数学知识的具体应用，与数学素养的培养相辅相成，也是现代高中生必须掌握的基本技能。

（3）多媒体信息的加工与表达

掌握多媒体作品的需求分析、确定多媒体作品的设计方案；熟悉文本、图像、声音、视频、动画等素材的常用采集和加工方法；按照设计方案，选择合适的组织和表达形式呈现主题，表达创意。多媒体信息的加工与表达不仅是学生日常生活、休闲、娱乐时需要具备的能力，也可能为部分学生将来的职业取向产生影响。

（4）利用计算机编程解决问题的过程和方法

通过对简单计算机程序的剖析，了解并尝试计算机程序解决问题的基本过程：分析问题→设计算法→编写程序→调试运行→检测结果，帮助学生初步了解用计算机解决问题的基本思想和方法，让学生体验程序设计的独特魅力，了解编程加工信息的内在机制。体验计算机编程的内在魅力，不仅可以消除部分学生对计算机技术的恐惧，还可以激发学生努力学习新技术的兴趣。

（5）信息智能处理工具的使用

操作并感受信息智能处理工具的智能效果，如模式识别领域中的将语音、手写汉字或图像文字等转换成计算机中的汉字符号；自然语言理解领域中的不同语种之间的语言翻译，与网络机器人对话等。感受信息智能工具的应用可以让学生体验高科技给人们学习和生活带来的方便性；客观认识智能技术的本质特征，可以避免产生技术崇拜症。

5. 教学难点

（1）计算机程序的基本结构和作用

每一段程序代码的具体功能往往是学生较难理解的，学生也不可能在短时间内真正掌握，因而只要求学生对计算机程序有初步认识，了解其基本含义。

（2）智能信息处理工具的工作原理

了解模式识别和自然语言识别技术的联系和区别，了解两者的工作过程与简单原理。这部分内容学生理解起来比较困难。

（三）信息资源管理

1. 课程目标

（1）通过实际操作或实地考察，了解当前常见的信息资源管理的目的与方法，描述各种方法的特点，分析其合理性。

（2）通过使用常见的数据库应用系统，感受利用数据库存储、管理大量数据并实现高效检索方面的优势。

（3）通过对简单数据库的解剖分析，了解使用数据库管理信息的基本思想与方法。

2．内容结构

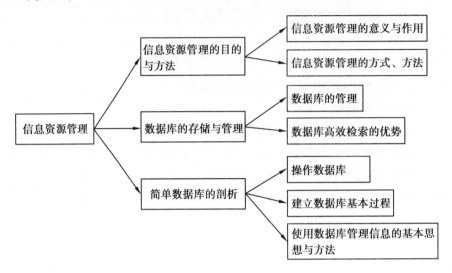

图2-4　"信息资源管理"主题内容结构图

3．学习目标

学习内容	学习结果的行为指标 （当学生获得这种学习结果时，他们能够）
信息资源管理的意义与作用	了解信息资源管理的一般过程，理解信息资源管理活动的普遍性及其重要意义。
信息资源管理的方式方法	通过实际操作或实地考察，了解常见的信息资源管理方法，分析其特点、目的及合理性问题。
数据库的管理	通过使用常见的数据库应用系统，对其进行分析和评价，并利用数据库存储、管理大量数据的特征，与其他信息资源管理方法进行比较，发现其中的差异和特点。
数据库高效检索的优势	了解利用数据库存储、管理大量数据和高效检索信息的优势。
操作数据库	通过操作简单的数据库，了解数据库的组成要素，理解数据库的基本含义。
建立数据库基本过程	通过案例分析，了解建立数据库的基本过程和方法。
使用数据库管理信息的基本思想与方法	1．根据具体案例，归纳使用数据库管理信息的基本思想与方法。 2．明确数据间的多维关系，理解"关系"所表达的含义，并从中提取有益的信息。

高 中信息技术教师专业能力必修　Gao Zhong Xin Xi Ji Shu Jiao Shi Zhuan Ye Neng Li Bi Xiu

4. 教学重点

(1) 信息资源管理的方式方法

信息资源管理有多种方式方法，如手工管理、计算机文件管理和数据库管理等，不同方式方法都有各自的适用范围。针对信息资源管理的实际需求，选择适当的方法管理信息资源，提高信息资源管理的效率和利用率。

(2) 操作数据库

通过操作简单的数据库，了解数据库的基本含义、组成要素以及数据库是如何组织数据的。数据库是由若干个二维表组成，表的结构由字段组成，每行中所有字段组合起来的数据，便是一个完整的"记录"，集合所有的记录，就形成了表。在数据表中，组织和管理数据的最基本操作包括：浏览、添加、删除和修改数据表中的记录；添加、删除和编辑修改字段等。

(3) 剖析数据库

从操作和剖析数据库的过程中，了解建立数据库的基本过程：收集相关信息→分析信息特征→确定特征之间的关系→定义数据库结构→编辑数据库。通过字段间的系列操作，引发数据在呈现方式上的变化，引导学生发现其中暗含的多维关系，有利于提升对关系的理解。

5. 教学难点

(1) 养成科学的信息资源管理习惯

不管是个人的信息资源管理还是标准化的工作需要，对原始信息进行科学的分类存储和管理都是很有必要的。对于个人而言，养成自觉的分类组织和存储信息资源的习惯与方法。

(2) 辩证地评价数据库应用的优势与不足

数据库的应用优势有以下几点：存储量大、占有空间少；管理操作方便、快捷；检索统计准确、迅速、高效；数据应用共享性能好；数据维护简单、安全。此外数据库能存储和管理庞大的信息，使数据规范有序，并可以通过网络结合搜索引擎、在线数据库和各种信息系统，为人们提供高效检索、调试共享等服务。在评价和衡量数据库优势的同时，还要意识到自身存在的弊端及由此引发的种种社会问题。

(3) 使用数据库管理信息的基本思想与方法

了解数据库、数据库管理系统以及数据库应用系统三者之间的关系，进而对数据库在组织和管理数据信息、应用系统的功能特点和高效检索等方面的优势有更加全面的认识和理解。除此以外，还需进一步理解关系数据库中"关系"所表达的含义，明确数据间的多维关系，并从中提取某些有益的信息。

(四) 信息技术与社会

1. 课程目标

(1) 探讨信息技术对社会发展、科技进步以及个人生活与学习的影响。

(2) 能利用现代信息交流渠道广泛地开展合作，解决学习和生活中的问题。

(3) 增强自觉遵守与信息活动相关的法律法规的意识，负责任地参与信息实践。

（4）在使用因特网的过程中，认识网络使用规范和有关伦理道德的基本内涵；能够识别并抵制不良信息；树立网络交流中的安全意识。

（5）树立信息安全意识，学会病毒防范、信息保护的基本方法；了解计算机犯罪的危害性，养成安全的信息活动习惯。

（6）了解信息技术可能带来的不利于身心健康的因素，养成健康使用信息技术的习惯。

2．内容结构

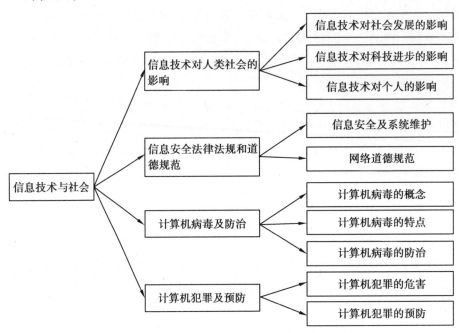

图2-5　"信息技术与社会"主题内容结构图

3．学习目标

学习内容	学习结果的行为指标 （当学生获得这种学习结果时，他们能够）
信息技术对社会发展的影响	举例描述信息技术对社会发展的影响，如促进科技进步，加速生产业的变革，创造新人类文明等。
信息技术对科技进步的影响	举例描述信息技术对科技进步的影响，如促进了新技术的变革，促进了新兴学科和交叉学科的产生和发展等。
信息技术对个人的影响	1. 举例描述信息技术对个人的影响，如改变了人们的工作、生活和学习方式，促使人们的思想观念发生变化等。 2. 了解信息技术可能带来的不利于身心健康的因素，养成健康使用信息技术的习惯。

高
中信息技术教师专业能力必修
Gao Zhong Shu Xue Jiao Shi Zhuan Ye Neng Li Bi Xiu

学习内容	学习结果的行为指标 （当学生获得这种学习结果时，他们能够）
信息安全及系统维护	1. 举例描述信息安全问题，并从感性上理解信息安全的概念。 2. 了解国内外有关信息安全方面的法律法规，理解信息安全防范的重要性。 3. 了解维护信息系统安全的一般措施。
网络道德规范	1. 了解并遵循《全国青少年网络文明公约》。 2. 了解有关伦理道德的基本内涵。 3. 识别和抵制不良信息。 4. 树立网络交流中的安全意识。
计算机病毒的概念	通过具体例子分析，从感性上理解计算机病毒的概念。
计算机病毒的特点	归纳计算机病毒的主要特点，如非授权可执行性、隐蔽性、传染性、潜伏性、破坏性、可触发性等。
计算机病毒的防治	1. 了解常见的计算机病毒的种类，如系统引导型病毒、可执行文件型病毒、宏病毒、混合型病毒、特洛伊木马型病毒、Internet 语言病毒等。 2. 描述几种常见的病毒的特征，如冲击波病毒、蠕虫病毒、尼姆达病毒、CIH 病毒等。 3. 描述计算机感染病毒的常见症状。 4. 采取恰当的措施有效防治计算机病毒。
计算机犯罪的危害	通过具体案例分析，了解计算机犯罪所造成的重大危害。
计算机犯罪的预防	了解预防计算机犯罪的常用方法。

4. 教学重点

（1）信息安全问题及防范策略

通过对典型案例的分析，了解信息安全的威胁来自哪些方面，如软件漏洞、操作失误、病毒入侵、黑客攻击、计算机犯罪等，会带来怎样的后果和影响，以及如何预防。

（2）计算机病毒及防治

了解计算机病毒的概念；描述计算机病毒的特点，如非授权可执行性、隐蔽性、传染性、潜伏性、破坏性、可触发性等；了解常见的计算机病毒有哪些，会造成哪些危害，采用何种专杀工具；采用什么方法、措施才能有效地防治计算机病毒，如定期对计算机系统进行病毒检查、对数据文件进行备份等。

（3）计算机犯罪及其危害

了解计算机犯罪及防范措施，如制作和传播计算机病毒并造成重大危害、利用信用卡等信息存储介质进行非法活动、盗取计算机系统信息资源等，这些犯罪行为又会造成什么样的严重后果，我们应该从哪些方面防止计算机犯罪的发生，如加强计算机道德和法制教育、从计算机技术方面加强对计算机犯罪的防范能力等。

5. 教学难点

（1）信息安全法律法规和道德规范

了解我国已经出台的关于网络方面的法律和规章制度，如《中华人民共和国刑法》、《计算机软件保护条例》、《计算机信息网络国际联网安全保护管理办法》等，列举网络信息活动存在的问题及其所造成的危害，如不良信息毒化网络"空气"、网上犯罪、虚假信息严重影响网络信息的可信性，信息垃圾泛滥成灾等；了解并遵循《全国青少年网络文明公约》。

（2）信息技术应用所带来的种种问题

了解信息技术可能带来的不利于身心健康的因素，如：网络黑客、网上黄毒、网络游戏、垃圾邮件、计算机犯罪等，学会正确看待这些问题，养成健康使用信息技术的习惯，倡导健康文明的网络生活。

【教学分析】

一、教学要贴近生活，在活动中培养学生的信息素养

在教学中充分挖掘信息技术课程的内涵，教学内容应密切联系学生的学习生活、社会生活，鼓励学生将所学的信息技术积极地应用到生活、学习及各项实践活动中去，让学生在活动中掌握应用信息技术解决问题的思想和方法。目前，互联网发展迅速，已经进入了千家万户，广大学生也相应成了"网民"。网络世界除了有丰富的网络资源、先进技术，同时也存在着色情、暴力、网络犯罪等负面内容。面对这一生活实际，如果教师仍采取将学生的信息素养仅局限于课程、课本和学校的做法，将会割裂学生与社会的必然联系，此时对信息素养的认识、形成是片面的，不完整的。随着全面建设小康社会的展开，学生一方面参与社会政治、经济、文化、科技、环境保护等社会活动日益增多，另一方面，随着课程改革的深入，课程与社区、社会生活的联系日益密切，学生的社会生活面临着重要新建构。在信息技术教学中，一方面要求教师教给学生一定的网络知识和技能，开展网络活动，在锻炼学生的同时有效地实现资源共享，另一方面充分利用网络资源，与学生谈心交流，共同探讨，通过电子邮件、网络聊天等形式，解决一些平时难于解决的问题。网络教育这一形式，因其新颖，又贴近学生心理，很受欢迎，从而发挥出特殊的作用。

对于现阶段出现网络安全和网络道德的社会热点问题，我们可以在《获取网络信息的策略与技巧》教学中，让学生收集近年来中学生利用网络进行犯罪的一些事例；在《信息的发布与交流》教学中，将所收集的事件在校园网中发布；在《信息的鉴别与评价》教学中，组织学生利用BBS提出自己的见解；在《信息安全法律法规及道德规范》教学中，进一步将问题深化，积极引导学生加强网络道德和素养的培养，树立自觉遵守网络道德规范的意识。这样将问题逐步深化的教学手段，为论证自己的观点

引用了大量的具体事例和理论依据，学生在 BBS 中畅所欲言，气氛十分热烈，学生的思维十分活跃，充分调动了学生学习的积极性和主动性。

二、任务的设置要科学合理

信息技术的教学一般是"任务驱动"方式进行的。教学的过程大致可分为：情境导入、明确任务、小组合作探究、交流评价和总结提高等环节。在这样的教学进程中，教学进程的推进主要依赖于学生，因为进程的推进是以学生的学习情况来定的。所以，教学与学习的进程设计要情境化、明确化、合理化。即尽可能地让学生在任务的驱动下不知不觉地积极地思考、积极地操作，在完成一个子任务的同时，清楚地知道自己应该去做什么。当然，教师事先设计的问题与任务应该尽可能的合理，任务的布置应该针对不同学生的不同个性特点、能力水平进行分层，一般分为基础任务、中等任务、较难任务。尤其是中等任务和较难任务，教师应该给予适当的"友情提示"，让大多数同学都能在提示下完成任务。

三、教学方法要灵活多样

"教有常法，无定法"，教学方法的选择是对一个教师教学能力的最好体现，不要因为是新课改，就把原来的讲授法扔到一边；不要因为是新课改就天天搞自主探究，小组合作学习，这样我们就很容易走入新课改的误区，而偏离了"关照全体学生"的课程目标。在教学过程中，有些教师抛弃了原来所有的教学方法，一上课就要学生打开教学网站搞自主探究，结果是学生在下面搞其他的不相关的东西；也有的很喜欢小组合作学习，一有什么练习或者做什么任务，必搞小组合作，结果是滥竽充数者居多，每个组中真正发挥作用的是其中的中心学生，而更多的同学则并没有很好地参与其中。因此，为促进"自主、合作、探究"学习的顺利进行，对学生进行"合作学习"的指导是必需的。教师一方面要加强对学习小组内的分工指导，使各小组成员明确自己的任务。另一方面要加强对小组成果的汇总指导，使小组的合作学习不只是形式而有实效，发挥小组学习的互补作用。小组合作也要看任务的性质，有些工作量较大的需要群体完成的项目，如做网站、动画等就可以好好利用小组合作来完成，对于一些较简单的项目，如文档编辑、画图、搜索引擎等就应该独立完成。

【反思探究】

一、在教学中如何恰当把握"技术深度"？

目前，针对部分教师不能恰当定位教学中的技术深度，更不知道在实际教学中怎么操作的问题：我们可以因时、因地、因人而异。

其一是深入浅出化解难点。针对教学中难处理的一些抽象的概念以及技术思想问题，实际教学中应该根据学生已有的知识水平，结合他们的实际生活，从学生易于接受和感兴趣的话题入手，达到深入浅出化解难点的效果。其二是恰当挖掘技术深度。

《信息技术基础》的部分教学内容在小学、初中都已经学过，那么高中我们怎么学习呢？这就需要教师对学习内容进行选择，挖掘其包括的技术深层次的内涵，而不要仅仅停留在表层的应用上。

二、如何处理学生起点不齐的问题？

由于学生起点水平参差不齐，在实际教学中，教师可以采用分层教学的方法，允许学生根据自己学习的状况不断调整自己的学习层次。教师尽最大努力帮助与指导学生进行层次调整，使每个层次的每一位学生都能得到最大限度的发展。

在课前，教师可以通过调查、与个别学生交谈或课堂交流等方式，充分了解学生已有的信息技术学习水平，既关注班级学生群体的学习特点，又兼顾学生发展需要等方面的个性差异。

在学生选择学习层次时，教师要充分地调动学生学习的主体意识，引导学生从自身的实际出发，根据未来发展的需要、学习兴趣、爱好与特长，自主进行选择。

在教学过程中，教师要大力提倡与鼓励学生之间的互助和关心，建立监督机制，加强学生之间的互动，充分发挥即时通讯解决学习问题的作用等，除此之外，只要条件允许，教师要给学生提供真诚的帮助，鼓励学生大胆选择、大胆尝试。

需要提醒的是，不管是对哪种起点的学生，都应注意在解决问题的过程中渗透培养学生学会技术的思想与方法，注意知识与能力的迁移。

专题三：算法与程序设计

在素质教育背景下，以颁布《普通高中信息技术课程标准（实验）》为标志，我国信息技术教育实现了由计算机教育到信息技术教育的根本性转变。作为计算机教育的主要内容，近20年之久的"程序设计"变成了课程标准中的"算法与程序设计"选修模块。中学阶段是否保留程序设计，曾引起过争论。课程标准不仅没有把其废除，还将其列为一个独立的选修模块，内容、深度也有所增加，主要是考虑到中学阶段重在培养学生分析问题，解决问题的能力，而"算法与程序设计"这门课程内容本身的逻辑性和严谨性有利于培养学生的逻辑思维能力和实践能力，有利于提高学生解决问题的程序化能力，符合国家新教改的要求。

【问题提出】

李老师是南京市某学校高中部的信息技术教师，主要负责教授"算法与程序设计"这门选修课。在李老师看来，"算法与程序设计"这门课程能够使学生在解决问题过程中建立起严密、科学的态度，有利于培养学生发散思维及创新思维的能力，这是由课程本身的逻辑性与严密性决定的。但她也同时感叹道："上好'算法与程序设计'这门课并不容易。因为程序设计本身比较抽象、枯燥，所以学生在学习过程中兴趣往往无法激发，有时甚至会产生厌学心理，这极大地影响了教学效果。另外，各门选修课普遍存在课时少，教学内容多的问题，如何在有限的时间内完成教学目标对于我们信息技术教师来说也是一个不小的挑战。"

在谈到与其他课程的整合时，李老师说："'算法与程序设计'与高中数学课程存在千丝万缕的联系，特别是算法部分的内容，更是有着很大程度的交叠。但是两者之间有哪些关联，在教学中如何对两者进行有效的衔接也是个难点，需要进一步的探索。"

对李老师的困惑，大部分"算法与程序设计"教师都会存在，"算法与程序设计"作为计算机应用技术的基础，要求教师在教学中注意对数学课程中相关内容衔接的同时，针对具体内容，探索行之有效的教学策略，激发学生对程序设计的兴趣，培养学生的程序设计能力。

【内容梳理】

一、本模块与必修模块和高中数学的联系

（一）与必修模块的联系

在《普通高中信息技术课程标准（实验）》（以下简称课标）中，选修模块"算

法与程序设计"是作为计算机应用基础而设置的。按照"双本体观"① 理论，它应属于技术取向的信息技术教育，是期望从程序设计领域传达技术文化要素，为学生这方面的发展提供必要的支撑。与必修模块相比，"算法与程序设计"模块不再是大众信息文化取向，而是转向了技术取向，但这两种价值取向并不是对立的，而是相辅相成的。前者是后者的基础，后者是前者的拓展与加深。② 如必修模块中"信息加工与表达"部分就与"算法与程序设计"模块的内容衔接，为"算法与程序设计"模块做了前导性铺垫。

必修模块"信息加工与表达"这部分内容，要求学生了解直接用计算机程序解决实际问题，是用计算机进行信息处理的基本方法之一。学生要体验程序的运行过程及其作用，掌握分析问题、设计算法、编写程序、调试运行、检测结果、修改程序这一基本过程。旨在为学生揭开计算机程序的神秘面纱。"算法与程序设计"模块则使学生在原有知识的基础上进一步体验，了解算法和程序设计在解决问题过程中的地位和作用；能从简单问题出发，设计解决问题的算法，并能初步使用一种程序设计语言编制程序实现算法解决问题。

必修与"算法与程序设计"这两个模块在内容上既相互衔接又互有侧重。必修是一个技术横向的课程，是一个普及化课程。而"算法与程序设计"模块则是一个技术纵向发展的课程。正因如此，在实际教学中两者对教学目标互有侧重。必修模块更注重"过程与方法"，着重培养学生分析问题、应用信息技术解决实际问题的能力和创新精神。"算法与程序设计"模块则需要学生在系统的了解"算法与程序设计"的原理、基本特征、过程和方法等知识的基础上，掌握相关技术技能，提高解决问题的能力，使学生在程序设计领域上学有所长。所以"算法与程序设计"模块教学更着重"知识与技能"。

（二）与高中数学算法部分的联系

识案例为内容索引，介绍了算法的基础知识、基本语句、问题应用的过程。在高中新课程的内容设置上，算法作为数学学科的一章内容被放在高二的必修课本中。高中数学第三册课本（必修）的第一章分别以算法与程序框图、基本算法语句、算法案例为内容索引，介绍了算法的基础知识。"算法与程序设计"模块则从"课程标准"的角度强化了算法教学内容在信息技术高中新课程中的作用和地位，算法的教学内容从范围到要求都比以往有所提高和明确。"算法与程序设计"模块在原来程序设计课程与算法融合的基础上，增加或单独强调了一些重要的算法知识，并用专门的篇幅介绍了常用、典型的算法，其中包括：解析法与问题解决，穷举法与问题解决，查找、排序与问题解决，递归法与问题解决等。

如果我们把算法的内容看做一个集合，那么高中算法教学内容是这个集合中的一个子集，在这个子集中包含着两个集合，其中一个是数学中的算法教学内容，另一个

---

① 李艺、张义兵．"信息技术教育的双本体观分析"［J］．教育研究，2002（11）
② 田俊华．高中"程序设计"的课程价值及教学建议［J］．中小学教师培训，2007（12）

高 中信息技术教师专业能力必修

Gao Zhong Xin Xi Ji Shu Jiao Shi Zhuan Ye Neng Li Bi Xiu

是高中信息技术选修模块"算法与程序设计"的教学内容，同时在数学与"算法与程序设计"的算法集合中存在着一个交集。①

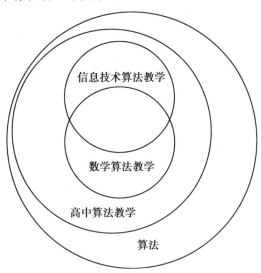

图 3 - 1   算法集合结构图

高中数学课中也包含有"算法"教学，似乎与"算法与程序设计"模块的内容重复。事实上，两者有相同点，更有区别。相同的是两者的大目标都是培养学生运用计算机进行思维的素养。不同的是数学课中的算法内容局限在通过解决数学上的问题，体会数学中所蕴涵的算法思维，实现学生从一般意义上的算法问题转移到运用计算机解决数学问题的算法的学习。强调的是一种解决结构化问题的思维培养。而信息技术课程中的算法与程序设计实际上是利用数学课程所学和算法知识基础，要求学生进一步领会算法在计算机解决现实问题方面的重要作用。强调的是能用一种程序设计语言描述出解决问题的算法，并通过计算机执行并实现算法，也就是掌握如何"指挥"计算机。

因此，"算法与程序设计"模块的教学应注意与数学课程中有关内容的衔接，如果将这两门学科中重复的内容作为一种数学基础知识，在信息技术学科中加以运用，则对数学的学习是一种应用与提高，对信息技术的学习也可谓是"水到渠成"。

二、《算法与程序设计》内容要点

课程标准中，本模块由计算机解决问题的基本过程、程序设计语言初步、算法与问题解决列举三大主题构成。在沿用课程标准中主题内容的前提下，为进一步增强对实际教学的指导作用，我们对主题结构作了些调整，调整后的模块由四个主题组成，这四个主题在知识结构上以螺旋上升方式展开。调整前后的主题结构关系如下图所示。

---

① http：//www.ictedu.cn/show.aspx？id＝2078&cid＝96，浏览时间 2010 - 9 - 17

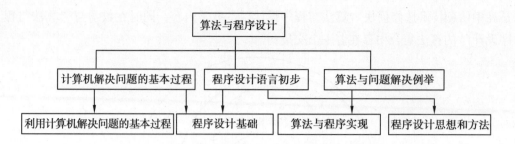

图 3 - 2　调整前后主题间的关系图

（一）利用计算机解决问题的基本过程

1. 相关课程标准

（1）结合实例，经历分析问题、确定算法、编程求解等用计算机解决问题的基本过程，认识算法和程序设计在其中的地位和作用。

（2）经历用自然语言、流程图或伪代码等方法描述算法的过程。

（3）在使用计算机解决实际问题的过程中，通过观看演示、模仿、探究、实践等环节，了解顺序、选择、循环三种基本结构及其重要作用，掌握计算机程序的基本概念，能解释计算机程序执行的基本过程。

（4）能够说出程序设计语言产生、发展的历史与过程，能够解释其意义。

（5）了解编辑程序、编译程序、连接程序等基本知识。

2. 知识结构

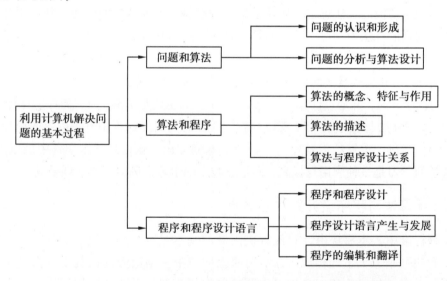

图 3 - 3　"利用计算机解决问题的基本过程"主题内容结构图

高
中信息技术教师专业能力必修
Guo Zhong Shu Xue Jiao Shi Zhuan Ye Neng Li Bi Xiu

3. 学习要求

学习内容	学习结果的行为指标 （当学生获得这种学习结果时，他们能够）
问题的认识和形成	1. 结合生活与学习的实例说明利用计算机解决问题的必要性； 2. 从已有的知识与经验中列举出人工无法解决困难而利用计算机能够快捷解决的问题。
问题的分析与算法设计	1. 了解利用计算机解决问题的基本过程； 2. 了解问题分析与算法设计间的关系。
算法的概念、特征与作用	1. 结合数学课程中学习的算法知识，说出自己对算法的理解； 2. 说出算法的五种特征，举例说明算法特征的含义。
算法的描述	结合数学课程中学习的算法知识，用自然语言、流程图、伪代码描述算法。
算法与程序设计关系	用自己的语言描述算法与程序设计间的关系。
程序和程序设计	1. 描述程序概念和解释程序的作用； 2. 结合实例描述顺序、选择、循环三种基本结构的单步程序执行方式； 3. 画出三种程序基本结构的流程图。
程序设计语言产生与发展	1. 了解程序设计语言产生与发展过程； 2. 列举出三种以上高级语言的名称。
程序的编辑和翻译	1. 说出程序的编辑与翻译的过程方法； 2. 比较编译型语言与解释型语言的优势与不足。

4. 教学重点、难点

本主题的教学重点是让学生了解和体会利用计算机解决问题的过程，掌握算法的基本概念，并能使用自然语言、流程图、伪代码描述算法。对于"利用计算机解决问题的过程"这部分内容，教学中可以选择一个学生运用已有知识能够解决的实例，教师通过演示等手段协助学生亲历实例问题的分析、设计算法、把所要解决的问题转化成程序，输入到计算机，经调试后让计算机执行这个程序，最终实现利用计算机解决问题。让学生了解和体会流程中每一个步骤的含义，为展开整个课程学习打下基础。对于算法这部分知识，学生通过高一数学知识的学习，已经接触了算法、流程图等概念，初步经历了数学问题的算法分析；使用流程图进行算法描述；运行程序等过程，有了一定的知识储备。教学中可通过一个生活中的实例，从提出问题入手，带领学生分析该问题，进一步学习如何设计算法并使用自然语言、伪代码和流程图等方法描述算法。

本主题的教学难点是对算法特征的掌握，算法的特征对初学者而言较难理解，教学中尽可能通过具体问题的算法分析、程序分析，让学生感悟出算法的特征，为进一步学习分析问题、选择算法打下基础。另外，还应该让学生理解"好"算法的特征。

一个"好"的算法除正确性外，还应考虑其高效性、可读性、健壮性，学生起初是做不到的，但可以让学生知道需要从不同角度分析问题，才能不断改进算法，并通过实践形成这种良好习惯。

(二) 程序设计基础

1. 相关课程标准

（1）理解并掌握一种程序设计语言的基本知识，包括语句、数据类型、变量、常量、表达式、函数。会使用程序设计语言实现顺序、选择、循环三种控制结构。

（2）了解程序开发环境等基本知识。

（3）初步掌握调试、运行程序的方法。

2. 知识结构

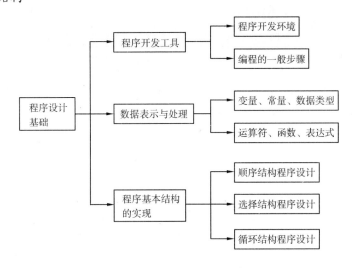

图 3-4 "程序设计基础"主题内容结构图

3. 学习要求

学习内容	学习结果的行为指标 （当学生获得这种学习结果时，他们能够）
程序开发环境	1. 在集成开发环境中，打开程序、保存程序、编辑程序、运行程序，初步掌握程序调试的基本手段； 2. 如果使用的是可视化程序开发工具，能够理解控件、对象、属性等基本概念。
编程的一般步骤	1. 说出程序编写的一般步骤，能够完成给定程序的输入、调试与运行； 2. 如果使用的是可视化程序开发工具，则能够设计简单的程序界面。
变量、常量、数据类型	1. 知道数据类型、变量、常量的含义，学会定义常量，学会定义变量的数据类型，并能说出定义不同数据类型的理由； 2. 说出程序中的常量、变量与数学中的常量、变量的异同点。

学习内容	学习结果的行为指标 （当学生获得这种学习结果时，他们能够）
运算符、函数、表达式	1. 知道程序中运算符、函数、表达式的表示方式； 2. 转换数学表达式为程序接受的表达式，能够借助查表帮助查找，使用函数。
顺序结构程序设计	1. 正确使用输入语句、输出语句、赋值语句进行顺序结构程序设计； 2. 对给出的顺序结构问题，写出解决问题的步骤，根据步骤用相应的语句表达，完成整个问题的程序设计； 3. 上机调试、运行顺序结构程序，正确进行输入，输出正确的结果。
选择结构程序设计	1. 理解条件语句、多重选择语句的计算机执行方式； 2. 正确写出问题中的条件关系表达式与逻辑表达式； 3. 对给出的选择结构问题，正确使用条件语句，写出解决问题的步骤； 4. 上机调试、运行选择结构程序，能够通过不同的输入数据，调试程序中各条件分支的正确性，输出正确的结果。
循环结构程序设计	1. 理解 FOR 循环语句、DO 循环语句的计算机执行方式，总结两种循环语句的不同之处与其适合使用的循环结构问题形式； 2. 对给出的循环结构程序，写出程序的运行结果； 3. 对给出的循环结构问题，能够正确分析出问题的循环特点，设计好循环变量的初值、终值与变化方式，正确选择不同的循环语句编程解决问题； 4. 上机调试、运行循环结构程序，若遇"死"循环现象，能够正确处理。

4. 教学重点、难点

本主题的教学重点是使学生掌握常量与变量的使用，包括在程序设计中正确使用常量，正确进行变量的数据类型设计。让学生通过观察程序中常量、变量的运行结果，了解程序中常量、变量与数学概念中的差异。同时，要让学生掌握程序设计中常用语句与函数的使用，如：输入、输出语句、交互函数、条件语句、多种选择语句、For 循环语句、Do 循环语句等，根据解决问题的要求分析设计算法，恰当地使用三种结构程序设计相关语句编写程序，在实践过程中体验程序设计语言的逻辑特点。

教学难点是让学生学会正确定义变量的数据类型，可通过对每个程序设计样例的变量数据类型定义进行分析，让学生逐步理解数据类型的含义。另外，在选择结构程序设计中，如何分析与表达问题中的选择条件，如何根据选择的结果进行分支走向，如何正确使用选择语句编写程序，也是教学中的一个难点。这一部分可通过由简到难的问题的提出与解决，让学生灵活使用选择语句进行程序设计，掌握程序设计的基本方法。

（三）算法与程序实现

1. 相关课程标准

A　解析法与问题解决

（1）了解解析法的基本概念及用解析法设计算法的基本过程。

（2）能够用解析法分析简单问题，设计算法，编写程序求解问题。

B　穷举法与问题解决

（1）了解穷举法的基本概念及用穷举法设计算法的基本过程。

（2）能够根据具体问题的要求，使用穷举法设计算法，编写程序求解问题。

C　查找、排序与问题解决

（1）了解数组的概念，掌握使用数组存储批量数据的基本方法。

（2）通过实例，掌握使用数据查找算法设计程序解决问题的方法。

（3）通过实例，掌握使用排序算法设计程序解决问题的方法。

D　递归法与问题解决

（1）了解使用递归法设计算法的基本过程。

（2）能够根据具体问题，使用递归法设计算法，编写递归函数程序求解问题。

2. 知识结构

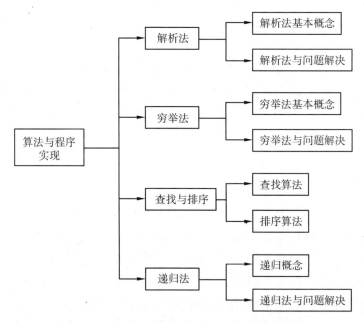

图 3－5　"算法与程序实现"主题内容结构图

高

中信息技术教师专业能力必修

Guo Zhong Shu Xue Jiao Shi Zhuan Ye Neng Li Bi Xiu

3. 学习要求

学习内容	学习结果的行为指标 （当学生获得这种学习结果时，他们能够）
解析法基本概念	理解解析法基本思想，结合实例说明用解析法设计算法的基本过程。
解析法与问题解决	1. 运用解析法分析问题，寻找问题中各要素之间的关系，用数学表达式表示它们的关系； 2. 写出解决问题的解析步骤，编写程序实现，并能通过运行程序求得问题的正确解。
穷举法基本概念	了解穷举法的基本概念，列举出能够用穷举法解决的问题的特点。
穷举法与问题解决	1. 分析穷举问题的枚举主线，设计恰当的变量与循环结构进行枚举，正确写出符合问题解的条件判断语句； 2. 分析不同穷举方案的效率，选择效率高的方案，设计算法、编写程序，求得问题的全部解。
查找算法	1. 理解数组的概念，会用简单的数组处理数据； 2. 理解顺序查找思想，写出顺序查找算法步骤，使用顺序查找算法编写程序解决问题； 3. 理解二分查找算法思想，写出二分查找算法步骤，例举出能够用二分查找法解决的问题并编写程序； 4. 比较顺序查找算法与二分查找算法所解决问题的特点。
排序算法	1. 描述一到两种经典排序算法及其排序步骤，如：冒泡排序、插入排序、选择排序； 2. 至少使用一种经典排序算法，设计程序解决排序问题。
递归概念	理解递归思想与递归的数学意义，说明递归程序的执行方式。
递归法与问题解决	1. 使用自定义函数与子过程编写程序； 2. 掌握递归程序的实现方法，能够使用递归法设计、解决简单递归问题，并能编程实现。

4. 教学重点、难点

在本主题中，教学重点是对解析、穷举、排序、查找、递归等算法思想的理解，以及这几种基本算法的程序实现。通过解析、穷举、排序、查找、递归算法的程序实现，使学生进一步掌握程序设计方法，进一步体验算法思想并扩展算法思维，进一步理解问题、算法、程序设计间的关系。对递归算法思想的理解与程序实现以及对其他算法思想的了解则是该主题的教学难点。

（四）程序设计思想与方法

1. 相关课程标准

（1）理解模块化程序设计的基本思想，初步掌握其基本方法。

（2）在使用某种面向对象程序设计语言解决问题的过程中，掌握面向对象程序设计语言的基本思想与方法，熟悉对象、属性、事件、事件驱动等概念并学会运用。

2．知识结构

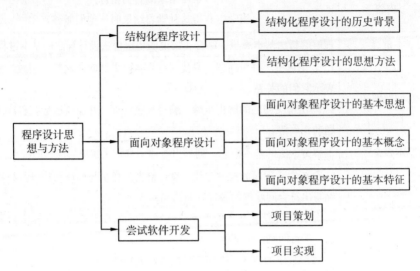

图 3 – 6　"程序设计思想与方法"主题内容结构图

3．学习要求

学习内容	学习结果的行为指标 （当学生获得这种学习结果时，他们能够）
结构化程序设计的历史背景	知道结构化程序设计产生的历史与由来。
结构化程序设计的思想方法	1．描述结构化程序设计的基本思想与方法； 2．使用过程与函数实现子问题的程序设计，尝试使用自顶向下、逐步求精的程序设计方法设计程序。
面向对象程序设计思想	1．理解面向对象程序设计思想与方法； 2．比较面向对象程序设计与面向过程程序设计，说明两种程序设计思想方法的本质及给软件开发带来的革新与影响。
面向对象程序设计的基本概念	1．列举出生活与计算机操作中的对象，解释对象的不同含义； 2．运用属性的概念，举例描述对象的各种属性； 3．知道列举出生活或计算机操作中对象的方法及方法的作用； 4．结合 Windows 的使用经验，列举出常用的事件； 5．举出生活中类与对象的实例，讨论在面向对象程序设计中，类与对象的区别与联系。
面向对象程序设计的基本特征	1．知道面向对象程序设计的基本特征； 2．举例说明封装、继承和多态性的含义。
项目策划	通过小组合作，选择身边的一个小课题策划软件开发方案。
项目实现	尝试小组合作实践软件开发方案。

4. 教学重点、难点

在本主题中，教学重点是让学生了解"软件危机"的历史与产生原因，理解结构化的程序设计思想与方法，培养良好的程序设计风格。通过对面向对象程序设计基本概念、基本特征的理解，了解面向对象程序设计的现实意义。同时，通过微型软件开发过程，培养学生算法及程序设计思想与方法综合应用能力，培养学生独立、合作、协作的态度与能力，形成对软件开发过程的完整认识。

教学难点是通过对现实世界中对象、属性、方法、事件、类等概念的类比描述，帮助学生了解面向对象程序设计思想及涉及的相关知识。同时，让学生综合运用所学的算法与程序设计基本知识和技能，综合运用程序设计思想与方法，尝试一个微型项目的开发，体验软件的开发过程。

【教学分析】

一、借助具体实例，穿插知识讲解

程序设计中会涉及一系列的比较抽象难懂的概念，诸如变量、数据类型、运算符、表达式、语句、函数定义、对象、对象属性、方法和事件等。刚接触程序设计的学生，对程序设计充满了好奇，如果把这些抽象、难懂、晦涩的东西直接呈现给学生，让他们去学习，然后再应用到编写程序代码中，无疑会挫伤学生学习编程的积极性，甚至产生厌烦心理。因此，要想让学生领会这些抽象的概念，教学中应以一个个鲜活的具体实例为切入点，在每个例子中适时、适量渗透一些相关的概念和知识，让学生在做中学，在学中做，使学生在完成任务的过程中，逐渐地、很自然去体会概念。

以计算圆的面积为例，在现实生活中，只要给出圆的半径，大家都能很快地计算出面积值。那么，如何利用计算机解决这个问题呢？这时可以有意识地让学生回顾计算机解决问题的过程：（1）分析问题；（2）设计算法；（3）编写代码；（4）调试程序。算法大家都会，如何编写代码呢？由此引出编写程序代码的步骤：（1）数据类型的说明部分；（2）数据输入部分；（3）数据处理部分；（4）数据输出部分。以下是程序代码，让大家对照代码，对各语句的作用进行分析。

```
Dim r as single，s as single
Const pi as single = 3.14
r = 1000
s = pi * r * r
print "圆的面积是"；s
```

在这段代码里，会用到变量、数据类型、运算符、表达式、语句等一些基础知识。在讲解实例的过程中，就可以把用到的这些知识点一一讲解给学生。通过该实例，学生会理解什么是变量、常量，它们在程序中如何定义，以及表达式在计算机和数学课上呈现的有何区别。通过老师的分析引导以及学生的思考，学生能够很快地明白这些基本概念。对于关系表达式、逻辑表达式，学生刚开始学习并不能马上理解这些内容，可以先不作讲解，而把它们放在选择结构程序中。由于选择结构涉及条件判断，学生很容易就能理解各种关系运算符和逻辑运算符的意义和作用，效果将会事半功倍。

二、巧用比喻教学，促进知识理解

比喻法是通过比喻来说明事物或事理特征的方法。运用比喻，可以把抽象的道理具体化，枯燥的知识形象化。在《算法与程序设计》教学中，最大的困难正是对一些抽象的理论和概念的理解。这些内容如果只凭老师一张嘴反复讲述，教师说得口干舌燥，学生听得昏头昏脑，教学效果很差。而比喻教学法的应用，使得抽象的知识形象化、趣味化，活跃了课堂气氛，促进了知识的理解。

循环是程序设计中最重要的一个语句，也是最能体现计算机解决问题优越性的语句。在"算法与程序设计"教学中，如果只是机械地以介绍知识点为目的，学生对循环的理解和具体应用将有很大困难。在教学中，可以充分应用比喻的魅力，达到较好的教学效果。

例如，在讲解循环的两种形式时，以吃饭为比喻。吃饭本身就是一个循环，它有两种方式。第一种情况，我要减肥，所以每次给自己规定只吃 10 勺，就不吃了；第二种情况，我一直吃，直到饭吃完了，或者我被撑死了为止。在第一种情况下，我知道要循环几次（用 For 循环）。在第二种情况下，我不知道要循环几次，但是知道什么时候循环结束（用 Do 循环）。通过这样有趣的比喻，让学生在欢快的气氛下，理解并记忆有关循环的知识点。

在讲到"For 循环变量 = 初值　To　终值　Step 步长"这个循环语句的语法时，可以用日常生活中的走楼梯作为切入点，将 For 循环比喻为走楼梯。分析走楼梯的几种情况：一般情况下都是每次走一步，有时候可以每次跨几步；走楼梯可向上走也可以向下走；每跨完一步，都要停下来做点什么，否则光走楼梯就没意思了；最后走完楼梯了，即在楼梯外才算是完成走楼梯这个过程。以上面的比喻来说明以下几个在应用 For 循环中的注意点：Step 步长的应用，初值终值的大小关系，循环体的含义，循环变量的最后取值等关键问题。

"算法与程序设计"不仅是一门注重实际动手探究能力的信息技术课程，有时候更像是一门考验学生逻辑思维能力的数学课程。其中一些概念和术语对学生们来说是非常陌生的，有时还很抽象、很深奥，特别是穿插在各章节中的算法，更考验着学生的思维和耐性。

通过比喻教学，能使学生较好地理解某些比较抽象的知识内容，以便他们能进一步掌握并运用这些知识、原理来分析、解决某些相关的问题。

三、通过思维建模，掌握算法思想

在"算法与程序设计"教学中常会遇到这样的情况：在课堂上学生对例题的解法一听就懂，可课后或隔一段时间再练习同类型但情节稍有变化的题目时，一些学生就会感到束手无策，思维无法进入到原先的轨道。造成这种现象的原因很多，其中最主

高

Guo Zhong Shu Xue Jiao Shi Zhuan Ye Neng Li Bi Xiu

中信息技术教师专业能力必修

要的原因是在学生头脑中没有建立起清晰的、牢固的思维模式。所以，很有必要指导和帮助学生从思维上建构模式，以便学生抓住关键，掌握算法思想。[①] 我们可以采取以下几种方法来帮助学生进行思维建模。

（一）提取关键词句

对于常用算法的基本思想的理解和记忆，如果通过提取关键词句的办法对课本上的叙述加以概括，学生就容易记住了。例如：枚举算法可概括为"——列举、逐一验证"；解析算法可概括为"列出算式"；冒泡排序可概括为"逐个比较、逐步交换"；选择排序可概括为"选出最值、直接交换"；顺序查找可概括为"依次比对"；对分查找可概括为"取中间比较、缩一半范围"；递归算法可概括为"大事化小、小事化了"。

（二）提炼核心结构

冒泡排序、选择排序和对分查找三种算法，是"算法与程序设计"课的教学重难点，也是学生感到最怕的知识点。如果根据算法的特征提炼出核心的一般结构，不仅有利于学生理解和记忆，轻松地将算法转化为代码，而且还可以将其视作模式来套用，提高了读程编程的效率。以冒泡排序（小→大）算法为例，对其思想方法和程序特征进行概括提炼，得到程序核心的结构模式：

让 i 从 1 到 n－1 循环

让 j 从 n 到 i＋1 循环

如果前数＞后数，则

两者交换（借助 t）

条件尾

循环尾

循环尾

有了这样的程序模式，解题时，学生只需先判断算法的类型，或者通过模式比对，如果属于冒泡排序，就直接套用冒泡法的程序模式来读程序或写程序。

对于学生而言，初学算法与程序设计，更重要的是对已有解题模式的学习和应用，研究前人的思路模式，只有打好基础，才能想出更优秀的新模式来。有了模式建构与识别的眼光，一些学习问题就变得简单了。在"算法与程序设计"课里，可以把各种常用算法的程序结构视作模式，把各种语句的格式结构视作模式，把程序段看成由顺序、分支、循环三种基本模式的组合，把一些复杂的程序看成是若干个功能模式块的组合，把上机操作步骤看成"界面设计→编写代码→调试程序"模式，把某一类题型的解题方法看成模式。当然，模式思维方法也有局限性，易使学生产生思维定势，应加强一题多解、一题多变的发散思维训练来弥补不足。

---

① http：//www.lwyes.com/papers/p/paper_ 396. html，浏览时间 2010－9－17

【反思探究】

一、教学中是否应渗透软件工程的思想？

"算法与程序设计"选修模块的教学中存在多条主线，如问题解决的主线、算法的主线、代码编写的主线、软件开发的主线，不同主线反映了不同的思想。以程序设计为主线，即关注程序设计的整个过程。首先，根据需要确定算法，然后选择一种程序设计语言来实现算法思想。在强调算法这一灵魂的基础上，整体结构当以程序设计为中心。以"算法与程序设计"对模块进行命名，正是在突出部分（算法）的基础上对整体（程序设计）进行关注，既凸显算法在程序设计中的重要作用是作为一种思想和方法而存在；又明确算法只是程序设计中的一步，其价值体现在服务于程序设计的整体过程中。用算法与程序设计来解决问题的过程中，问题的解决是按照一定的步骤、一定的思维方式和方法来进行的，这其中就体现了软件工程的基本思想。

软件工程是指导计算机软件开发和维护的工程学科，强调采用工程的概念、原理、技术和方法来开发与维护软件。它将软件开发与维护分成不同的阶段，从问题定义阶段开始，经历可行性研究、需求分析、总体设计、详细设计、编码和单元测试、综合测试等，最后是软件维护阶段，软件开发的复杂任务被分配至每个阶段，随着阶段工作的进行，用户需求从抽象的逻辑概念逐步转化为具体的物理实现。

软件工程的内容不属于高中学生的学习范围，但软件工程中强调系统的思想和方法是高中学生需要学习了解的。学习算法与程序设计就是要了解并掌握如何使用计算机解决问题，尤其是要理解问题解决过程中采用的思想和方法，这是学习本模块的关键，也是具有普遍迁移价值的内容。因此，对系统思想和方法的关注成为教学的必然。当然，教学中要求学生用算法解决的问题相对简单，不是大型的软件开发工程，也不需要经历软件工程的所有步骤，但应使学生在按照一定流程解决问题的过程中，去体会和理解系统的思想，掌握系统的方法。

课程标准中之所以没有提及软件工程的思想，是因为课程标准的性质使然。一旦明文出现，在不能正确理解的情况下，很容易导致现实教学中内容难度的加深。对于这些必需的方法和思想，可以在教材编写和教学中酌情把握，在教学中进行体现，引发学生对系统方法和思想的思考，并在利用计算机解决问题中有效应用。

二、在高中算法与程序设计模块中，应选择哪种程序设计语言？

根据课程标准，选修模块"算法与程序设计"的程序设计语言学习要求是："能初步使用一种程序设计语言编制程序实现算法解决问题"。从《课程标准》可以看出，课程对具体的程序设计语言的种类并没有规定，而是明确规定了程序设计语言的学习要求，即在了解一种程序设计语言的基础上能编制简单的程序。同时，也明确了算法与程序设计语言的关系，即能用所学的程序设计语言来描述和实现所学的算法。

课程标准中没有具体指出哪一种语言是合适的，这个问题实际上留在了教材编写

高中信息技术教师专业能力必修

Guo Zhong Xin Xi Ji Shu Jiao Shi Zhuan Ye Neng Li Bi Xue

这个环节上，由教材主编们来确定究竟使用哪种语言。从一般程序设计语言选择的依据来看，通常有以下几方面：所选语言特点与实现目标的符合程度；语言使用的环境与便捷性；使用者的知识背景；所选语言的熟悉程度；语言产品的价格及供应商的可信度等。因此，在"算法与程序设计"模块学习中，只要具备有效地反映算法的教学思想和教育价值，并且使用方便的程序设计语言都可以选用。

从教材编写的角度看，当前大部分教材中选用的是 VB 语言，而中国地图出版社的《算法与程序设计》教材中则选用了 JAVA 语言。这两种选择各有道理，各有特色。以 VB 程序设计语言为例来学习程序设计与算法实现，主要考虑到以下几点：VB 语言公众认可度高，容易学习与掌握，获得 VB 语言系统也方便，并且能够满足《课程标准》对程序设计语言的要求。VB 作为一种面向对象的程序设计语言，其优点是容易设计和实现用户界面良好的程序，但学生往往会更多地关注窗体的设计而忽视算法实现，此问题在教学过程中值得注意。

三、如何解决"算法与程序设计"模块作业布置的问题？

在"算法与程序设计"模块的教学中是否需要给学生布置作业以及布置什么样的作业，是一个长期以来广受争议的问题。一方面，信息技术作为一门比较新的学科，它的作业和其他学科作业有些不同，主要以课堂作业为主，一般需要学生上机完成（包括基础题和操作题）。另一方面，学生的起点不一，差异较大，对于新知识的理解和掌握的快慢不同。因此，这就要求信息技术教师能够针对学生的知识水平和能力结构进行合理分析，设计出多样化、多层次、多元化的作业，以促进学生的个性化发展。对于"算法与程序设计"模块的作业布置，可以尝试采取以下几种形式。

（一）游戏式作业

"算法与程序设计"模块中一些抽象的概念对于初学者来说比较枯燥和难学，如何让这些算法和程序生动起来，让学生在完成作业的时候不再觉得乏味，游戏式的作业是最佳选择之一。所谓游戏式作业，就是设计形式活泼、富有趣味的作业，将所学知识蕴涵到游戏当中。比如在讲解控件工具箱中的滚动条时，设计"变化匹诺曹的鼻子"的小例子，将知识点蕴涵其中：拖动滚动条，匹诺曹的鼻子会变长或缩短。可以在本次课的课堂作业设置中，让学生完成类似"变化匹诺曹的鼻子"的作品。

游戏是很多学生喜爱的活动，通过游戏式作业不仅可以提高学生学习的兴趣，还可以培养学生的实践能力以及创新意识，促进其个性化发展。

（二）操作实践式作业

实践式作业就是让学生在自己探索研究的过程中，提出解决现实问题的方法及策略，在巩固知识的同时，让学生学会提出问题、分析问题和解决问题。

如在讲解"循环语句"知识的时候，布置这样一个课堂作业：要求学生应用循环语句编写一个程序，模拟"平抛运动"的运动轨迹，分解"平抛运动"，并建立动态示意图。当他们通过编写正确代码从而解决实际问题时，学生的成就感得到满足，从而渴望解决更多问题；当编写的代码出错时，他们就会进一步探索思考，直到解决问题为止。这样一来，不仅能让学生将所学知识运用于实际生活中，加深对知识的理解，同时更能激发学生学习的积极性。

（三）层次化作业

针对学生差异性的问题，我们可以通过设计层次化的作业来解决。根据难易程度，将课堂作业划分为三个档次：基础性作业、选择性作业、挑战性作业。基础作业要求以学生能通过会考为原则，是针对全体同学的；选择性作业就是根据练习内容或题型设置不同题目，让学生根据自己的兴趣来选择作业的题目；挑战性作业是对知识点的深入应用，主要针对学习能力较强的同学，让他们有更大的发挥空间。

课堂作业设计是教学过程的重要组成部分，也是完善教学信息反馈系统不可缺少的环节。在"算法与程序设计"教学中，应注重课堂作业的设计，使用多种作业形式，在提高课堂效率和质量的同时，促进学生的个性化发展。

专题四：多媒体技术应用

多媒体技术与网络技术在人类走出工业文明、进入信息社会的过程中起到了巨大的推动作用，被称为步入信息时代的两大技术杠杆。多媒体的概念早已深入人心，生活中到处可见多媒体的身影。因此，标准研制中将多媒体作为一种普及应用加入选修模块之列是十分必要的。

模块的名称定为"多媒体技术应用"，首先强调是"多媒体技术"而不是多媒体作品，着眼于技术的使用过程而不是使用结果，强调在过程中体验思想；其次，强调"技术应用"，不是局限于技术本身的范围，而是将多媒体技术看作是一种技术手段，重视对其的理解和具体应用，应用的目的是满足学生的实际需求：表达的需求，交流的需求以及创作的需求。

【问题提出】

数字化的多媒体信息环绕在我们的四周，充斥着我们的视听，影响着我们的生活。生活与学习中的信息处理使用多媒体手段，表达自己的观点、思想、情感使用多媒体手段，与人沟通交流也要使用多媒体手段。因此，高中信息技术的教育应该重视选修模块《多媒体技术应用》的教学。然而，表面上看起来较《算法和程序设计》简单的多媒体课程，往往到了最后，学生的掌握程度和成绩都不尽如人意。这和该模块学习内容多，技能操作要求高有一定的关系，同时教学中也存在一些问题。比如，该如何处理与必修模块的交叉问题，如何把握技术知识量问题等。有些问题是和其他选修模块的共性问题，有些是该模块最突出的问题。只有对这些问题进行不断地反思与研究，才会使我们的教学水平得到提高，真正实现我们的教学目的。

【内容梳理】

具体来讲，"多媒体技术应用"模块，既要以技术训练和技术教育为基础，又要实现超越，上升至文化素养的教育。多媒体技术中所体现的文化生活，要以技术为承载，并在技术过程中得到体现。与此同时，课程标准中强调让学生使用多媒体技术表达思想、实现交流与协作，认识多媒体技术与人类社会发展的相互作用，强调多媒体技术应用在学生信息素养培养和提升过程中的作用，让学生体验和认识多媒体技术应用过程中所携带、支持和传达的具有更加广泛意义的技术价值和文化价值。

一、本模块与必修模块的衔接

各选修模块带有一定程度的技术取向色彩。与必修模块相比，各选修模块是沿技术分类纵向设置的，如程序设计取向，多媒体技术取向，网络技术取向，数据库取向，人工智能取向等。而在"信息技术基础"模块的设计中，采用了一个维持技术水平（指不将课程焦点定位在提高各类应用工具及技术的基本操作能力上面）而提高文化含量与水平的思路。所以，"信息技术基础"事实上成为一个涉及上述多个分类的技术横向的课程。

因此，"信息技术基础"中就会有许多地方与选修课程的内容相关联。即使是各个相邻的必修模块，也同样会发生这样那样的接触。由于信息技术课程是一个整体，其中各个部分必然有着千丝万缕的内在联系。

二、本模块主题内容

通过本模块的学习，学生在亲身体验的过程中认识多媒体技术对人类生活、社会发展的影响；学会对不同来源的媒体素材进行甄别和选择；初步了解多媒体信息采集、加工原理，掌握应用多媒体技术促进交流和解决实际问题的思想与方法；初步达到根据主题表达的要求，并具备规划、设计与制作多媒体作品的能力。

本模块由 3 个主题组成，结构如下：

图 4 - 1　"多媒体技术应用"主题内容结构图

主题 1 涉及内容"多媒体技术的概念及特征"和"多媒体技术的应用及发展"，是学习多媒体技术应用的基础。这些内容学生在义务教育阶段和必修模块的学习中已经有初步的了解，这个主题的学习，要求学生通过调查、案例分析、网上浏览、使用多媒体软件、阅读相关资料，把日常生活和学习中积累的对多媒体技术、多媒体技术应用方面的感性认识上升到理性认识，形成对多媒体技术的整体认识，系统了解多媒体技术的相关知识及多媒体技术的广泛应用，感受多媒体技术对表达和交流的重要作用，认识多媒体技术应用的价值和意义。

主题 2 涉及的内容是创作多媒体作品的基础，与必修模块相比，增强了学科的专业深度，即增加了多媒体技术原理层面的内容，实现了多媒体信息采集和加工方法的系统性和整体性，要求学生能够认识多媒体信息的表现特征，了解多媒体技术实现信息表达和交流的作用及技术思想内涵，掌握利用某种多媒体工具处理多媒体信息的方法，为发展学生创作多媒体作品的能力奠定基础。

主题 3 涉及的内容是创作多媒体作品、解决表达和交流问题的重要环节。必修模块和前两个主题的学习，为本主题奠定了基础。通过这个主题的学习，要求学生能够运用软件工程开发的思想和方法，"学会使用非线性方式组织多媒体信息"；"根据表达、交流或创造的需要，选择适当的媒体和多媒体编辑或集成工具完成多媒体作品，

高

中信息技术教师专业能力必修

Gao Zhong Xin Xi Ji Shu Jiao Shi Zhuan Ye Neng Li Bi Xiu

实现表达意图，并能够对创作过程与结果进行评价"；能完整地经历体验创作多媒体作品实现表达与交流的过程，最终能够理解"多媒体技术是人类在信息社会中表达思想、实现交流的一种有效技术"。

（一）多媒体技术与社会生活

1. 课程目标

（1）能够说出多媒体技术的现状与发展趋势，关注多媒体技术对人们学习、工作、生活的影响。

（2）通过调查和案例分析，了解多媒体在技术数字化信息环境中的普遍性。

例　PC机上基于图形用户界面的操作系统就是一个多媒体产品。

（3）通过网络浏览、使用多媒体软件或阅读相关资料，体验和认识利用多媒体技术呈现信息、交流思想的生动性和有效性。

例1　改变网络浏览器的多媒体支持属性设置，观察并体会改变前后的使用效果。

例2　对同一组数据，分别采用电子数表与饼形图、柱形图等形式表示，比较其表达效果的差异。

（4）体验并了解多媒体作品的集成性、交互性等特征。

2. 内容结构

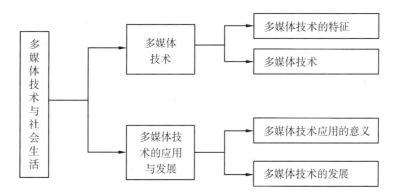

图4-2　"多媒体技术与社会生活"主题内容结构图

3. 学习目标

学习内容	参考指标 （当学生获得这种学习结果时，他们能够）
多媒体技术的特征	1. 从多媒体作品中辨认出多媒体技术的主要特征，如集成性、交互性、数字性、非线性等； 2. 叙述多媒体技术主要特征的内容和意义，能够列举2~3个阐释多媒体技术特征的实例； 3. 结合具体事例说明多媒体和传统媒体的差别； 4. 知道多媒体概念的多样性。

续表

学习内容	参考指标 （当学生获得这种学习结果时，他们能够）
多媒体技术	1. 说出与多媒体相关的 3 种以上关键技术和 2 种相关技术名称及其特征； 2. 能够在网络浏览、多媒体工具使用等活动中指出使用了哪些相关技术，并说明使用的意义； 3. 列举多媒体关键技术和相关技术在社会生活、生产中的应用。
多媒体技术应用的意义	1. 以具体的例子说明多媒体技术在教育、商业、医疗、军事、新闻出版、娱乐等领域中应用的广泛性，针对身边具体的实例说明仍然有未尽发展的空间； 2. 以自己身边不同的人的生活方式为例，说明多媒体技术是怎样影响人们的学习、生活和工作的； 3. 知道网页是多媒体技术的产物，列举网页上常用的多媒体技术及其表现的多媒体技术特征。
多媒体技术的发展	1. 以数字环境和传统环境的比较，讲述数字环境中多媒体信息应用的不同；说出具有发展前景的多媒体技术名称及其发展前景； 2. 列出多媒体技术应用的两条优点、两条不足，并提出避免其负面影响的方法； 3. 说出 2～3 个具有发展前景的多媒体技术名称及其发展前景。

4. 教学重点、难点

通过必修模块的学习，学生已对多媒体、多媒体技术的概念有了初步的了解，学生从多媒体技术的特征认识多媒体技术表达信息的独特性，判断和区别多媒体技术区别于其他媒体技术，把原有对多媒体、多媒体技术的感性认识上升到理性认识，形成对多媒体、多媒体技术概念的理解。因此，多媒体技术的特征是本主题学习的重点内容之一。

让学生通过了解和体验多媒体技术对人们学习、工作、生活的影响，了解多媒体技术的发展、普及、应用同人类社会发展需求的密切关系，进而理解多媒体技术应用所携带的技术思想和文化内涵，认识多媒体技术应用的价值和意义，是本主题乃至整个模块的重要教学目标，需要在本主题以及后面其他主题的学习中重视和不断提升。

由于多媒体技术的概念复杂多样，不同的领域有不同的定义，不同的专家有不同的阐释，学生在理解上有一定的难度；多媒体技术的发展、多媒体技术应用的利与弊所涉及的知识面较宽泛，教授和学习都有一定的难度。因此，多媒体技术的特征、多媒体相关技术是本条目的难点。

（二）多媒体信息采集与加工

1. 课程目标

（1）了解常见的多种媒体信息如声音、图形、图像、动画、视频的类型、格式及其存储、呈现和传递的基本特征与基本方法。

例1　不同种类的计算机动画具有不同的构成要素和表达特点。

例2　流媒体在信息传输方面具有较强的优势。

（2）能选择适当的工具，分别对声音、图形、图像、动画、视频等信息进行采集；能解释多媒体信息采集的基本工作思想。

例1　通过麦克风录制声音并存储为声音文件，分析声音采样、编码的简单原理。

例2　从多媒体光盘或因特网上获取视频文件，利用视频抓图软件捕捉屏幕上的视频片断并存为 avi 格式的视频文件。

（3）根据信息呈现需求，选择适当的工具和方法，分别对声音、图形、图像、动画、视频等媒体信息进行适当的处理。

2. 内容结构

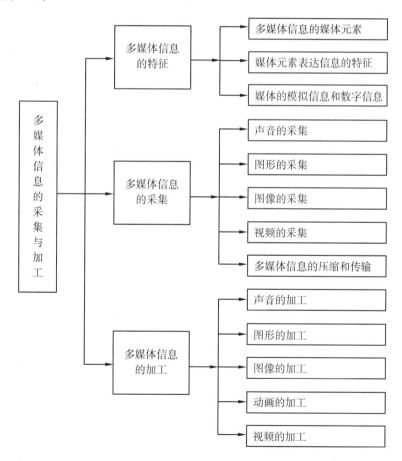

图4-3　"多媒体信息采集与加工"主题内容结构图

3. 学习目标

学习内容	参考指标 （当学生获得这种学习结果时，他们能够）
多媒体信息的媒体元素	1. 列举出生活中常见的媒体信息的媒体元素； 2. 知道不同媒体元素对人类感觉器官的不同作用以及对表达主题、传递信息所产生的影响。
媒体元素表达信息的特征	1. 结合生活中的具体实例说明声音、图形、图像、动画、视频表达信息的特点； 2. 举出生活中不同媒体元素的模拟信息和数字信息实例，并说明模拟信息和数字信息的不同； 3. 知道不同媒体信息数字化文件的常用格式及特点； 4. 在小组讨论中说出媒体信息数字化声音对生活和社会的影响。
声音的采集	1. 知道日常生活中采集数字化声音的途径和设备； 2. 说明多媒体计算机中声卡的作用，会使用声卡的端口； 3. 通过多媒体计算机麦克风录制声音并存储为声音文件； 4. 通过对简单的数字音频设备（如 MIDI）使用，了解声音采样、编码原理。
图形图像的采集	1. 知道日常生活中常用的图形、图像采集的设备和方法，说出两个以上常用图形、图像采集设备的名称； 2. 简要陈述图形、图像数字化的原理，知道影响图形、图像数字化质量的主要因素； 3. 使用数码相机、扫描仪采集需要的图形、图像信息，并保存为图形、图像格式。
视频的采集	1. 知道日常生活中常用的视频获取的途径和方法； 2. 利用视频工具软件截取或捕捉多媒体光盘、因特网、屏幕上视频片断并保存为视频格式文件。
多媒体信息的压缩和传输	1. 结合自己熟悉的不同媒体信息的数据量和同一媒体信息的不同文件格式的数据量，说明多媒体信息压缩的意义； 2. 知道常用数据压缩方法：无损压缩和有损压缩的基本原理及各自的特点。 3. 使用常用压缩软件对自己采集的多媒体信息压缩。
声音的加工	1. 介绍一种常用的数字音频加工工具软件的基本功能。 2. 用一种简单的数字音频软件（如 Windows 的"录音机"）对音频进行截取、混合、改变效果/转换格式等加工。
图形、图像的加工	1. 介绍两种常用的图形、图像加工的工具软件的基本功能； 2. 根据表达主题需要，用一种图形、图像加工软件对图形、图像文件进行裁减、效果、格式转换等简单加工。

高中信息技术教师专业能力必修
Gao Zhong Xin Xi Ji Shu Jiao Shi Zhuan Ye Neng Li Bi Xiu

学习内容	参考指标 （当学生获得这种学习结果时，他们能够）
动画的加工	1. 介绍两种常用计算机动画制作工具软件的基本功能； 2. 结合具体的计算机动画作品，介绍计算机简单动画的基本原理； 3. 根据表达主题需要，用一种计算机动画工具软件制作一个简单的计算机动画。
视频的加工	1. 介绍一种常用数字视频工具软件的基本功能； 2. 根据表达主题需要，用一种数字视频工具软件对数字视频文件进行简单裁减，格式转换等简单加工。

4. 教学重点、难点

了解常见媒体元素表达信息的特点，知道各种媒体元素的类型，掌握多媒体信息数字化及数字化文件存储的途径和方法，进而认识各媒体元素在信息表达、交流中的价值和意义，是合理使用多媒体技术，实现有效信息技术交流的基础。因此，各媒体元素存储、呈现和传递的基本特征和基本方法是学习的重点内容之一。

在高中必修模块中，学生已经有从网上或光盘中获取多媒体素材的经验，而从技术层面利用各种专用软件工具和设备，有计划、有目的的获取多媒体信息是多媒体信息加工的基础，也是实现信息有效表达和交流的基础。因此，采集各种多媒体信息的途径、设备及过程、方法也是本主题重点学习的内容。

作为静态信息的图形、图像由于表达信息具体、形象，理所当然成为最好的选择。但是，其采集、加工的方法、设备多，技术的运用和设备的操作上对学习者的要求都很高。所以，图形、图像信息的采集和加工是本主题的学习重点，同时也是难点。

音频、视频信息的采集，在义务教育阶段和必修模块中学生已有一定的基础。由于其加工工具复杂、数据量庞大，能否处理得恰当，对于表达信息的效果影响很大，因此学生会利用简单工具进行截取、合成等简单处理就可以了。

动画能集合图形、图像和视频媒体元素表达信息的优点，因此在多媒体作品中得到广泛应用。但是，动画的种类多，制作动画的工具软件也很多，掌握它们的使用有一定的困难。动画制作的过程细致复杂，已经涉及主题 3 的相关内容（多媒体作品的集成），是本主题的难点之一。

采集、加工信息是为表达主题、沟通思想服务的。如何从实际需求出发，根据表达思想的需要恰当的选用工具，运用技术是实现有效表达和交流的前提。采集、加工过程中涉及的原理、技术只是解决问题的手段。因此，依据表达、交流的需要选择工具、技术，是学生在采集、加工信息的过程中感悟运用技术所承载的文化内涵，理解利用信息技术解决实际问题的价值和意义，是贯穿主题的教学重点。

（三）多媒体信息表达与交流

1. 课程目标

（1）通过网络浏览、软件使用和资料阅读，理解多媒体是人类在信息社会中表达思想、实现交流的一种有效技术。

例 以不同方式组织文本、声音、图片、动画乃至视频等不同类型的信息，可以适用于不同的表达与交流任务。

（2）通过案例分析，了解从问题解决的需要出发，规划、设计、制作多媒体作品的一般方法。

（3）学会使用非线性方式组织多媒体信息。

（4）根据表达、交流或创造的需要，选择适当的媒体和多媒体编辑或集成工具完成多媒体作品，实现表达意图，并能够对创作过程与结果进行评价。

（5）使用一种常用的工具制作简单的虚拟现实作品，并描述其基本特点。

例 使用全景环视工具制作一个简单的作品。

（6）通过评价与鉴赏他人的多媒体作品，体验其创作思想，理解其中所蕴含的意义。

2. 内容结构

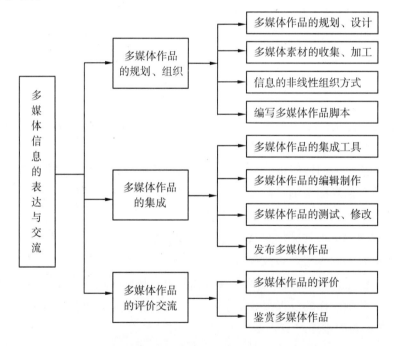

图4-4 "多媒体信息的表达与交流"主题内容结构图

3. 学习目标

学习内容	参考指标 （当学生获得这种学习结果时，他们能够）
多媒体作品的规划、设计	1. 理解信息规划、设计的作用与意义； 2. 按照某具体的多媒体作品创作需求，陈述作品的主题、内容，面向的具体阅读对象及其特征、作品开发的目的，具备的条件和受到的限制； 3. 撰写一个具体的多媒体作品开发计划书； 4. 陈述一个具体的多媒体作品规划、设计的合理性，说明选用制作工具和制作方法的理由。
素材收集与加工	1. 描述素材准备的工作内容和步骤； 2. 根据作品开发计划，选择适当的工具和方法获取素材，对素材进行加工处理、分类存放。
编写多媒体作品脚本	1. 知道多媒体作品脚本的作用； 2. 陈述脚本编写的一般过程； 3. 编制一个多媒体作品的脚本。
信息的非线性组织方式	1. 根据内容表达的需要，合理地利用非线性结构规划一个多媒体作品； 2. 浏览一个多媒体作品，能够图示其非线性结构。
多媒体作品集成工具	1. 举出至少三种常用的多媒体作品集成工具的名称（如：PowerPoint，Flash，Frontpage，Dreamweaver，Authorware 等）； 2. 知道不同的多媒体作品集成工具的特点； 3. 根据任务的不同，选择适当的多媒体作品集成工具，并解释选择的理由。
多媒体作品的编辑制作	1. 陈述多媒体信息集成的一般方法步骤； 2. 采用适当的工具完成多媒体作品的制作； 3. 说明选用制作工具和制作方法的理由； 4. 使用一种常用的工具制作简单的虚拟现实作品，并能描述其基本特点。
发布多媒体作品	1. 陈述多媒体作品合法发布的过程和方法； 2. 将一个多媒体作品在因特网上发布或打包到其他计算机上播放。
多媒体作品的评价	1. 根据多媒体作品评价的基本内容，制定多媒体作品评价量规； 2. 针对实际的多媒体作品，评价其规划、组织与制作的合理性； 3. 结合实际的多媒体作品创作，撰写一份多媒体作品报告。
多媒体作品的鉴赏	1. 鉴赏他人的多媒体作品并说明其中蕴涵的意义； 2. 评述他人多媒体作品的创作方法与创作思想。

4. 教学重点、难点

从软件工程开发的思想出发，规划设计是工程流程的第一环节，是作品创作的基础。从信息技术应用实践看，培养学生良好的信息规划与组织能力，养成对作品开发进行规划、组织的意识和习惯，会使他们更关注多媒体信息及技术在问题解决中的应用，形成利用信息技术解决实际问题的意识。而这些能力和意识的培养，是信息技术教育的主要目标。因此，多媒体作品的规划、组织是本主题的学习重点内容之一。

多媒体作品的主要特点之一是通过超链接和命令按钮实现人与计算机"对话"的交互性。多媒体信息的非线性组织方式设计是实现多媒体作品交互性的重要步骤，而信息非线性组织的设计对统筹规划和逻辑思维能力要求较高，是本主题学习难点之一。

多媒体信息的集成是多媒体技术的综合应用，既需要使用加工工具进行实践操作，更需要体现设计意图，保证作品能有效表达意图，因此有较高的技术要求。多媒体信息集成的过程，是作品规划、组织意识的体现，是运用信息技术解决实际问题的具体实践。因此，这部分内容是本主题的学习难点。

【教学分析】

一、适度处理教材

课堂教学在源于教材的同时，也应不拘泥于教材，即对教材内容可进行有益的扩展与深化，并结合学生实际，运用有效的教学方法，实现教材思路的单一性和学生思维的多样性相统一，教学内容的科学性与学生的认知规律相统一。因此，教师需要对教学内容进行重新组合，从有利于学生掌握知识和发展能力的角度设计教学，使课堂成为一个扎实系统、灵活机动的有机整体。

（一）适当调整教材内容的编排顺序

对于信息技术课程的设置，教学内容之间的逻辑关系不那么严密。不同地区、同一地区的不同学校甚至同一班级的学生之间的学习基础和动手能力参差不齐，学校设备条件也不同，但教材却大体相同。如何使之统一起来？这需要教师在把握好课程标准的基础上，结合自身实际情况，打破教材的知识框架，适当调整教材内容的编排顺序，对教材内容重新组合。

（二）关注学生认知水平，适当调整教学素材

教材中的案例可能会受到时效性、地域性的影响，教师使用时可以进行适当的改造，但案例中的思想和方法则可以举一反三，长期生效。

在综合活动中，教师应该充分关注个体差异，尊重学生的不同兴趣爱好和解决具体问题的思路，设计不同的学习任务，极大地保证所有学生都得到充分的发展。同时，既保证起点水平较低的学生能够适应，也给学有余力的学生提供进一步发展的空间。我们将综合活动的主题与学生的学习生活、校园文化、地方文化、爱国主义教育以及社会关注的热点话题等相融合，如：《北京奥运》、《魅力东莞》、《保护母亲河》等。以发现、架构及增强信息技术学科的文化形态和文化内涵为导向，形成信息技术学科

高
中信息技术教师专业能力必修
Gao Zhong Shu Xue Jiao Shi Zhuan Ye Neng Li Bi Xiu

特色。使学生能掌握信息技术，感受信息文化，增强信息意识，让他们感受一个全新的信息技术学习氛围。

二、整体考虑，单元备课的教学设计

在"多媒体技术应用"模块教材编写过程中，为了保证内容的连贯性，教材编写者多会用同一主题来贯穿某个单元甚至是整本教材。单元备课的做法也同此理。

例如："多媒体技术应用"模块的《声音的采集与加工》是围绕"声音采集与加工"整个单元进行的设计，共包括5课时，整个主题活动本身涵盖了一个单元的教学内容。

其实，单元备课、分节备课都是教学设计的一部分。教学设计是依据对学习需求的分析，提出解决问题的最佳方案，使教学效果达到优化的系统决策过程。按照教学系统大小和任务的不同，教学设计可以分为三个层次：以教学系统为对象的层次（即教学系统设计）；以教学过程为对象的层次（即教学过程设计）；以教学产品为对象的层次（即教学产品设计）。其中，与教师相关性最大的就是教学过程设计。教学过程设计是对一门课程或者一个知识单元，甚至一节课或某几个知识点的教学全过程进行的教学设计。其中，对一门课程或者一个知识单元的教学设计称为课程教学设计。一节课或某几个知识点的教学设计称为课堂教学设计，以上统称为"基于课堂教学的教学过程设计"。课程教学设计的最终结果是完成该课程的目标体系，包括该课程每一章、节中各知识点的学习目标层次，以及该课程的知识和能力结构框架。课堂教学设计以上述的目标体系为依据，在认真分析教学内容和教学对象的基础上，选择教学策略和教学媒体（包括教学组织策略、教学媒体和交互方式的选择策略，以及教学资源的管理策略），确定课堂教学过程结构和形成性练习，并进行教学实践。

由上可知，基于课堂教学的教学过程设计经历了由课程教学设计到课堂教学设计的过程，而单元备课就是课程教学设计。所以，单元备课、分节讲授是教学设计的必要形式，也是必经之途。这样做的目的是从整体上对单元内容进行把握并加以统筹安排，然后再具体研究每一节课的教学目标、教学内容，确保前一节是后一节的基础与铺垫，后一节则是前一节的延伸与拓宽，从而实现对教学目标、教学内容的整体与局部的双重把握，保证相关内容的连贯一致，保证学生学习的循序渐进。

三、根据具体内容灵活选用教学方法

"多媒体信息的特征"涉及的知识面广、知识点多、理论性强，但实践性较弱，教学应抓住重点，结合学生日常生活中接触到的实际问题展开教学，使学生在掌握基本内容的基础上，全面了解相关内容。教学要根据具体内容选用教学方法：对于涉及知识多而杂，需要进行必要的分析、归纳的，建议采用范例教学法；对于涉及理论性强，实践性弱的，建议采用启发式教学。

例：进行"图形、图像表达信息特点"的教学时，教师先展示学生熟悉的图片并进行剖析，然后让学生将自己喜爱的图片在课堂上向同学展示，说明图片所要表达的主题，图片中所包含的信息对表达主题的作用，并从审美的角度对图片进行评价。学生通过鉴赏图片，能充分认识图形、图像的视觉意义及特点，体验图片创作思想，感受其中所蕴含的信息文化，增强用信息技术解决实际问题的意识，在后面主题中采集、加工图形、图像以及创作多媒体作品时，能有效地利用图形、图像表达自己的思想。

多媒体信息的采集和加工实践性很强，涉及选择和使用两个操作层面的内容。课标"多媒体技术应用"设置的主题思想是关注多媒体技术的应用层面，淡化原理及技术本身，在这里应该表现为根据表达思想的需求去采集、加工信息，涉及相关工具、技术、原理应该是辅助学习者实现目标的手段，不需要面面俱到地深入探究。因此，教学应侧重于引导学生根据表达思想的需要及信息采集、加工工具的特点和应用范围进行工具选择，在具体的实践活动过程中掌握工具使用的方法，实践后再对知识和方法进行总结提升，进而掌握信息采集、加工的基本原理和一般方法。针对工具选用的教学一般可以采用调查分析归纳法，针对工具的使用采用范例教学法，也可以采用主题任务驱动法进行工具选择和使用的综合教学。

信息的采集、加工离不开工具和技术，但仅有好的技术还不够，只有在对表达意图深层理解的基础上，合理利用技术才能有效表达思想。因此，在本主题的教学活动中，要重视学生对技术的学习和运用，更要重视技术运用过程所承载的文化价值，使学生在学习、运用技术解决问题的过程中，感受信息文化，强化人文精神，提高信息素养。

例："数字视频信息加工"的教学，教师先用"超级解霸"打开学生熟悉的一个数字视频文件，向学生示范截取视频片断的操作，供学生观察、模仿，然后要求学生自己动手从自己已有数字视频文件中截取一个片断（可以结合有关主题活动中实现表达思想的需要进行），另存为一个新文件。在学生自主操作实践的过程中，教师进行巡视和个别指导，学生完成操作实践后，进行作品展示、交流，介绍操作技巧，从而使学生在模仿、实践和交流共享的过程中掌握"数字视频信息加工"的一般方法。

【反思探究】

一、突出"多媒体技术"的"多"间联系

多媒体技术的主要特点是信息载体的多样性，多种信息的综合处理和集成处理。在教学中，要突出多种素材、多个环节和多种表现形式的"多"联系，从而形成解决问题的策略。

多种素材是指文字、图形、图像、声音、动画、视频媒体等信息类型的素材。教材用了较大篇幅介绍各种素材的采集加工，并将这些素材有机地结合，形成多媒体作品。

从以软件开发方法为主线的设计思想来看，需求分析是根据选题立意确定作品要求达到的目标，并分析其必要性、可行性；规划与设计是根据需求分析，以形成一个清晰可行的设计方案，然后根据设计方案的具体要求，采集所需要的素材（如文本、

高 中信息技术教师专业能力必修 Gao Zhong Xin Xi Ji Shu Jiao Shi Zhuan Ye Neng Li Bi Xiu

图片、动画、声音等），并对各种素材进行加工和创作；接着再利用多媒体集成工具软件把处理过的素材集成为一个多媒体作品；最后把多媒体作品发布，通过与别人的交流评价，不断改进和完善作品。我们从这一过程可以看出，选题立意决定着作品的价值，规划设计决定着作品的成败，素材的表现形式决定着作品的生命力。他们各个环节之间相互联系，相辅相成，最终形成一个有机的整体。

不同的人具有不同的选题立意、设计理念和审美观；以及存在着掌握技术和方法的差异性，这些导致对素材和多媒体作品表现形式的不相同。因而我们要把握一些总体的原则和通用的方法，来解决他们之间的关系。例如，选题立意：主题要明确、思想性要强、内涵要丰富，符合学生的学习和生活实际，体现学生的兴趣，展现学生的真我；构思：结构清晰，层次分明，紧扣主题，内容健康、充实，风格一致、形式新颖；集成作品：各页面的版面设计风格一致，能恰当合理地使用多种表现形式（文字、图像、声音等）突出主题，有较强的表现力和感染力。

二、关注"多媒体技术"在学习和生活中的"应用"

信息技术走进了人们的日常生活，渗透到社会生活的各个角落，社会生活需要信息技术，信息技术也需要在社会生活中得以发展。信息技术只有与社会生活紧密结合，才能呈现其巨大的价值。

在多媒体技术与社会生活的教学中，通过网络浏览、案例分析、阅读相关资料让学生亲身体验多媒体技术对人类生活、社会发展的影响，理解多媒体技术是人类在信息社会中表达思想，实现交流的一种有效技术，通过评价与鉴赏多媒体作品，进而产生创作自己的多媒体作品的欲望。

在多媒体信息采集与加工的教学中，有意识地让学生记录生活中的素材，对不同来源的媒体素材进行甄别和选择，让学生在制作的过程中体验多媒体技术应用的过程和方法。培养学生用心观察生活并及时用媒体记录下来的习惯，热爱生活，与同学团结协作的精神，辩证的认识多媒体技术对社会发展、科技进步和日常生活的影响，并主动用多媒体的形式表达对生活的热爱。

在多媒体信息表达与交流教学中，以记录并展示学生的学习、生活和兴趣爱好等为目标，引导学生用多媒体作品表达思想，综合运用所学多媒体知识，选择与学生生活关系密切，学生感兴趣的内容规划、设计与制作个人的多媒体作品。组织学生进行展示和相互评价，通过这一过程帮助每位学生回顾并总结个人作品的创作过程，将心得与作品一起与他人分享，欣赏与倾听他人展示，学会评价，并能借鉴别人的经验。

三、避免重于"多媒体技术"的"技术"层面

"知识与技能、过程与方法、情感态度与价值观"是统一的整体。这三个方面是相互促进、相互制约、相互渗透的关系，所以我们在研究信息技术教学模式、策略与方法的时候，必须要遵循这一原则。

从"多媒体技术应用"课程体系看，似乎着重体现在"技术"这两个字上，要求

我们在掌握一定的知识与技能、过程与方法的基础上，对媒体素材做适当的加工，对作品进行集成。不可否认，在教学过程中，我们不能忽视对技能、技术的培养，同时还要培养学生达到某一相同目的的多元化技术。但是，不能让教材或课堂变成某种软件的说明书，不能只注重信息技术学科的软件教学、操作技巧的学习，这些都仅仅停留在软件使用的层面上，只是掌握其肤浅的操作与应用，而忽视了信息技术教学的真正目标。

信息技术课程要注重学生的学习过程与方法，让学生体验过程，掌握方法，学会学习。从课程结构来看，围绕"需要分析——规划设计——素材采集加工——作品集成——测试——修改——发布和评价"这一线索来学习多媒体作品开发的过程和方法；从图形图像的加工来看，通过"构图设计——制作——调整"的思路进行制作。

信息技术课程更关注对学生情感、态度、价值观的培养。如在学习"图形图像的加工"一课中，我们可以让学生欣赏他人的作品，在教学过程中以任务形式提供给学生，让他们在小组合作的形式下，参与小组的制作活动，参与组内和组间的交流，使学生保持公平公正的态度，并学会尊重他人。在作品交流环节，让学生能客观地对他人作品进行评价，从而培养审美能力，落实教学目标。

同时，我们还要关注教材的任务、观摩、实践、交流、探究、拓展以及练习等栏目，不可以忽视或者偏向某一目标的极端，充分意识到知识与技能是基础，过程与方法是发展，情感态度与价值观是升华。

专题五：网络技术应用

网络技术应用是基于计算机技术和通讯技术发展起来的一个新的学科领域，计算机网络技术的发展和普及日益改变着我们的学习和生活，各种各样的网络应用让我们真正感受到信息社会的来临。目前，计算机网络已成为生活不可缺少的部分，在生产、流通、教育、科研、管理等领域得到广泛的应用，因特网的普及和持续发展使地球变得越来越小，宽带技术、无线网络技术、虚拟现实技术、语音识别技术、人工智能技术等一系列新技术的发展，必将使计算机网络真正无处不在。无论从哪方面讲，高中信息技术的教育都应该重视选修模块《网络技术应用》的教学，但是目前《网络技术应用》的教学中却存在一些问题困扰着信息技术教师，解决这些问题是当前《网络技术应用》教学的重要任务。

【问题提出】

某市一中高中部信息技术课开设的是选修模块三——"网络技术应用"，刘老师是该中学的一位信息技术教师，在与刘老师的交谈中得知，他已具有 5 年的教学经验，而教授"网络技术应用"这门课也有 3 年了，但在教学上仍有一些问题困扰着刘老师。

刘老师说："选修模块内容都或多或少的有所增加，新课标规定选修模块是 36 学时，一个学时是 40 分钟，而讲完这么多东西 36 学时是远远不够的。尤其对于像'网络技术应用'这种操作性比较强的模块，内容和时间就更难把握了。实在是难以解决选修内容增加，课时减少的问题。"针对"网络技术应用"模块，刘老师禁不住感慨："我在教'网络技术应用'的时候，用的教学方法、教学策略都是很一般的，至今没有找到一种特殊的方法来教授'网络技术应用'，该模块操作性和应用性都很强，并且和必修模块——'信息技术基础'有一定的联系，这个衔接度的把握是个难点呀；还有在教学上技术情景如何创设、教学深度如何把握、教学原理如何呈现等方面都找不到合适的方法和策略。"

刘老师的困惑也是大部分"网络技术应用"课任课教师所面临的问题，"网络技术应用"作为一门以操作性为主的课程，要求教师在能够运用信息技术教学的一般方法，如讲演法、讨论法、任务驱动法以及范例教学法的同时，还要深究本模块特性，引导学生动脑思考、动手学习，最大限度地培养其信息素养。

【内容梳理】

网络是信息技术应用发展的热点。网络技术应用遍及现代社会各行各业，成为应用广泛、与社会生活关系密切的技术领域。通过本模块的学习，将使学生掌握网络的基础知识和基本应用技能，学会网站设计、制作的基本技术与评价方法，体验网络给人们的生活和学习带来的变化。

本模块的教学主要是能够使学生达到三个目标：结果目标、过程目标和表现目标：

结果目标（知识与技能）：学生应掌握网络的基础知识和基本应用技能。

过程目标（过程与方法）：掌握网站设计、制作的基本技术与评价方法。

表现目标（情感态度与价值观）：体验网络给人们的生活、学习带来的变化。

"网络技术应用"的教学应侧重激发学生兴趣、内容与现实相结合以及强调学生对网络技术的思想和方法的应用。具体主要是：要注重激发学生对网络技术和参与创造性活动的兴趣；要结合实际条件，把网络技术基础知识和基本技能整合到学生的日常学习和生活中去，避免技术与应用、理论与实践相脱节；要充分展示网络技术发展的指导思想，展示网络技术与现代社会生活的相互作用。

本模块分设因特网应用、网络技术基础和网站设计与评价三个主题。其主题内容结构如下图所示：

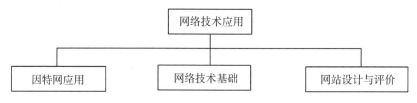

图 5-1　"网络技术应用"主题内容结构图

《网络技术应用》模块与必修模块存在交叉和重叠，在教学上教师要重点把握学生水平和教学深度的问题，处理好这两个问题教学才会游刃有余。

一、本模块与必修模块的衔接

（一）"信息检索工具"是"信息获取"的继承和延续

"信息检索工具"作为《网络技术应用》中"因特网应用"主题的一个重要内容，主要包括"常用信息检索工具"和"信息检索工具的使用"两项内容。重点介绍信息检索的主要工具，主要搜索引擎的使用方法。而在必修模块——《信息技术基础》的"信息获取"这一主题中，主要讲的就是"信息获取的过程与方法"、"网络信息检索的主要策略和技巧"，在"信息获取的过程与方法"中包含"信息需求的确定"、"信息来源的确定"、"获取信息的方法"和"信息价值判断的基本方法"等内容；"网络信息检索的主要策略和技巧"中主要是"网络信息检索的策略"和"搜索引擎及其使用"等内容，具体如下图所示：

高中信息技术教师专业能力必修　Gao Zhong Xin Xi Ji Shu Jiao Shi Zhuan Ye Neng Li Bi Xiu

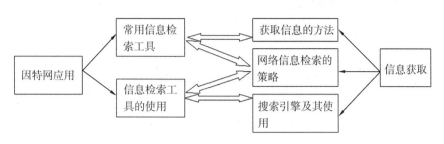

图5-2 "网络技术应用"与必修模块联系图

1. 二者的学习目标不同

二者虽然在整体内容上有重叠，但是每项内容的学习目标和对学生的要求是不同的。前者要求学生能够熟练使用信息检索工具获取信息并举例指出所用信息检索工具的优势和不足；能够从使用者的角度简单评述网络搜索技术的发展趋势。后者要求学生能够熟悉与学习和工作需求有较高相关度的某些专题或者权威网站并经常访问这些网站能够根据任务需求较快地寻找到权威网站并从中获取信息；能够描述不同搜索引擎的特点并灵活选用；能够利用互联网或者其他渠道对收集的信息进行比较从而确定其价值；能够分析、理解检索任务，制定检索策略，力求检索到精确、客观、最新、全面的信息，为决策服务。

2. 前者是后者的延续

《网络技术应用》中的"常用信息检索工具"和"信息技术检索工具的使用"两项内容和《信息技术基础》的"获取信息的方法"在内容上有一定的重叠，它们是"网络信息检索的策略"和"搜索引擎及其使用"的延续，在难度上有所加大。作为必修模块的《信息技术基础》是从基础上教给学生信息获取的知识，《网络技术应用》则是在基于《信息技术基础》已有内容的同时添加新内容并加大原有内容的难度，因此，二者是相互联系的。

（二）"因特网信息交流"是"信息技术对人类社会的影响"的扩展

"因特网信息交流"作为《网络技术应用》的主题"因特网应用"的内容之一，主要包括"因特网信息交流的实现"和"因特网的跨时空、跨文化交流"两部分。内容主要围绕因特网的信息交流方式，如：电子邮件、QQ、IP电话等。而《信息技术基础》里面的"信息技术对人类社会的影响"则主要包括信息技术对社会发展的影响、信息技术对科技进步的影响、信息技术对个人的影响等内容。

必修模块是从宏观上把握信息对人类及其人类环境的影响，而不涉及如何影响、通过什么方式影响等问题。基于此，选修模块《网络技术应用》的"因特网信息交流"是对必修内容"信息技术对人类社会的影响"的扩展和加深，如此层级似的学习内容符合了学生接受新知识的心理特征。

二、本模块主题内容

（一）因特网应用

1. 课程目标

（1）通过使用因特网，了解因特网服务的基本类型、特点与应用领域；了解因特网服务组织的类型、内容和特点。

（2）通过尝试与分析，了解因特网信息检索工具的类型与特点；知道搜索引擎、元搜索引擎（又称集成搜索引擎）等因特网信息检索工具的产生背景、工作原理与发展趋势；掌握常用因特网信息检索工具的使用方法，能熟练使用检索工具获取所需信息。

（3）通过使用或演示，了解与人们学习、生活密切相关的因特网应用技术的基本使用方法，初步了解其基本工作思想。

（4）能够根据实际需求选择恰当的方式，利用因特网获取所需信息、实现信息交流；体验因特网在跨时空、跨文化交流中的优势，并分析其局限性。

2. 内容结构

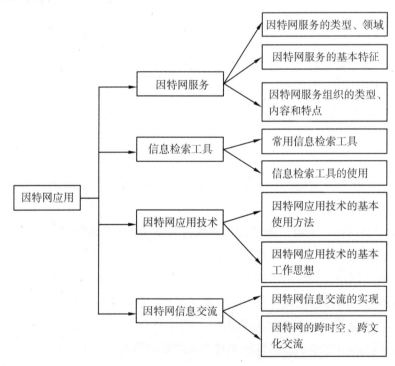

图 5-3 "因特网应用"内容结构图

3. 学习目标

学习内容	学习结果的行为指标 （当学生获得这种学习结果时，他们能够）
因特网服务的基本类型、应用领域	1. 说出因特网基本服务类型，如万维网、电子邮件、远程登录、文件传输以及 BBS 等； 2. 举例说出因特网服务的主要应用领域，如电子商务、网上娱乐、远程医疗、远程教育等。
因特网服务的基本特征	说出因特网服务的基本特征，并举例说明因特网服务本质上是通过快速的信息交流、信息获取和资源共享等途径实现。
因特网服务组织及服务内容	1. 说出因特网服务组织类型有 ISP（因特网服务提供者）、ASP（应用服务提供商）、ICP（内容提供商）； 2. 举例说明各类服务的内容； 3. 比较各类服务的异同，并能举出实例进行评述。
常用信息检索工具	1. 说出常用的全文搜索引擎和目录搜索引擎的名称； 2. 列出这两类搜索引擎的优点和缺点； 3. 说出搜索引擎的诞生背景与发展现状； 4. 用图、表描述搜索引擎、元搜索引擎的基本工作过程和原理。
信息检索工具的使用	1. 熟练使用信息检索工具获取信息； 2. 举例指出所用信息检索工具的优势和不足； 3. 从使用者的角度简单评述网络搜索技术的发展趋势。
因特网应用技术的基本使用方法	利用基于流媒体的音频、视频技术、网络通讯工具等因特网应用技术为学习和生活服务。
因特网应用技术的基本工作思想	描述流媒体技术、网络通讯工具等的基本工作过程和工作思想。
因特网信息交流的实现	1. 列出即时通讯和异步通讯等信息交流方式的功能和特点； 2. 根据意图选择恰当的方式实现因特网的信息交流。
因特网的跨时空、跨文化交流	1. 举例并分析因特网在跨时空、跨文化交流中的优势，如快捷、自由、开放等； 2. 举例并分析因特网在跨时空、跨文化交流中的局限性，如语言壁垒、信息孤岛、信息安全等。

4. 教学重点

（1）因特网提供的基本服务的类型、特点和应用领域

因特网提供了众多的服务，学生不仅要体验不同类型的因特网服务，还要深入总结、归纳他们的特点和应用领域，更全面和深入地理解因特网服务的社会意义。如因特网的不同服务类型，具有不同的内容和特点：万维网使用户能够所见即所得地寻找

到所需信息，FTP 则具有大容量文件传输的功能，电子邮件可以实现用户间一对一和一对多的信息交换等。

（2）因特网信息检索工具的类型和特点，使用信息检索工具获取所需信息

了解信息检索工具的类型和特点有助于学生根据具体需要和条件选择适当的检索工具获取信息，而使用信息检索工具获取信息解决实际问题的能力是 21 世纪公民不可或缺的学习和生活能力。

（3）常用的因特网应用技术

常用因特网应用技术的学习，重在学生对技术应用的体验，在体验过程中培养学生运用常用因特网应用技术为学习和生活服务的意识和能力。

（4）因特网信息交流方式的选择

各种异步的和同步的信息交流方式给人们的交流提供了诸多方便，有必要让学生在已有知识经验的基础上列出信息交流方式的功能和特点，深入分析因特网在跨时空、跨文化交流中的优势和局限性，用以指导现实生活中信息交流方式的选择。

5．教学难点

（1）搜索引擎、元搜索引擎（集成搜索引擎）等因特网信息检索工具的工作过程和原理

搜索引擎的工作过程和原理涉及信息检索、人工智能、计算机网络、分布式处理、数据库、数据挖掘、数字图书馆、自然语言处理等多领域的理论和技术，教师在内容的广度和深度上比较难以取舍，学生对信息检索工具的工作过程和原理理解起来较为吃力，应选取贴近生活的例子，达到简化原理、帮助学生理解的目的。

（2）因特网应用技术的工作方法和思想

因特网应用技术的工作方法和思想较为抽象，应以体验因特网音频、视频技术的使用方法和工作思想为突破口，进一步引导学生学会比较分析因特网应用技术的工作方法和思想。

（二）网络技术基础

1．课程目标

（1）了解计算机网络的主要功能、分类与拓扑结构。

（2）理解网络协议的基本概念，能描述网络的开放系统互联协议（OSI）分层模型的基本思想，能描述因特网 TCP/IP 协议的基本概念、思想与功能。

（3）能列举并解释网络通信中常用的信息交换技术及其用途。

（4）能描述浏览器/服务器（B/S）结构、客户机/服务器（C/S）结构的概念与特点。

（5）理解 IP 地址的格式与分类；知道域名的概念和域名解释的基本过程。

（6）知道因特网 IP 地址、域名的管理办法及相应的重要管理机构。

（7）通过实地考察，了解小型局域网的构建与使用方法；知道网络服务器的主要作用与基本原理；能说出代理服务器的概念并知道其作用。

2. 内容结构

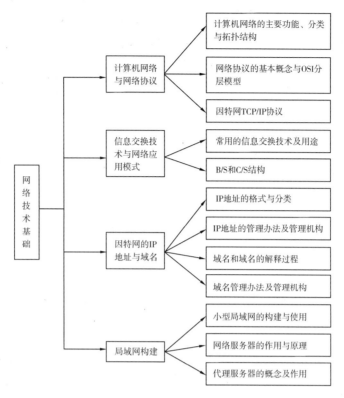

图 5-4 "网络技术基础"内容结构图

3. 学习目标

学习内容	学习结果的行为指标 （当学生获得这种学习结果时，他们能够）
计算机网络的主要功能、分类与拓扑结构	1. 说出计算机网络的概念，分别列举实现计算机网络的三大功能（数据通信、资源共享、分布处理）的应用实例； 2. 说出按网络覆盖范围的分类和按网络拓扑结构的分类； 3. 辨认星形结构、总线结构和环形结构等网络拓扑图，知道不同网络结构的特征。
网络协议的基本概念与 OSI 分层模型	1. 说明什么是网络协议，以及为什么需要网络协议； 2. 概述 OSI 模型的分层思想。
因特网 TCP/IP 协议	1. 概述 TCP/IP 协议的概念和功能； 2. 用图、表描述 TCP/IP 协议的基本工作过程和思想； 3. 学会在构建局域网时安装 TCP/IP 协议。

续表

学习内容	学习结果的行为指标 （当学生获得这种学习结果时，他们能够）
常用的信息交换技术及用途	1. 列举电路交换技术、报文交换技术和分组交换技术三大常用信息交换技术的应用实例； 2. 用图、表描述电路交换技术、报文交换技术和分组交换技术的基本工作过程和工作思想。
B/S 和 C/S 结构	1. 用图、表描述 B/S、C/S 结构的信息交互过程； 2. 说出 B/S、C/S 两种模式之间的联系。
IP 地址的格式与分类	1. 说明 IP 地址的作用； 2. 概述 IP 地址的"点分十进制"记法、网络标识和主机标识； 3. 概述 A、B、C、D 类 IP 地址以及局域网的 IP 地址。
IP 地址的管理方法及管理机构	1. 说出 IP 地址的管理机构，以及 IP 地址的分级管理方式； 2. 知道 Ipv6 与 Ipv4 的优劣和 IP 地址的发展趋势。
域名和域名的解释过程	1. 说出域名在网络中的重要作用； 2. 列举域名的基本结构； 3. 说出域名命名的一般规则； 4. 识别一般的通用顶级域名； 5. 描述域名解析的一般过程。
域名的管理办法和管理机构	1. 说出因特网域名管理机构组成、管理方式及其主要职责； 2. 知道负责我国互联网域名管理工作的部门； 3. 说出域名注册的一般过程。
小型局域网的构建与使用	1. 用图、表描述组建小型局域网的过程； 2. 根据组网的实际需要确定网络拓扑结构，选择相应的硬件与软件； 3. 根据组网的实际需要确定硬件设备的连接方法； 4. 设置 IP 地址、子网掩码、网关和代理服务器； 5. 考察本校网络的组网结构，画出学校网络结构图，并标明相关硬件及其作用。
网络服务器的作用与原理	1. 说出网络服务器的主要作用； 2. 描述网络服务器的基本工作原理。
代理服务器的概念及作用	1. 说出代理服务器的概念及其作用； 2. 根据需要选择，设置 HTTP 和 FTP 代理服务器。

4. 教学重点

（1）计算机网络的三大功能

从数据通信、资源共享和分布处理三大功能看计算机网络，可以为深入理解计算

高

中信息技术教师专业能力必修

Guo Zhong Sha Xue Jiao Shi Zhuan Ye Neng Li Bi Xiu

机网络应用打下基础。

（2）几种网络拓扑结构的特征

从教学实践来看，学生在组建小型局域网时，往往不清楚在什么情况下应该选择哪种合适的网络结构。学习网络拓扑结构的特征知识，能使学生在组网时懂得权衡利弊做出合理的选择。

（3）OSI 分层模型和因特网 TCP/IP 协议的概念和功能

OSI 分层模型和因特网 TCP/IP 协议是网络技术的基础知识。对于 OSI 分层模型，重在理解其分层设计的思想方法、认识各层的作用；而 TCP/IP 协议作为因特网中最基本的、使用最频繁的协议簇，了解其功能有助于理解网络，实现数据通信的内在机理。

（4）IP 地址的格式与分类

IP 地址的格式有两个重要的应用价值。其一，IP 地址分为网络标识和主机标识两部分，清晰地界定了一个 IP 在网络上的位置；其二，IP 地址采用的"点分十进制"记法，方便人们记忆。了解 IP 地址的格式和分类，有助于理解 IP 地址资源的有限性和 IP 地址的分配方法。

（5）网络服务器的类型

网络服务器是提供各种网络的大本营。让学生对网络服务器有一个直观的了解，有助于加深他们对网络服务的认识。网络服务器有很多类型，如文件服务器、Web 服务器、打印服务器、数据库服务器、电子邮件服务器等，不同类型的服务器可以提供不同的服务以满足用户多样化的需求。

5. 教学难点

（1）信息交换技术

电路交换技术、报文交换技术和分组交换技术三种数据交换技术的工作过程和区别属于网络技术中偏专业化的知识。首先，电路交换与报文交换可以从通讯发展史、传输形态去区别。电路交换突出特点表现在电路交换的全程占线方式，虽然费用高，但可靠性强；报文交换存在突出的网络延时问题，尽管网络的利用率提高了，但是数据传输的速度降低了。其次，报文交换与分组交换可以从如何提高网络资源利用率的角度去区别。前者可以解决后者网络延时的弱点。如果不对这三种数据交换技术加以比较，学生就难以解释 IP 电话比传统电话省钱但通话质量欠佳的原因，以及在网络应用中面对的一些其他问题。

（2）OSI 分层模型和因特网 TCP/IP 协议

OSI 分层模型和因特网 TCP/IP 协议属于较抽象的技术原理性知识，了解 OSI 分层模型的基本思想是学习 TCP/IP 协议层次结构的基础，两者都是学生在学习过程中较难理解的内容。

（3）域名解析

网络域名的构成规则也是分层的。域名系统是用域名来代替 IP 地址以定位相应的计算机，域名解析就是将域名翻译成机器能识别的 IP 地址，域名解析通过 DNS 服务器完成，其解析的过程比较复杂。

（4）代理服务器

代理服务器是目前局域网中功能、技术、作用比较重要的一种服务器。代理服务器的工作过程和功能也是很抽象的技术原理知识，通过对其的学习让学生能描述局域网内的计算机如何与外部网络的计算机进行信息通讯的过程。

（5）组建网络的工作过程

组建小型局域网是对本主题所学知识的综合考察，对于多数没有组网经验的学生，难点在于制定网络规划；添置必要的硬件和软件；连接硬件设备；安装操作系统和应用软件；配置网络协议等。

（三）网站设计与评价

1. 课程目标

（1）知道 WWW、网页、主页、网站的基本概念及其相互关系。

（2）理解动态网页的概念，能解释其工作过程。

（3）能够根据表达任务的需求，使用常用的网页制作软件制作与发布动态网页。

（4）通过开发实践，学会规划、设计、制作、发布与管理简单网站的基本方法。

（5）能够根据网站的主题要求设计评价指标，对常见网站的建设质量与运行状况进行评价。

2. 内容结构

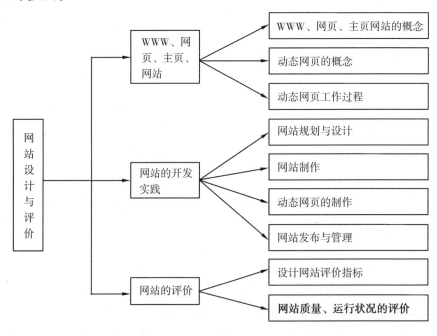

图 5-5 "网站设计与评价"内容结构图

高

中信息技术教师专业能力必修

Gao Zhong Shu Xue Jiao Shi Zhuan Ye Neng Li Bi Xiu

3. 学习目标

学习内容	学习结果的行为指标 （当学生获得这种学习结果时，他们能够）
WWW、网页、主页、网站的概念	1. 分别说出 WWW、网页、主页、网站的基本概念； 2. 说出 WWW、网页、主页、网站的相互关系。
动态网页的概念	1. 说出静态网页和动态网页的概念； 2. 分析动态网页产生的原因； 3. 理解动态 HTML 技术（如 JavaScript、VBScript、CSS）和服务器端动态网页技术（如 ASP、JSP）的基本相关知识。
动态网页工作过程	1. 用图、表描述动态 HTML 技术和服务器端动态网页技术的基本工作流程； 2. 说出动态 HTML 技术和服务器端动态网页技术在功能上的异同。
网站规划与设计	1. 根据软件工程思想用图、表描述网站开发的一般过程； 2. 根据需求规划网站，如确定主题、名称、栏目结构、整体风格、制作工具、运行环境等； 3. 根据主题收集、筛选和整理所需资料； 4. 确定网站布局，如栏目、板块、目录结构、链接结构和整体风格等。
网站制作	根据设计，选择常用的网页制作软件（如 Dreamweaver、FrontPage 等）建立站点、网页；利用表格布局网页、修饰文字；插入多媒体信息；设计动态效果；建立超级链接等。
动态网页制作与发布	根据任务需求，使用常用的网页制作软件（如 Dreamweaver、FrontPage 等制作动态网页），恰当地选择动态效果，在网页中应用动态网页技术，能插入简单的动态代码，并发布网页。
网站发布与管理	1. 在局域网或因特网上申请网站空间，上传网页文件； 2. 会维护网站，保持网页更新，解决网站故障，维护网站安全，宣传推广网站。
设计网站评价指标	就网站的规划、设计、制作、主题内容和运行状况，设计网站的评价指标。
网站质量、运行状况的评价	根据评价标准，评价网站质量，并根据评价意见修改网站。

4. 教学重点

（1）WWW、网页、主页、网站的基本概念及其相互关系

WWW 服务、网页、网站等概念，是主题网站开发、发布、管理和评价的基础。理解 WWW、网站、主页、网页等之间的相互关系，知道网站的基本结构，如树状结构、线性结构、网状结构等。

（2）常用的动态网页技术运用及其工作过程

恰当地应用动态网页技术可以使网站更加具有生机和活力，而理解动态网页的概念、特点及其工作过程能帮助我们更好地使用动态网页。

（3）网站规划与设计

从简单的网页制作提升到整体的规划、设计，是主题网站开发的前提条件，直接影响着网站的最终质量。从软件工程的视野看，规划是一种系统方法，是软件系统生命周期的第一阶段，后续阶段的工作将根据规划与设计来进行。规划应围绕"为什么做"，"可以做什么"，"应当做什么"和"需要如何做"展开，引导学生从"需求分析与选题"、"选择网页制作工具"和"制定网站规划书"几个方面具体考虑设计，并付诸实践。

（4）网站评价指标的制定与修改

使用合理的网站评价指标去评价网站，是改进和完善网站的有效途径之一。要善于培养学生根据信息表达的需要，从网站的设计、制作、主题内容、发布和运行质量等方面设计评价指标的能力。

5. 教学难点

（1）动态网页的制作与发布

可以利用 JavaScript、VBScript、CSS 层叠样式表、文件目标模块等制作简单的 HT-ML 动态页面，在常见的网页制作软件支持下，有目的地选择自己需要的网页特效。能简单描述动态网页实现过程。

（2）网站制作实践

可以确立网站主题，根据自己的实际需要，有效规划网站内容，利用常见工具实现网站的设计、开发制作、发布等过程。

（3）网站维护与评价

明确网站维护的多种必要手段，能根据实际需要使用 Web 管理方式，FTP 管理方式等管理维护现有的网站，能有效地评论、修改现有网站。

【教学分析】

一、运用逆向思维优化课堂教学

1. "过程反演"——从个别到一般

"网络技术应用"是理论与实践相结合的课程，没有技术原理，就没有开拓创新的技术实践。高中阶段的学生思维活跃、逻辑思维能力强，技术课程中单纯机械的、程序性的操作技能已不能满足他们。既有挑战意义又有创造内涵的技术原理和实践活动才能激活学生的学习欲望。"网络技术应用"离不开必要的技术原理或技术理论的支撑。"网络技术应用"的课程内容设置上有些是逻辑性比较强的，有些是可以调整的，所以教师不必生硬地按照教材的编写进行教学设计，可以根据学生的需要和实际对课程进行重新组合以求达到最好的教学效果。从思维定势上来说，教材内容的编制有时候甚至限制了教师的教学设计思路，教师常常都是按照教材一条线下来。反过来想想，如果把教材中的某些内容颠倒讲解会达到什么样的效果呢？当然哪些内容需要颠倒顺序讲解也是要视情况而定的。

在网络技术第三章第二节"网络通信的工作原理"中"数据的传输过程"的编写是先总体讲到"开放系统互联参考模型（OSI）"，然后又提到"因特网 TCP/IP 协议"。这样编写是一个先总后分的内容呈现顺序。但是对于学生来说，一般接触的无疑是 TCP/IP 协议，不少计算机网络实用读本也多以介绍 TCP/IP 协议为主。OSI 模型描述的是数据传输过程中的重要原理——分层技术原理，是理想的概念模型。课程标准及教科书中要求学生"了解 OSI 模型的基本知识"，其目的是让学生了解一种在 TCP/IP 协议之上的更具有普遍意义的通用的分层模型，而 TCP/IP 协议只是 OSI 模型分层原理之下的一种常用协议体系。基于学生的认知规律，教师应该转换思考问题的角度，以求发现新的思路和解决方案，从问题的反面剖析，对过程进行反演。因此，在真正讲授"数据的传输过程"这一节时教师可以做适当调整，可先从学生有所了解的因特网的 TCP/IP 协议体系入手，述及数据传输的过程，然后再追溯到 OSI 模型的分层原理，由个别到一般。上述运用了结构逆向思维的概念，即：从已有事物的逆向结构形式中去设想，以寻求解决问题新途径的思维方法。一般可以从事物的结构位置、结构材料以及结构类型进行逆向思维。

结构逆向思维——"过程反演"，可以运用在很多的教学活动中，由一般的顺序地组织教学转变为个别的反序地运用结构化的策略来组织教学，从而使教学活动取得更好的效果。由个别到一般能够使学生更容易地掌握重点知识，明白个别与一般的不同之处与相同之处。与此同时，这也是培养学生逆向思维能力的一种较为有效的方法。

2. "反客为主"——由受体变主体

"网络技术应用"中的第四章是"建立主题网站"，本章主要是涉及网站的规划、设计、实现、发布和管理。由于学生在必修课中已经有网站制作的内容，大部分学生都能够使用一种工具软件来制作网页了。因此，"网络技术应用"中该部分内容是从建设网站的角度出发，让学生经历一个完整的建站过程。《普通高中技术课程标准（实验）》（信息技术）对该部分内容的规定是在学完之后应该能够制作网站，学生可以以小组合作方式制订网站开发计划、设计网页结构、确定制作方案，并通过比较与评价，选出最佳方案，根据方案完成网站建设。对于授课后学生的网站设计任务的布置，教师一般都是直接把已经想好的任务布置给学生，或者是提供多个设计任务供学生选择，比如组建包含两至三台电脑的局域网、建设校园网等，一般都是让学生在一定的时间内完成。这种方法可能会帮助学生检验已学的知识，但是不能使学生积极主动地制作网站。根据心理学分析，大部分学生都是不愿意被安排做任务，有的甚至会认为是被迫去做设计，他们会产生一种压迫感，会有心理负担，最终是很难达到理想的效果的。

基于以上的学生认知心理，仍然采用以教师为主体的方式简单地给学生布置制作网站设计任务的方式已经起不到好的效果了。此时，教师可以从另一方面考虑，不去给学生布置任务，而是让他们以小组的形式自己去找任务做，从而，让学生反客为主。比如，"建立主题网站"这章讲授完之后，让学生自愿组合分成若干个小组，每个小组自选网站建设主题任务。把学生当成主体，让他们自己决定自己要做什么，比如，有的学生可能选择建立班级网站，由于是学生自己选择的，他们对此任务可能是鼓足了劲儿的，会主动翻阅教材，寻求建设班级网站的办法。作为教师应该尽量提供学生采集不到的素材，负责技术的指导和各栏目制作进度的监控，随时与各栏目负责人交流，解答疑难。

"反客为主"就是给学生自主选择的权利，从始至终都是以学生为主体，让他们自己选择设计主题、自己规划、自己组织汇报。"反客为主"运用了"状态逆向思维"的思维方式，状态逆向思维是指人们根据事物某一状态的逆向方面来认识事物，引发创造发明的思维方法。采用这种方式教学，一方面能激发学生的学习兴趣、明确学习目的，有效地提高学生分析问题和解决实际问题的能力；另一方面还可以培养学生的信息素养，从而提高学生与人协作的能力。

二、理论与实践相结合

《网络技术应用》的教学中，要注重激发学生对网络技术和参与创造性活动的兴趣；要结合实际情况，把网络技术基础知识和基本技能整合到学生的日常学习和生活中去，避免技术与应用、理论与实践相脱节；要充分以网络技术发展为指导思想，展示网络技术与现代社会生活的相互作用。

以下是"网站规划与设计"章节的教学案例以及分析：

1. 教学准备

（1）选取一些学生制作的优秀网站，以备上课演示时用。

（2）配置校园网 Web 服务器。

（3）准备好校园内部 BBS，为班内互评作准备。

2. 教学目标

（1）让学生了解网站建设的前期准备工作。

（2）学会如何规划、构思一个网站。

3. 教学重点

建设一个网站的步骤。

4. 教学难点

5. 教学资源及辅助手段、工具

资源：对一个下载好的优秀学生的网站进行分析、讲解。

网页制作工具：FrontPage

6. 教学过程

高
中信息技术教师专业能力必修
Gao Zhong Shu Xue Jiao Shi Zhuan Ye Neng Li Bi Xiu

教师活动	学生活动
引入 　　在因特网这个信息的海洋中我们发现许许多多内容丰富、创意新颖、设计独特的网站，不知道你见到这样漂亮可人的网站是否有点心动，你是否也想动手做一个？ 　　提出问题：你们是否找到了适合你口味的网站或特别能打动你的主页？ 　　选择几个学生来说说。 **正课** 　　首先打开自己先前做好的网站，一定要做得漂亮，能吸引学生的注意力，同时也让学生表现出对你的钦佩，对你的崇拜，这样学生才有信心跟你学，并且学好。 　　问题1：这是一个什么样的网站？（指内容） 　　问题2：这个网站提供了一些什么功能？ 　　问题3：想不想知道这个网站我花了多少时间完成的？ 　　首先让学生猜猜老师花了多少时间完成的。 　　以第三个问题引出了我们今天要讲的内容，告诉学生制作一个网站应该如何着手，需要分成多少个步骤来完成。首先要确定主题，然后查找资料，最后再动手制作。所以说，制作一个网站是一个长期的过程，而不是一期一夕之事，只有通过不断地改进、完善才能做出一个成功的网站。 　　1. 做好需求分析 　　在建站之前首先要明确的是建站的目的和网站将要面对的对象，在课堂中做一个简单的调查，进行归纳总结。 　　2. 确定网站的主题 　　创建网站前要先确定站点的主题，只有主题确定之后才会有目的地去寻找相关资料，否则就像一只无头苍蝇到处乱撞，所以确定站点的主题是非常重要的，同学要慎重考虑好。 　　思考：你们想做一个关于什么内容的网站呢？ 　　可以从自身的兴趣、特长、爱好出发来确定站点的主题。 　　通过这么一个小思考，活跃了课堂的气氛，同时也为今后的工作提前做了准备。 　　小结：站点的主题最好是自己擅长或者喜爱的内容，这样制作过程中才不会觉得无聊或力不从心，制作的内容才能够丰富多彩，引人注意。 　　3. 确定网站名称 　　让学生根据主题分成小组开展活动。 　　选择恰当的网站名称是建设网站的重要步骤。列出一些让学生评价。 　　小结：给网站取名就像是给人取名、给公司取名一样，第一要与主题紧密相关，第二要有意义，第三要上口、悦耳、易记。此外取名时还要注意你的名称是否合法、合理、合情。	学生都在说着自己看到的一些优秀网站，其中包括内容方面、界面方面、设计风格方面等。 　　对于亲自动手制作一个网站，学生表现出了很大的兴趣，都想一显身手。 　　学生的目光一下子集中到了这个网站上。 　　学生通过观察，依次回答了老师提出的问题。 　　学生议论纷纷，有的说2～3天，有的说5～6天，有的说…… 　　学生纷纷提出了自己的想法。 　　学生议论： 　　有的学生对散文诗比较感兴趣，想做一个关于散文诗鉴赏的网站；有的学生是追星族，想做一个关于明星、歌星方面的网站；有的学生对军事很感兴趣，所以想做一个关于军事武器方面的网站；各有各的想法，可谓包罗万象。 　　让学生不断地到报刊、网上收集资料、图像、图标等素材，将学生收集到的优秀的素材放在校园网上供大家使用。
布置任务 　　1. 要根据自己的情况确定好网站的主题和名称。 　　2. 根据主题收集一些资料。	

规划网站是建设网站前的准备工作。对于高中生来说，建设一个网站往往是重制作轻规划。但是作为选修课就是要让学生体验完整的建站过程，体会到规划的重要性。

本案例通过讲解问题、教师示范及学生练习，有效地激发了学生的兴趣，将网站规划与设计的相关知识传授给学生。在这样的学习过程中，教师既可以非常系统地讲授知识，同时学生也可以及时得到练习，教师在适当的时机设疑，可以引起学生积极思考。

本案例强调以学生为中心和教师的指导作用，安排了大量的时间让学生进行自主探究、评价和完善，同时教师还要进行科学的教学设计。

本案例在教学实施过程中教师直接灌输的知识少了，对学生启发、引导和组织的内容多了，这需要教师做好充分的准备工作。

因为是选修课，学生对网站的建设会有一定的基础。教师可以事先分好小组，让学生自己进行归纳总结，然后再加以引导。因为是准备工作，学生可能暂时体会不出动手的乐趣，这就需要教师更精心地设计每一个教学环节。

对于这部分的内容，我们鼓励学生选择不同的主题，而不是统一规定主题，这样能更好地激发学生的创作热情和创新精神。

当然，我们在实践的过程中将会发现还有很多更好的方法，选择何种方法还需教师从自身偏好、学生特点出发，认真设计、开发出更好的教学案例。

【反思探究】

一、教学上如何把握内容深度？

选修模块《网络技术应用》的教学中，技术内容的深度把握到什么程度，是教师在课堂教学中颇感困惑的难题。

从课程教学的角度，模块内容深度的把握依据仍然是课程标准。在《网络技术应用》模块中，无论是网络管理还是网络通信，技术的深度难以穷尽，教师自己也很难做到一一通晓。如"设置 DNS 服务器"一节内容，根据课程标准要求，只需说明清楚域名的解析过程，理解域名解析的内在机理，而 DNS 服务器的配置则没有必要在课堂上展开。

数据交换技术也是一样，使学生了解分组交换技术是网络通信中常用的数据交换技术，理解数据交换技术思想的发展历程即电路交换、报文交换、分组交换，理解在有限的物理资源条件下通信效率提高的发展轨迹，引导学生审视这些变化的发生、新的发明诞生的过程，启迪学生的创新思维，以更为生动的方法诠释从电路交换到分组交换技术的进步。至于技术上如何实现，同样无需在课堂上详述。

从教学设计的角度，模块内容深度的把握依赖于教师对教科书内容的有效组织，教师要依据课标研究模块的知识体系和要求，当教科书中出现较多技术概念，教师一是依据课标对必须理解的概念作技术铺垫，以方便学生接受，二是对可有可无的技术概念作适当的迂回处理，引导学生把学习的注意力放到对技术核心理解上而不是纠缠于概念。

高
中信息技术教师专业能力必修
Gao Zhong Xin Xi Ji Shu Jiao Shi Zhuan Ye Neng Li Bi Xiu

二、是否应该让学生亲历网络的连接过程?

选修模块内容教学中,多处涉及技术原理和技术方法的教学。教师的另一困扰是,教师讲解之后总会要求学生通过操作体验技术的过程与方法,否则会认为不像信息技术课。于是教师通常会要求学生,到网上查找关于本节课所讲的内容并整理成自己理解的语言,提交到教师机的某一文件夹或博客中。这是一道以不变应万变的练习题,未能体现操作的个性。

不同的技术知识的讲解,需要教师寻找对应的能够使学生体验技术方法的方式。比如,在《网络技术应用》(教科版)模块的"因特网的组织与管理"一章结束时,一位信息技术老师的做法是,将学生分为每 5～6 人一组,进行实际的组网操作考核,已知条件有:

1. 两台已安装好 WindowsXP 系统的计算机;

2. 网线、集线器若干;

3. IP 地址一组 (192.168.0.250～192.168.0.253)、网关 (192.168.0.1);

4. DNS (首选:202.100.192.68,备用:202.100.199.8);

5. 工作组 (TEST)、计算机名:TEST1、TEST2;

组网的要求是:每小组在限时 5 分钟内,使给定的两台计算机能联网并能访问互联网。

教师设计组网操作的目的之一是引导学生亲历硬件设备的连接及软件相关设置的过程,体验组网的基本方法。目的之二是引导学生进行小组合作学习。实践证明,这类体验性操作有效地激发了学生对技术学习的兴趣。

专题六：数据管理技术

　　《数据管理技术》模块带有一定程度的技术取向色彩，强调在必修模块的基础上关注技术能力与人文素养的双重建构，是信息素养培养的继续，是支持个性发展的平台①。新课标强调不仅要培养学生的信息素养，更要提高他们的信息素养，而《信息技术基础》是信息素养培养的基础，那么选修模块四——《数据管理技术》则是为技术应用而设置的，也就是为提高学生的信息素养而设置的。新课标对本模块的基本要求是掌握数据管理技术的基本知识和数据库设计的一般方法，目的是让学生初步学会使用数据库技术管理身边的信息，能够独立处理日常学习与生活中的问题，是对学生信息管理与加工能力上更高层次的要求。

【问题提出】

　　某高中信息技术教师张老师，已经在这所学校的有 5 年的教龄了，一直教授信息技术课程。李老师是该中学的一位年轻教师，第一次接触信息技术这门课，学校安排他教授信息技术选修模块《数据库管理技术》，他颇感困难，于是就向张老师请教。

　　李老师：张老师，学校安排我今年上《数据管理技术》这门课，虽然我对数据管理技术很熟悉，可是我对这门课怎么教一点也不了解，这门课需要学生有一定的基础才行。我真不知该如何处理以下这些问题：

　　＊ 本模块与必修部分有什么区别与联系？

　　＊ 这门课的课程目标、知识结构、学习目标是什么？

　　＊ 教材中的重点、难点如何处理？

　　＊ 如何进行课堂设计，才能激发学生的兴趣？

　　＊ 对一个新手来说，教学方式如何选择？

　　＊ 如何设计合理的任务驱动激发学生的潜能？

　　＊ 复杂的概念怎样才能让学生理解？

　　＊ 这门课究竟应该讲什么？

　　＊ 如何进行学生能力的迁移？

【内容梳理】

　　随着社会的发展，信息和数据变得越来越复杂，学会管理数据是适应现代信息社会的必要条件，本部分是信息技术教学的选修部分，对学生来说需要有一定的基础知

---

① 新课程背景下高中"数据管理技术"的教学实践与探讨

识，才能更好地掌握。通过对本模块的学习，学生应该掌握数据管理的基础知识和数据库设计的一般方法，学会使用大型专业数据库，初步学会使用数据库技术管理信息，处理日常学习与生活中的问题，体验并认识数据管理技术对人类社会的重要影响。[①]

本模块由三个主题组成：

图 6-1　"数据管理技术"内容结构图

一、与必修模块的衔接

本模块是在学生学习了"信息技术基础"必修模块中"信息资源管理"基础上的继续深入。突出对数据库技术中"关系"这一核心特征的理解，着眼于数据管理技术在实际生活和学习中的应用，关注相关技术的发展趋势。在具体教学活动中，可以根据实际情况选择一种常用的数据库管理系统。[②] "数据管理技术"是作为一般信息技术应用设置的，主要用以满足不同学生的发展需求。模块内容设计既注重技术深度和广度的把握，适度反映前沿进展，又关注技术文化与信息文化理念的表达。"数据管理技术"与必修模块中的"信息资源管理"部分的对应关系如图所示。

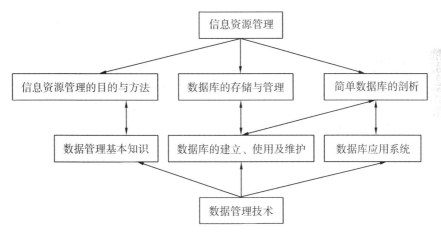

图 6-2　"数据管理技术"与必修联系图

（一）"数据管理基本知识"与"信息资源管理的概述"

"数据管理基本知识"主题主要是为后面两个主题的学习提供理论基础，一些基本概念，如信息与数据、数据管理、数据模型、关系数据库等都在此主题中陆续出现。通过使用生活中常见的数据库应用系统，尤其是对网络数据库的剖析，理解"关系"

---

① 全日制普通高中信息技术课程标准
② 全日制普通高中信息技术课程标准

所表达的含义，并体会数据管理的生活意义。主要包括"信息、数据"、"关系型数据库"、"数据管理技术的应用"三个部分。

必修部分的第七章"信息资源管理的概述"从观察身边的信息资源管理引出信息资源管理的普遍性及其目的与意义。接着对信息资源管理的过程从信息资源的分类组织和信息资源管理中的标准化思想和意义这两个方面进行讲述。

这两部分既有区别又有联系。区别在于，"数据管理技术基本知识"有针对性地具体讲一些概念名词，数据管理的优缺点等，必修部分则侧重于信息资源管理的宏观目的与意义，在整体上把握信息资源管理的思想，必修部分是选修部分的基础与铺垫，选修部分是必修的延伸与深入。

（二）"数据库的建立、使用与维护"与"个人数字化信息资源管理"

"数据库的建立、使用和维护"主题是在使用了生活中各种数据库应用系统的基础上，通过实例分析，了解创建数据库的一般过程与方法。通过对一个数据库管理系统软件的学习，掌握建立和使用数据库的基本操作技能，为下一主题中开发一个简单的数据库应用系统奠定基础。主要包括，使用数据库、设计数据库、建立数据库三个部分。

"个人数字化信息资源管理"中，首先认识的是个人数字化信息资源，体验生活中的数字化信息资源管理。然后通过用个人数字助理安排学习计划、用资源管理本地计算机资源；用电子表格管理个人财务；用收藏夹分类管理喜爱的网站；用 Blog 管理网上学习资源五个实例体现数字化管理工具在日常生活中的应用。

"个人数字化信息资源管理"主要是对个人数字化的信息资源进行管理，并没有涉及真正意义上的数据库，但是广义上讲这也属于数据库的一种。选修部分主要是针对某一数据库管理软件（例如 Access）进行专业化的操作，这种专业数据库主要是针对大量的数据进行管理，但是数据的管理理念与个人信息资源管理是相通的。

（三）"数据库的建立、使用与维护"、"数据库应用系统"与"利用数据库管理大量信息"

"数据库应用系统"主题首先是通过对典型案例的分析，了解数据库系统的组成和数据库应用系统开发的一般流程；然后通过对一个简单的数据库应用系统的设计与实现，初步掌握其开发的基本方法；最后通过对具有生活意义的新型数据库应用系统的探究，提升学生对数据管理技术的文化内涵的理解。主要包括基本概念、开发应用系统、技术新发展三个部分。

"利用数据库管理大量信息"小节首先体验利用数据库存储、管理大量数据和高效检索信息的优势，通过对简单数据库的剖析，了解使用数据库管理信息的基本思想和方法，比较人工管理、文件管理和数据库管理三种信息资源管理方式的特点，体会信息资源对我们的影响。

必修与选修模块的不同之处是必修部分只是初步的体验并没有下手去做，注重了解认识，而选修部分注重动手操作，对必修部分的了解更进一步加深，特别是选修部分的"数据库应用系统"通过动手设计与开发一个数据库系统，把在必修部分所看到的系统进行实现，在教学时有一定的难度，反过来又促进了对必修部分的理解。

二、本模块的主要内容

模块"数据管理技术",应遵循从实践到理论的认知规律,结合数据管理技术的特点,按照"分析问题——建立数据库——使用数据库——开发数据库应用系统"的线索组织教学内容,让学生了解数据管理技术在日常事务管理方面应用的重要性,理解使用数据库技术的必要性。在开展教学活动时,突出对数据库技术中"关系"这一核心特征的理解,着眼于数据管理技术在实际生活和学习中的应用,关注相关技术的发展趋势。在具体教学活动中,可以根据实际情况选择介绍一种常用的数据库管理系统①。

(一) 数据管理基本知识

1. 课程目标

(1) 知道数据管理技术的基本概念,能说出数据管理技术的产生历史与发展趋势。

(2) 能够使用现有数据库辅助学习,开展专题研究。

(3) 掌握关系数据库中的库、表、字段、记录等概念,理解"关系"所表达的含义。

(4) 通过调查与实例分析,了解数据库在多媒体和网络方面的应用方法与应用价值。

2. 知识结构

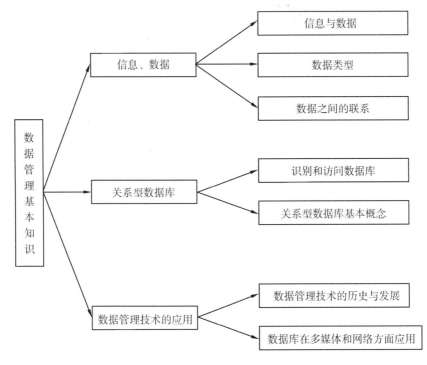

图 6-3 "数据管理基本知识"内容结构图

_____

① 信息技术教学研究与案例

3. 学习目标

学习内容（点）	学习结果的指标 （当学生获得这种学习结果时，他们能够）
信息与数据	理解数据概念，并分清数据与信息的区别与联系。
数据类型	识别和理解不同的数据形式和类型，如：视频、声音、图像、字符、数字、日期、布尔（逻辑）等。
数据之间的联系	列举关系型、层次型、网状等数据模型的生活实例，如表格（关系型）、字典（层次型）等。
识别和访问数据库	1. 从现实生活或网络中寻找并识别数据库的应用实例； 2. 访问网上数据库获取信息并进行学习和研究。
关系型数据库基本概念	分析现实生活或网络中关系型数据库的构成，如库、表、记录、字段，并描述其概念。
数据管理技术的历史与发展	列举并理解生活中的数据管理事例与其历史沿革，叙述其发展若干阶段的特点。如手工管理、文件系统管理、数据库管理等。
数据库在多媒体和网络方面应用	1. 通过对实例的分析与操作，体会数据管理技术在日常生活中的应用； 2. 了解多媒体数据库管理技术的应用。

4. 教学重点

（1）数据和数据类型

数据是数据库系统研究和处理的对象。为了使学生能形成完整的数据管理技术概念，数据和数据类型是首先遇到的教学重点。学生只有形成了正确的数据和数据类型的概念，才能正确理解什么是数据管理，从什么方面入手进行数据管理等基础问题。

（2）数据与关系，关系型数据库的基本概念

关系模型的主要特征是用表格结构表达实体集，关系型数据库有着非常广泛的应用。本模块是基于关系型数据库的教学，所以让学生理解关系模型所表达的含义，分析其数据的基本组织结构及特点是教学的重点。

（3）从广泛的生活中寻找和识别数据库应用的实例

如果学生从自己生活经验出发，具备了寻找并识别数据库应用的实例、能够利用网络数据库进行学习和研究等能力，就能够真正认识并体验数据管理技术对人类社会生活的重要影响。这样才能更好地深入学习数据库的建立与维护、数据库应用系统等后续内容。

5. 教学难点

（1）信息与数据

数据与信息是分不开的，它们既有联系又有区别。学生往往难以分清信息与数据的区别与联系。信息是许多学科广泛使用的概念，在不同领域中，其含义有所不同。

高
中信息技术教师专业能力必修
Gao Zhong Xin Xi Ji Shu Jiao Shi Zhuan Ye Neng Li Bi Xiu

在数据处理领域，一般把信息理解为关于现实世界事物存在方式或运动状态的反映。而数据通常指用符号记录下来的、可以识别的信息。数据管理技术中的数据又都是用二进制数字按某种格式记录下来的信息。

（2）理解关系型数据库中表、记录、字段的相互关系

在关系模型中，字段称为属性（attribute），记录称为元组（tuple），虽然学生从生活经验中理解字段与记录并不困难，但也正是因生活直观经验所限，他们会对关系型数据库的规范性限制认识不足，如：关系中每个属性的值是不可分解的（不可有表中表），也不允许出现重复组；关系中不允许出现两条相同的记录。

（3）识别数据库

要求学生具备从现实生活和网络中寻找并识别出数据库的应用实例，并分析其数据间的结构和关系（在学习结果指标中只提到了识别数据库，没有提到分析数据间的结构和关系，况且，这必须是在学习了后面的关系数据库基本概念的基础上才可能做到。如果分析数据间的结构和关系确是一个学习指标，可以放到"关系型数据库基本概念"中）。这就需要学生能熟练地理解数据间的结构关系，理解关系型数据库的相关概念和管理思想。这样学生才能从关系型数据库管理具体实例中抽象出数据、字段、记录、表、库等概念。

（二）数据库的建立、使用与维护

1. 课程目标

（1）通过实例分析，初步掌握数据收集、数据分类和建立关系数据模型的基本方法。学会使用实体-关系图描述关系数据模型。

（2）熟悉一个数据库管理系统软件；掌握建立数据库结构、添加数据和编辑数据库的常用方法。

（3）掌握数据检索及报告输出的基本方法；掌握常用的数据筛选、排序及统计的方法。

（4）掌握同类数据库之间的链接、数据导入导出的基本方法。

（5）了解结构化查询语言 SQL 的基本概念；掌握 SQL 的基本数据操作与数据查询语句（SELECT、INSERT、DELETE、UPDATE）的使用方法。

（6）明确数据规范化的思想、意义，知道其在数据库应用系统建设和使用中的价值与作用。

2. 知识结构

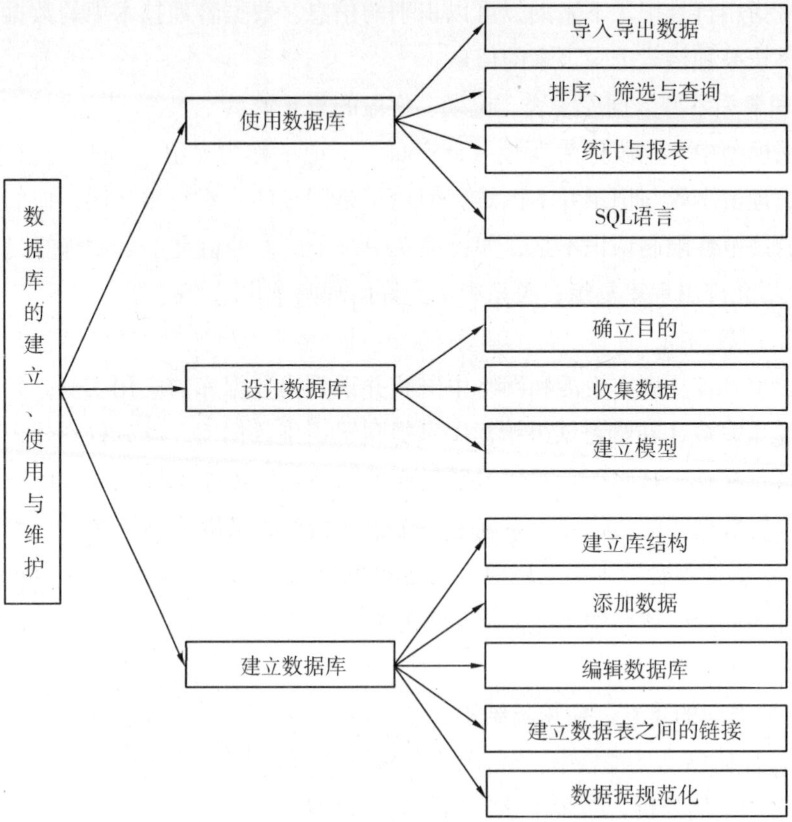

图 6-4 "数据库的建立、使用与维护"内容结构图

3. 学习目标

学习内容	学习结果的行为指标 （当学生获得这种学习结果时，他们能够）
导入导出数据	1. 使用外部数据的导入命令将其他格式的数据导入到当前数据库中； 2. 使用数据的导出命令将当前数据库中的数据导出为其他格式的数据文件； 3. 通过具体操作，体会数据导入、导出功能的实际作用。
排序、筛选与查询	1. 根据实际需求，使用排序命令实现单字段或多字段的排序操作； 2. 根据实际需求，使用筛选命令实现单一条件或组合条件的筛选操作； 3. 根据实际需求，使用各种查询功能实现不同要求的查询操作； 4. 通过具体操作，体会排序、筛选与查询功能的实际作用。
统计与报表	1. 根据实际需求，综合运用查询和合计功能实现不同要求的统计操作； 2. 使用报表输出中各项命令设计个性化的打印输出效果。
SQL 语言	1. 了解结构化查询语言 SQL 的基本概念，通过实际操作体会其特点； 2. 根据实例，尝试使用 SELETE、INSERT、DELETE、UPDATE 等数据查询语句，体验 SQL 语言的操作方式。

高
中信息技术教师专业能力必修
Guo Zhong Xin Xi Ji Shu Jiao Shi Zhuan Ye Neng Li Bi Xiu

学习内容	学习结果的行为指标 （当学生获得这种学习结果时，他们能够）
确立目的	1. 通过实例分析，了解创建数据库的一般过程； 2. 通过交流与讨论，明确各自分工，确定设计目标； 3. 体会并意识到在建立数据库之前，进行前期规划与设计的重要性。
收集数据	通过实践，初步掌握数据收集、数据整理、数据分类的基本方法。
建立模型	1. 通过实例分析，初步掌握由 E-R 图建立关系数据模型的方法； 2. 体会并意识到建立关系数据模型的重要性。
建立库结构	1. 熟练创建一个空的数据库； 2. 在前期设计的基础上熟练创建和修改数据库结构。
添加数据	熟悉各种添加记录的方式，能根据不同情况选择最佳的数据添加方法。
编辑数据库	1. 熟悉各种浏览数据的方式； 2. 熟练使用插入记录的操作； 3. 熟练使用修改数据的操作； 4. 熟练使用替换数据的操作； 5. 熟练使用删除记录的操作。
建立数据表之间的链接	1. 掌握创建数据库中多个数据表之间关系的基本方法； 2. 通过实例分析，体会并意识到建立数据表之间关系的重要性。
数据规范化	1. 通过实例分析，初步掌握关系模式规范化的基本方法； 2. 体会并意识到进行数据规范化的重要性； 3. 根据数据规范化思想对先前设计的数据库进行检查和修正。

4. 重点分析

（1）建立数据库的各项基本操作

通过建立库结构到添加数据，再到编辑数据库等相关命令的使用，力求让学生在构建一个具体的数据库的过程中，帮助学生理解前一主题中所涉及的理论知识，也为后续主题中设计和实现简单的数据库应用系统打下坚实的基础。对这些基本操作掌握的熟练程度，不仅体现了学生在技术层面的操作能力，还体现了学生对理论知识的理解能力。这部分内容不仅对于本主题，乃至对于整个模块的教学都是十分重要的，也是十分基础的。要求学生熟悉创建数据库的全过程，并动手操作实践。

（2）数据库中原始数据的分析处理方法

课标中对于数据库使用的操作主要有排序、筛选、查询、统计等，这些都是针对大量原始数据进行分析处理的基本操作。通过对这些功能的运用，就能对那些原始数据背后蕴藏着的有用信息进行提炼和加工。这部分内容不仅是本主题的教学重点，也应该是本模块的教学重点之一。要将这些基本操作当作技术基础来掌握，并在实践中灵活运用，使这些实用技术成为帮助学生认识和挖掘信息的有力工具。通过对这部分内容的学习，不仅要让学生掌握管理信息的能力，还要培养学生发现和挖掘信息的能力。

5. 难点分析

（1）查询功能的种类和使用方法

查询功能的种类较多，实际使用中容易混淆各种功能的具体用法。对于现实的任务需求，有时很难立即选择出合适的查询方式进行实现，灵活运用更是需要在大量实例操作与分析的基础上才能体现。能否对数据库中海量的数据进行有效检索，是对学生处理信息能力的真正检验。另外，有些数据库的操作，比如统计，是要在查询操作的基础之上进行的，要通过实例分析与讲解让学生意识到这一点，明确查询操作有时是实现其他操作的前提。

（2）运用 E-R 图建立关系数据模型的方法及其重要性

这一部分的理论知识较多，且难以理解和掌握。首先，对于与 E-R 图有关的基本概念，如实体、属性、联系等，在理解上就有一定的难度，需结合实例分析来解决。其次，从 E-R 图的设计到关系数据模型的建立，是对"关系"这一核心概念能否真正理解的体现，也是对一个数据库进行前期规划与设计时的具体分析和必要论证。这些理论知识的铺垫和基本方法的掌握能为后面的实际建库操作打下基础，也对体会并意识到建立关系数据模型的重要性有帮助。

（三）数据库应用系统

1. 课程目标

（1）理解层次和网状数据模型的基本概念。

（2）通过案例分析，理解数据库、数据库管理系统、数据库应用系统的概念及相互关系。

（3）初步掌握设计和实现简单的数据库应用系统的基本方法。

（4）能描述数据库应用系统在信息资源管理中的作用。

（5）明确数据规范化的思想、意义，知道其在数据库应用系统建设和使用中的价值与作用。

2. 知识结构

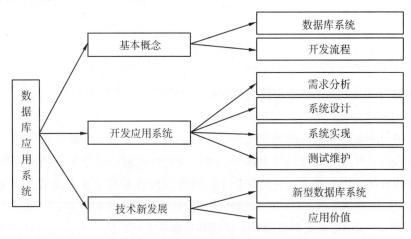

图 6-5 "数据库应用系统"内容结构图

3. 学习目标

学习内容	学习结果的行为指标 （当学生获得这种学习结果时，他们能够）
数据库系统	1. 了解数据库系统的基本特点，如数据结构化、数据共享、数据独立性、数据安全性等； 2. 结合具体实例（如图书管理系统）列举数据库系统的基本组成，即硬件、软件、数据和人员等； 3. 具体实例，说出数据库应用系统和数据库系统、数据库管理系统、数据库的区别与联系； 4. 举例说出数据库应用系统的作用和特点，如界面友好，使不具备数据库知识的用户也能方便、安全地使用数据库等。
开发流程	从软件工程的角度用图、表描述出开发数据库应用系统的一般过程。
需求分析	1. 根据主题，个性化地选择合理的需求调查方式； 2. 对调查获得的数据进行分类和整理，分析出需求信息。
系统设计	1. 了解系统设计的三个方面，如数据库设计、功能模块设计、用户界面设计等； 2. 根据功能需求，画出系统功能模块结构图； 3. 列举各功能模块中需要的表、查询、报表； 4. 根据功能模块，划分主要界面和各功能界面； 5. 能对系统界面的背景、布局和样式进行初步规划和设计。
系统实现	1. 创建 2~3 个数据库表、建立表间关系； 2. 创建 2~3 个查询、1~2 个报表； 3. 创建 1~2 个数据维护窗体，并加以修饰、调整； 4. 创建 1~2 个查询窗体，并加以修饰、调整； 5. 根据用户界面设计，创建系统主窗体，并加以修饰、调整； 6. 设置启动窗体。
测试维护	1. 举例说明系统测试的作用； 2. 列举系统测试的三个阶段，如单元测试、集成测试和验收测试； 3. 选择合理的测试方法测试应用系统； 4. 说出系统维护包括的内容，如备份与恢复、性能优化和提高安全性等。
新型数据库系统	开展专题研究，通过访问大型网络数据库应用系统或多媒体数据库应用系统检索信息，得出结论。
应用价值	通过调查与实例分析，列举社会生活各领域中常用的数据库应用系统的实用意义和价值，认识到数据库管理技术对人类社会生活的重要影响。

4. 教学重点

（1）数据库应用系统的基本概念

数据库应用系统是一类应用软件，它提供了友好的操作界面，能使用户无须掌握数据库技术，就能使用和操作数据库。这是数据库应用系统的基本概念和重要特点。学生只有在理解这些概念之后，才能清楚开发数据库应用系统的意义和价值，形成对本主题后续学习的兴趣和动力。

（2）开发数据库应用系统的一般过程和方法

课标中要求学生初步掌握设计和实现简单的数据库应用系统的基本方法，即从软件工程的角度考虑开发步骤，遵循需求分析、系统设计、系统实现、系统测试和系统维护这五个阶段。这些阶段中包含了信息获取、加工、管理、表达和交流等过程。对学生而言，这是了解计算机软件的整个开发过程，体验"从做中学"的一次经历，也是提高信息素养的一个重要过程。

（3）功能设计的思想方法

功能设计是设计阶段中的关键步骤。一般是根据需求，采用自顶向下、逐步细化的设计方法，划分子功能模块，最后得到功能模块层次结构图。这是软件开发中最常用的一种设计方法，能够增进学生对基本算法设计思想的理解。

（4）数据库应用系统在信息资源管理中的作用

学习数据管理技术的目标是使学生初步学会使用数据库技术管理信息，处理日常学习和生活中的问题，体验并认识数据管理技术对人类社会生活的重要影响。数据库技术本来源自生活，通过对具有生活意义的新型数据库应用系统的剖析与探究，回归到对数据管理技术生活意义的展示上来，对于提升学生对数据管理技术文化内涵的理解，让学生养成积极主动地使用数据管理技术的习惯，有着重要的意义。

5. 教学难点

（1）比较数据库应用系统和数据库系统、数据库管理系统的区别和联系

数据库应用系统和数据库系统、数据库管理系统这三个概念既比较抽象又容易混淆，学生较难理解。能否正确掌握这些概念及其相互之间的区别与联系，是学生开发数据库应用系统的前提，也是理解数据库应用系统的实用价值的有力保障。

（2）需求分析的一般方法

需求分析阶段主要解决"做什么"的问题，是一个获取和加工信息的过程，主要方法是调查研究。这就要求学生根据其开发主题，选择合理的需求调查方式，例如和用户交流、设计调查表让用户填写。然后对获取的信息进行加工、分类和整理。这个过程对学生的人际交流能力和信息分类、处理的能力是一个挑战。

（3）窗体的设计与实现

用户界面的设计与实现是数据库应用系统开发的重要环节。在数据库中用窗体来实现用户界面。窗体的设计要考虑风格、布局、交互等因素，实现时需要对窗体属性和控件属性做具体设置。学生要考虑的知识点比较散乱，不容易抓住重点，易导致用户界面出现一些意想不到的小问题。

【教学分析】

一、根据数据管理技术课程特点，合理选用并探索多种教学方式

如果沿教材顺序进行规范的教学，第一，学生智力投入少，信息处理的深度不够，导致学习效果不佳；第二，由于教学安排过于周密，学生在学习中被动学习多于主动学习，

不能有效调动学生学习的积极性；第三，学习内容一致，不利于培养学生的创新能力[1]。

如果按制作作品的主线展开教学，第一，学生对范例总体设计投入少，不利于培养学生的规划设计能力；第二，由于教学安排相对周密，学生在学习中被动学习多于主动学习，缺乏对学生自主学习能力的提升；第三，由于完成的学习作品内容基本相同，不利于培养学生的创新能力[2]。

如果按教师教学范例与学生主题两条主线平行展开教学，第一，设计不妥，可能导致学生认知超载或情绪低落，或是需要学生花费大量的时间进行学习；第二，学习的成功依赖于学生先前已具有的知识和学习策略的广度；第三，对教师的专业技能与综合素养都有较高的要求[3]。

根据数据管理技术课程特点，应合理选用并探索多种教学方式。例如"数据库的建立、使用与维护"部分内容结构图中是以"使用数据库"→"设计数据库"→"建立数据库"的顺序来表示的，其设计目的是让学生先体验"用"，然后再到分析与设计，最后才是动手创建，但在实际的教学过程中可以有所调整。比如在"使用数据库"中一些略显复杂，难度较大的命令，诸如筛选、统计等功能，可以在"建立数据库"之后涉及。再如查询功能的介绍，可以不必将所有查询方式在前面一一介绍完，允许将部分内容，诸如操作查询、生成表查询等，调整至"建立数据库"之后进行。又如一些与体验数据管理的强大功能并没有紧密联系的数据库操作命令，诸如数据的导入、导出和报表输出等命令，也可以调整至"建立数据库"之后进行。

另外，SQL语言部分的教学相对比较独立，完全可以放在"建立数据库"之后进行。同时为了将其独特的操作方式与Access中数据处理的方式进行比较，也应该在全部的Access数据库操作介绍完了之后进行，通过对比，加深印象，体会SQL语言的优越性。

二、对于技术应用性课程要恰当使用任务驱动

信息技术教师一般要带多个班级，这样用不同的教学模式进行教学，对比效果会非常明显。可以第一个班采用传统的"引入——教师演示讲解——学生练习——课堂小结"教学方式。下一个班改用任务驱动教学模式，或者一开始就是用任务驱动，然后在后续课堂进行任务调整。

起初任务设计不一定科学合理，可以在结束一个班的课程后进行反思修改。在任务驱动教学中，教师首先要分析学生，充分了解学生。任何时候学生之间都存在着差异，因此，教师在进行任务设计时，要从学生的实际出发，面向全体学生，遵循循序渐进的原则，设计任务的难度应具有层次性。要有适合学有余力的同学的更深层次的任务，让他们深入研究；对于基础较差的学生则应降低任务的难度，同时要多加关心，给予具体操作步骤和方法的指导，让他们尽快缩短与其他同学的差距[4]。

---

[1] 新课程背景下高中"数据管理技术"的教学实践与探讨
[2] 新课程背景下高中"数据管理技术"的教学实践与探讨
[3] 新课程背景下高中"数据管理技术"的教学实践与探讨
[4] 选修四《数据管理技术》教学体会

教学过程中的任务设置都尽可能地贴近学生生活，让学生从身边熟悉的日常生活应用中去探究数据库系统的使用优势及对生活的影响，也不妨就让学生管理自己的信息，增加学生的学习兴趣，培养学生良好的思维习惯和科学探究的能力。所以，设计的出发点就是，让学生直观地体验数据库，并通过亲自动手操作来初步了解使用数据库管理信息的基本思想与方法，让学生感到数据库管理确实是有意义的，学习到的东西能够应用到生活当中，让学生有成就感。

案例片断一：①

教学过程	教师活动	学生活动	设计意图
分析问题、提出任务（6分钟）	1. 组织学生阅读教学网站上的阅读材料：如何控制你的体重。 2. 组织学生根据提出的情景问题，结合阅读材料讨论：本节课需要解决哪些问题才能完成情景任务？ 3. 教师提问，对学生的设想给予肯定，鼓励其他学生补充。 4. 教师、学生共同归纳得出有待完成的任务： （1）整理数据表，删除无效信息（个别学生身高、体重数据超出常规）（可通过数据排序实现）； （2）挑选出每天能保持体育锻炼的学生； （3）挑选出身体偏瘦的同学给予饮食方面的建议； （4）需要将各种食物按照营养价值高低进行排序； （5）挑选身体偏胖且很少进行体育锻炼的同学给予体育锻炼及饮食方面的建议； （6）需要将各种运动所消耗的热量数据按由高到低进行排序。	学生阅读网站上的阅读材料，了解体重及运动饮食之间的关系。 学生根据要求相互讨论。 学生踊跃发表自己的看法。 在老师引导下归纳总结出本节课要完成的任务。	引导学生分析任务，目的在于让学生善于学会分析，进而找出问题的关键所在，培养分析问题的能力，在创设的情景下，自己提出任务与老师提出问题相比，学生的积极性会更高一些。 了解本节课要解决的问题，带着问题去学习，学生在自学时能够抓住重点，做到有的放矢。
自学探究，解决问题（25分钟）	1. 指导学生通过网页上的视频录像和文字说明来自学"数据排序和筛选的方法"，完成情景中的6个任务，并将作业上传至FTP。 2. 网页上设立"小帮手"，针对学生在要完成的任务中出现的问题予以提示帮助。基础差的学生通过帮助来完成任务。 3. 鼓励小组同学之间通过相互帮助来解决问题。 4. 对于提前完成练习的学生，提出思考问题：生活中排序和筛选如何应用？	学生自学教学网站"数据的排序和筛选"，小组交流互助及利用网站的"小帮手"逐步完成任务。 将作业提交到FTP服务器。 完成作业的同学思考：对生活中运用到排序和筛选的应用举例。	让学生在理论知识的基础上进行基于网络的自主、探究和合作式学习，有助于培养学生自主学习的能力，小组合作式学习，提高学生的信息素养。 对完成练习的学生提出思考题，让这部分学有余力的学生能将实际操作与生活结合起来，培养他们善于运用信息技术解决实际问题的信息素养。

分析：通过这一案例片断可以看出，教师通过课前制作好的专题学习网站，在学生具有一定学习基础的前提下，设计并归纳出有层次的探究任务，较好地解决了学生

---

① 数据的排序和筛选（广东版《数据管理技术》第三章第一节，佛山市顺德区桂洲中学，彭俊）

学习起点不一的问题；在学习网站中设立"小帮手"，鼓励学生之间的互帮互助，较好地解决了学生差异较大的现实问题。

另外，教师选取的主题具有一定的生活意义，由此产生的任务也能联系学生的日常生活，学生的学习积极性也因此有所提高。尤其是"对于提前完成练习的学生，提出思考问题：生活中排序和筛选的应用？"，这种做法既体现了教学设计的灵活性，又让那些学有余力的学生能联系生活，学以致用。

三、灵活使用情境、概念图促进复杂概念的理解

教材中的实例通常会使用大众化的示例，有些不适合中学生的心理年龄特征，这种大众化的示例并不能满足现代信息技术教学情境化的要求，有些教材中的关于概念的讲解太过于传统。例如，说到数据管理就是图书馆，说到分之程序就是成绩分档。对数据库中涉及的概念（如"关系"、"实体"等）、规则等，学生很难应用于现实世界中，解决真实的问题。

情境化教学过程与现实的问题解决过程相类似，教师在课堂上展示出与现实中专家解决问题相类似的探索过程，不是将提前准备好的教学内容教给学生，而是提供解决问题的范式，指导学生探索，在这样的情境化教学中要注意的一点是，教学内容要资源化，所需要的工具、资料隐含于情境当中，学生可以通过分析情境，解决问题。

教师在讲课时把教学内容之间的逻辑关系呈现给学生，更有利于学生把握知识点之间的总体关系。概念图的使用有助于教师在讲解过程中思路更清晰，学生也能够很好地跟着教师的思路，把相应的内容填充到相应的"空位"[①]。教师在课程开始时展现概念图可以提醒学生学习的思路，结束时展现可以整理学生的思路；一个阶段或单元的开始呈现概念图可以提醒学生将要学习哪些知识，结束时呈现可以暗示学生已经学习了哪些知识；一门课程的开始展示概念图可以让学生提前有个心理准备，结束时展示可以让学生将整本书的内容连贯起来。

教学环节	教师活动	学生活动
教学环节1	3. 介绍 Windows Media Player "媒体库"，要求按"艺术家、作曲者、流派"进行搜索。	3. 使用 Windows Media Player 播放音视频文件。 4. 按教师要求搜索不同曲目。
教学环节2	4. 介绍媒体库从"标题、作者、分级、流派、发布年份、是否受到保护"等方面描述字段、曲目（记录），并介绍这些字段的类型。	5. 操作、观察各记录字段。 6. 讨论从"标题、作者、分级、流派、发布年份、播放时间、是否受到保护…"描述曲目的合理性。并说明各字段的"类型"（数字、字符、日期、时间、逻辑……） 7. 探讨是否可以增加更多的字段。 8. 修改记录部分字段的值。

①　新课标下高中信息技术教材编写的实践与思考——以数据管理技术选修课为例

教学环节	教师活动	学生活动
教学环节3	5. 教师讲解：刚才从修改各记录字段值方面对媒体库进行了维护，修改了一些曲目的属性；现在我们试着给媒体库增加一些曲目以及删除一些曲目。教师演示操作（亦可由学生自己探索实践）。	9. 删除一些曲目记录。 10. 分别从本机、校园内和因特网上搜索新的曲目添加到媒体库中。
归纳小结	6. 教师小结 Windows Media Player 媒体库的功能和特点，引出关系型数据库"表"的概念。 7. 指出本播放软件媒体库功能上的不足：不能按用户要求重新对记录进行分类和排序；不能多条件查询；不能增加、删改记录的字段……	11. 学生重新浏览 Windows Media Player 各字段、类型以及搜索功能。

分析：案例从字段和记录两个角度出发，引导学生从"数据库"思想的角度来考察研究此软件的功能，通过对媒体库的使用，有效地形成了数据库管理技术的初步思想方法，通过引入这节课，学生不仅接受了数据库的思想而且突破了"数据就是数字、文字"的既有观念，同时证实了数据库应用十分广泛的事实。因此他们学到的不仅是一个软件的使用方法，而且是如何选择恰当的工具来管理信息的思想。为学生进一步学习数据库管理技术留下一个探究的引子。

【反思探究】

一、"数据管理技术"模块究竟应该教什么

"数据管理技术"模块课标起草的时候，实现的一个超越是不仅仅将目光盯在数据库上，而是关注更加广泛意义上的数据管理与应用，充实了课程内涵，也为课程生活意义的生成提供了更多的机会[1]。因此，选修四《数据管理技术》应该从数据管理技术知识中抽取出基础的、具有代表性的内容，这样的内容必须能够为学生所接受，而且具有生活意义。但是从教材编写情况看，教材内容一般都是数据、数据模型、表等体系，很容易被视为简写了的高校教材；从实际教学看，为数不多的学校在开设这门选修课时，也遇到了如何体现基础教育特点的问题。那么，我们该如何处理这个问题呢？

第一，在上课之前，我们应该首先了解一下学生对数据概念、数据关系方面的想法与经验。其实，学生对数据的经验不是完全没有，他们已经积累了比如各种结构图、表格等这些数据的结构化表示的经验。然后从这些经验中去提取数据结构的概念，在这个基础上作概念的规范化，然后再引入数据库。

---

① http：// www. ictedu. cn/bbs2008/dispbbs. asp？ boardid = 11&Id = 11300

高中信息技术教师专业能力必修 Gao Zhong Xin Xi Ji Shu Jiao Shi Zhuan Ye Neng Li Bi Xiu

第二，进入到数据库之后，也不应该简单地去"抽取基础的、代表性的、可以为学生所接受的、较有生活意义的内容"。而是使用生活中常见的、相对简单的、学生喜闻乐见的一些典型数据库的应用，比如电子邮箱的数据库，QQ 的数据库等，提取并组织出数据管理技术的一系列知识。这样才符合新课程的基本理念，也符合信息技术课程发展的"数据管理技术"模块。

二、教学内容注重迁移和类比

知识和方法只有迁移才有意义，为了让学生能更好地理解专业性比较强的三个数据库概念，在教学中应尽量避免照本宣科，而采用类比的方法，用生活中的实例来比喻数据库、数据库管理系统和数据库引用系统之间的关系，帮助学生更好地进行理解与区别。[①] 通过对比已学软件 Excel 在界面以及操作方法上的类似与不同，使学生具有融会贯通、举一反三的学习能力。鼓励学生将所学的数据管理技术积极地应用到学习、生活等各项实践活动中去，提高技术实践能力。例如下表中数据库系统与图书馆的对比，能让学生更形象地理解数据库系统。

序号	数据库系统	图书馆
1	数据	图书
2	外存	书库
3	用户	读者
4	用户标识	借书证
5	数据模型	书卡格式
6	数据库管理系统	图书管理员
7	数据的物理组织方式	图书的物理存放办法
8	用户对数据库的操作（使用计算机语言）	读者对图书馆的访问（用普通语言借书、还书）
9	第 8 项独立于第 7 项	第 8 项独立于第 7 项

---

① http：//res. hersp. com/content/23604. aspx

专题七：人工智能初步

人工智能技术是当前信息技术发展的热点之一，是一门研究运用计算机模拟和延伸人脑功能的综合性学科。"人工智能初步"模块介绍了人工智能的基本概念和人工智能领域中容易为高中学生所理解和掌握的部分内容。"人工智能初步"部分同样强调在必修模块的基础上关注技术能力与人文素养的双重建构。人工智能技术由于其知识内容的独特性，与一般的信息处理技术相比，它在求解策略和处理手段上有其独特的风格，对学生解决问题能力的培养和发展有一定的促进作用。

【问题提出】

孙老师是一名高中信息技术教师，从事信息技术教育工作多年，但他从未接受过人工智能授课培训。孙老师对此感到很迷茫，人工智能究竟是一门怎样的课程？它包括哪些内容？它是否需要高深的理论知识和极高的技术？是不是极难掌握？学生能学会吗？自己作为一名教师都不了解人工智能，是不是就不必开设这门课？

后来，孙老师在教育类杂志上看到这样的信息：相对于其他学科，尤其是在现阶段，在高中开设人工智能课程，对学校的硬件设备、学生的起始知识与能力的要求更高。所以说，即使决定开设这门课，也不能做到每个学生都有能力达到可以学好人工智能的程度，那么教学工作应该怎样展开呢？

要上好人工智能课程，必须结合高中生的认知特点和人工智能课程自身的特点，认真研习课程标准，综合应用各种教学方法，不断挖掘人工智能课程的内在教育价值。

【内容梳理】

一、与必修模块"信息技术基础"的衔接

"信息技术基础"的信息处理部分逐步涉及智能信息处理，这也是前沿技术在日常应用中的体现。在信息技术基础这门课程中，只要求学生进行智能信息处理工具软件的初步体验，形成感性认识。前面已经提到，在课程标准中有这样一句话："通过部分智能信息处理工具软件的使用，体验其基本工作过程，了解其实际应用价值。"活动建议如下："使用双向翻译软件，先将一段英文短文翻译成中文，然后将该中文内容再次翻译成英文，考察机器翻译的准确性，讨论机器翻译的优缺点"。"用自然语言与其中的机器人对话，通过寻找其'谈话'的破绽，讨论当前使用计算机理解自然语言的局限性"等，也充分体现了这种浅层的要求，学生参加这些活动基本不需要人工智能方面的知识基础。

高 中信息技术教师专业能力必修

Gao Zhong Shu Xue Jiao Shi Zhuan Ye Neng Li Bi Xiu

"人工智能初步"中，系统选择人工智能领域是容易被高中学生理解和掌握的内容。单从语言角度比较，"信息技术基础"部分只是建议使用自然语言进行对话，体验人工智能的应用，而本模块则要求掌握人工智能语言这一基本工具的主要特征及简单应用方法，对语言的要求提高到简单开发层面。如课程标准中提到："了解一种人工智能语言的基本数据结构和程序结构，掌握相关概念，知道人工智能语言的主要特征"、"初步学会使用该语言设计程序求解简单问题，并能够上机调试、执行相应的程序"。

在课程标准中，"信息技术基础"模块的内容标准提到："通过部分智能信息处理工具软件的使用，体验其基本工作过程，了解其实际应用价值"。而一个相关的例子就是"模式识别类：光学字符识别（OCR）、手写汉字输入、语音汉字输入等"。在同一标准中"人工智能初步"模块内容为："列举人工智能的主要应用领域；通过演示或实际操作，体验人工智能的若干典型应用，知道其发展现状。"与必修模块相比，学生还需要增加了解人工智能的发展现状。

二、"人工智能初步"教学内容分析

（一）知识及其表达

1. 主要内容及学习目标

"知识及其表达"主题涉及的内容相对其他两个主题而言具有一定的独立性，是整个模块的基础。知识表示是关于如何描述事物的一组约定，即用一些约定的规则符号、形式语言和网络图等把知识编码成一组计算机可以识别的数据结构。常见的知识表示方式有一阶谓词逻辑、产生式表示、状态空间图表示、与或图表示和结构化表示，其中结构化表示又通常包括语义网络表示和框架结构表示。知识表示的最基本作用是能清晰明确地表示面向计算机的知识，知识表示还可以突显问题本质、支持知识获取、支持对知识库的高效搜索。通过本主题的学习，使学生理解知识及知识表示的概念，认识到知识表示在人工智能领域中的重要作用，掌握几种常见的知识表示方法；通过对人工智能领域最新发展现状的描述和未来展望，使学生能够了解人工智能这个信息技术应用发展的前沿领域，增强学习兴趣，为后面专家系统、问题求解等内容的学习打好基础，同时激发对人工智能未来的追求。

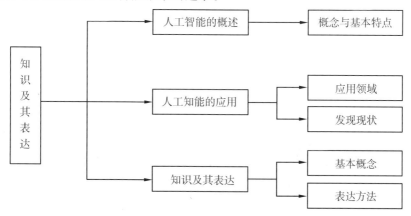

图 7-1 "知识及其表达"内容结构图

学习内容	学习结果行为指标 （当学生获得这种学习结果时，他们能够）
人工智能的概念与基本特点	1. 说出两到三种典型的人工智能定义，并了解其产生背景； 2. 通过实例说明人工智能技术的特点，如它是一门综合性的学科、研究内容广泛、应用广泛等； 3. 了解人工智能技术随着计算机软件、硬件技术进步而发展的事实，简单地归纳其客观规律。
人工智能的应用	1. 列举实例说明人工智能的主要应用领域，如工业、商业、教育以及日常事务处理等； 2. 熟悉三种以上人工智能典型应用，如符号运算、自然语言理解、模式识别（指纹识别、语音识别、光学字符识别等）。
人工智能的发展	1. 查找人工智能领域研究最活跃的部分，举出应用实例； 2. 说出智能机器人研究的最新进展情况，并给出自己对未来智能机器人的设想。
知识的概念	描述人工智能技术中使用的知识概念。
知识表达的基本方法	1. 了解常用知识表达的基本方法，如框架表示法、产生式规则表示法、状态空间表示法、与或图表示法等； 2. 会手工或者借助工具、软件进行上述各种知识表示形式的相互转换。

2. 教学重点

（1）人工智能的概念

通过了解人工智能的具体内容和涵义，使学生对人工智能有宏观的把握，形成整体认识，为学习后续各章节提供必要的知识准备。

（2）智能机器人的定义及其研究现状

该部分内容是人工智能领域中进展最活跃的部分，也是学生最感兴趣的部分，通过对其最新发展现状的描述，使学生能够进一步了解信息技术应用发展的前沿领域——人工智能，从而增强学习兴趣，激发对人工智能未来的追求。

（3）知识表达常用的几种基本方法

知识表示方法是人工智能技术求解问题的基础，也是学好人工智能课程的前提，是必须掌握的内容，掌握的好坏会对后面内容的学习产生直接的影响。需重点掌握框架表示法、产生式规则表示法、状态空间表示法。

3. 教学难点

（1）人工智能的概念

目前人工智能还没有公认的定义，需要教师引导学生查找各种较为权威的说法，以加深学生对人工智能概念的理解。

（2）人工智能的若干典型应用，如自然语言处理、模式识别、机器学习、智能代理等。

高

Gao Zhong Shu Xue Jiao Shi Zhuan Ye Neng Li Bì Xiu

中信息技术教师专业能力必修

由于大部分学生对人工智能了解不多，教师应以贴近生活的角度对本部分开展教学，帮助学生较系统地了解人工智能技术对人类生活产生的影响，同时消除学生对人工智能的神秘感。

（3）框架表示法、产生式规则表示法、状态空间表示法、与或图表示法的应用

对大部分初次接触人工智能的学生来说，用这些方法表达知识往往显得比较抽象，难以理解，但本部分又是学好人工智能课程必须掌握的内容，因此需要教师精心设计教学。

（二）推理与专家系统

1. 主要内容及学习目标

"推理与专家系统"主题旨在培养学生利用专家系统解决问题的能力。专家系统是人工智能技术中发展得最为成熟的一个分支，它能够帮助人类解决大量的复杂问题。总体来说，专家系统的作用有预测、解释数据、诊断故障、维修调试、监测控制、规划、教学等，在一定程度上影响着我们的生活、学习和工作。专家系统是一个具有智能特点的计算机软件系统，有知识、会提问、会思考、会解释，它使用某些领域专家的知识，并将这些知识通过编程嵌入到计算机内部，计算机就可以通过友好的用户界面同用户进行交流，并允许用户向计算机提出一些问题。专家系统的整个工作过程如下：知识被事先储存在知识库中（有些专家系统也可以通过学习来获得知识），用户通过人机接口输入信息，专家系统则以知识库中的原有知识和所得信息为基础，运用推理机和综合数据库的协调工作，完成推理过程，得出结论，最后以多媒体的形式将结论呈现给用户。本主题让学生体验专家系统的魅力，了解专家系统如何利用知识进行推理，并基于生活实践开发一个简单实用的专家系统。通过一系列的学习，开阔视野，培养兴趣，激发学生探讨人工智能技术的热情。

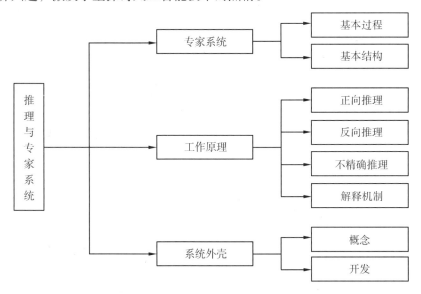

图 7 - 2 "推理与专家系统"结构图

学习内容	学习结果行为指标 （当学生获得这种学习结果时，他们能够）
用专家系统解决问题的基本过程	1. 会使用简单的产生式专家系统软件； 2. 体验用专家系统解决问题的基本过程。
专家系统的基本结构	1. 说出专家系统的组成部分：人机接口、知识库、推理机、动态数据库、解释器； 2. 了解以上各部分的功能。
专家系统的工作原理 ——正向推理	1. 说出推理的含义； 2. 说出专家系统正向推理的含义； 3. 结合实例描述正向推理的基本过程，解释其基本原理。
专家系统的工作原理 ——反向推理	1. 了解专家系统反向推理的含义； 2. 结合实例描述反向推理的基本过程，解释其基本原理。
专家系统的工作原理 ——不精确推理	1. 了解专家系统不精确推理的含义； 2. 结合实例描述常用的不精确推理的基本过程。
专家系统的解释机制	1. 了解专家系统中解释功能的作用； 2. 结合实例说明专家系统的解释机制在专家系统中的作用。
专家系统外壳的概念	1. 了解专家系统外壳的概念和作用； 2. 掌握专家系统外壳的使用方法。
简易的专家系统外壳	1. 描述用一个简易的专家系统外壳开发专家系统的基本步骤； 2. 结合身边的应用实例（如校园植物、动物园动物、交通工具等）构建一个专题知识库； 3. 将知识库填入所选的外壳，构建这个专家系统。

2. 教学重点

（1）专家系统的组成部分及其各部分的功能

该内容是学习专家系统的工作原理的基础，应让学生扎实掌握。

（2）推理机的基本工作原理

推理机是专家系统的"思维"机构，是否理解本部分内容对掌握整个人工智能初步模块有着举足轻重的作用。

推理机最基本的工作方式是正向推理和反向推理，而不精确推理是人工智能中经常碰到的处理不确定信息的推理方式。该部分的教学有利于学生多种思维方式的形成。

3. 教学难点

（1）专家系统的组成部分及其各部分的功能

本部分内容比较抽象，教学时应努力避免教条式的讲解。

（2）专家系统正向推理、反向推理、不精确推理的基本过程和基本工作原理

本部分内容比较抽象，形式化较难，需要教师特别注意。

（3）运用简易的专家系统外壳开发专家系统的基本步骤

通过引导学生实践，培养学生用人工智能方法解决问题的能力，体验人类专家解决复杂问题的思路，培养多种思维方式。借助专用的专家系统的"外壳"或开发工具，让学生在构建小型知识库的层面上参与人工智能的开发与应用实践，即从网上下载简易的专家系统外壳，利用其开发简单的专家系统，让学生通过对这种过程的亲历和体验，掌握开发专家系统的步骤，并利用其他学科知识作为知识库的内容，从而实现熟悉专家系统外壳和整理零碎知识的双重目的。

（三）人工智能语言与问题求解

1. 主要内容及学习目标

"人工智能语言与问题求解"主题实践性较强，主要使学生用人工智能方法来解决现实生活中的一些问题。Prolog 是以一阶谓词逻辑为基础的逻辑程序设计语言，是描述性非常强的一种语言，语句的说明性语义和过程性语义具有统一性，很适合反映人的思维和推理规则，具有模式匹配、回溯、递归、事实数据库等强大功能。Prolog 程序由事实、规则和目标组成，它通过演绎推理求解问题。通过学习，首先，学生能掌握人工智能语言的相关概念，了解其基本数据结构和程序结构，对人工智能语言及其特征形成一定的认识，并能使用一种人工智能语言编写程序求解简单的问题，学生上机调试、执行相应的程序。其次，学生知道用人工智能方法解决问题的实质就是计算机搜索，让学生学会用盲目搜索和启发式搜索等搜索方法求解问题，了解人机博弈的实质，能用搜索技术解决现实生活中的一系列问题。通过对本主题的学习，能使学生初步掌握人工智能技术分析问题、解决问题的思路和方法，初步体验人工智能技术求解策略和处理手段的独特之处。

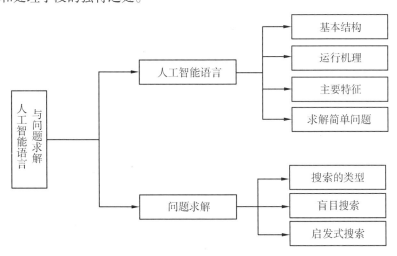

图 7-3 "人工智能语言与问题求解"内容结构图

学习内容	学习结果行为指标 （当学生获得这种学习结果时，他们能够）
人工智能语言的基本结构	1. 了解某种人工智能语言如 Prolog 语言的数据结构和程序结构； 2. 描述该人工智能语言的编程思路； 3. 用该人工智能语言表示简单的问题。
人工智能语言的运行机理	理解该种人工智能语言的匹配、递归等运行机理。
人工智能语言的主要特征	1. 列举人工智能语言的主要特征，如无固定的运行顺序、有强大的递归功能、能自动逻辑推理、数据和程序结构统一等； 2. 描述人工智能语言与其他计算机程序设计语言如 Basic、FoxPro 等的不同。
编写程序求解简单问题	1. 初步使用该语言设计程序求解简单问题； 2. 上机调试、执行相应的程序。
搜索的类型	1. 了解人工智能求解问题的实质是计算机搜索； 2. 用状态空间法表示简单问题； 3. 解释盲目搜索和启发式搜索的基本思路并说明它们的异同。
盲目搜索	1. 理解宽度优先搜索方法并结合实例说明宽度优先搜索的基本过程； 2. 理解深度优先搜索方法并结合实例说明深度优先搜索的基本过程； 3. 了解宽度优先搜索和深度优先搜索的异同和各自的优缺点； 4. 根据实际需要选择合适的搜索方法。
启发式搜索	1. 描述启发式搜索的基本思想及其优点； 2. 能用启发式搜索算法求解一些简单的实际问题，如博弈问题。

2. 教学重点

（1）使用人工智能语言设计程序求解简单问题，并上机调试、执行相应的程序

该部分内容实践性较强，重在培养学生用人工智能方法分析和解决问题的能力。

（2）宽度优先搜索的基本原理和基本方法

需要学生扎实掌握该部分内容，因为对宽度优先搜索的基本算法掌握的好坏，会直接影响后面几种搜索方法的学习。

（3）启发式搜索的基本思想及其优点

启发式搜索的方法是在搜索中加入启发性信息，用以指导搜索，以缩小搜索范围，提高搜索速度。

3. 教学难点

（1）人工智能语言中递归的运行机理

初学者会觉得递归思想比较抽象，较难理解，对大部分学生是个很大的挑战。

（2）使用该语言设计程序求解简单问题，并上机调试、执行相应的程序

该部分要求学生会编写比较简单的程序，并会调试和运行程序。从而解决常见问

题，该操作实践性较强，对没有编程基础的同学有一定的难度。

（3）启发式搜索的基本思想及其优点

通过具体的例子来介绍各算法的实际运用，使学生能灵活运用这些搜索的思想解决实际问题。教师不能局限于表面知识点的介绍，一定要结合现实生活中的具体问题，真正做到理论与实践相结合。

【教学分析】

一、基于问题的教学模式——"问题探索"是核心

"基于问题的教学模式"指基于问题的学习模式，"是把教学/学习置于复杂的、有意义的问题情境中，通过让学生以小组合作的形式共同解决复杂的、实际的或真实的问题，来学习隐含于问题背后的知识，发展解决问题能力的一种教学/学习模式。"该模式有以下特征：以问题为中心组织教学并作为学习的驱动力，把真实的/劣构的问题作为发展学生解决问题能力的手段，学生以小组的形式进行学习，教师作为学生的辅助者和引导者。该模式旨在通过解决问题提高学生的自主学习能力，以小组合作的形式提高学生的人际交往和团队合作能力。

这种模式适用于复杂抽象的知识的学习，使学生在解决实际问题的过程中习得知识。作为"人工智能初步"内容的核心，"人工智能语言与问题求解"的教学重点和难点是人工智能语言中递归的运行机理、设计程序解决简单问题以及启发式搜索的基本思想及其优点。该部分较抽象难懂，但在现实中的应用较多，我们可以借助"基于问题的教学模式"进行教学。

其教学流程可归结为：创设情景、提出问题——组织分工、分析问题、查找资料——探究并解决问题——展示结果、成果汇总——评价、反馈。以"启发式搜索"为例，教学过程如下：

教学过程	教学内容
创设情景、提出问题	学生操作电子词典中的"黑白棋"游戏，并提出问题：该种棋的"制胜法则"是什么？
组织分工、分析问题、查找资料	学生分组，分析问题，并分工从网络上查找相关资料。
探究并解决问题	学生写出在理想状态下，黑白棋走两步后的评价函数。
展示结果、成果汇总	小组讨论相关的问题，例如：（1）"制胜法则"的优劣与评价函数的关系。（2）在博弈搜索中，为什么会产生节点爆炸问题？（3）在人机博弈中，除了采用启发式搜索外，还可以用哪些搜索策略？（4）通过前面的分析，谈谈在人机对弈游戏中所指"棋力"的含义是什么？
评价、反馈	教师对讨论进行总结，学生及时反馈信息。

教学过程中要注意以下问题：提出的问题应该与教学内容相对应，且问题的难度要适中；应依据学生的特点进行异质分组；问题的解答应该是学生共同努力的结果，不应该是少数学生的"功劳"；教师要对学生的讨论进行调控，以免偏题；教师要注意评价的程度，留给学生进一步思考的空间。①

二、操练与练习型课件及其设计

操练与练习型课件是指在学生熟悉了课程内容之后，通过反复地练习而获得知识和技能的一种课件。这种课件能向学生提出问题，并对学生的回答给予相应的反馈。通过适量的操练和练习，帮助学生复习和巩固已学知识或技能，促进学生对知识或技能的掌握。下面以简易专家系统的建造为例进行说明。

为了简化开发难度、缩短开发时间，可以利用专门的工具软件，经过较短时间的设计与设置，开发出相应的教学课件。例如，对一般用户来讲，要独立开发一个专家系统是比较困难的，不仅技术难度高，且费时费力，利用专家系统外壳（Expert System Shell）开发小型专家系统则比较容易实现。目前在因特网上有一些专家系统外壳可供用户使用。例如，InterModeller 软件就是一个用来辅助中学生学习分类概念与技能、开发简单专家系统的工具软件。学习者可以用它来建立各种分类模型，模型一旦建立，就可以像小型专家系统一样运行，与用户进行交互式问答。此外，网站http：//www. expertise2go. com 也为用户提供了在线 PC 产品顾问、饮酒建议、数据分析、汽车故障诊断等专家系统，而且有专家系统外壳供免费下载，用户仅需用记事本修改一下知识库，即可建立自己的专家系统。我们以 InterModeller 为例说明建造简单专家系统的过程。访问网站 http：//www. zcmet. net/AI，下载专家系统外壳 InterModeller，安装到硬盘的某个分区的根目录下，运行 InterModeller. EXE 即可打开或新建一个分类模型或知识库。

设计要点：

（1）使用规则编辑器添加规则。新建一个模型时，可以通过菜单"模型→规则编辑器"向规则库添加规则，也可以使用"IF……THEN……"语句手工添加规则。

（2）运行专家系统，进行交互式咨询。通过菜单"模型→运行"启动专家系统。

（3）通过点击"为何"或"由来"按钮让计算机解答用户的疑问。

任何一种课件开发工具自身都存在优缺点，因此在开发人工智能 CAI 课件时，不必拘泥于专门的人工智能语言或工具软件。只要能完成既定的教学任务，取得良好的教学效果，可以采用任何工具来开发课件。使用较为熟悉的开发工具，有助于减轻学科教师的压力，利用现有的外壳型软件，更是大大降低了课件开发的难度。这对于推广人工智能基础教育无疑具有积极的作用。对于具备熟练开发技能的教师，设计人工智能 CAI 课件时还可以考虑加入人工智能技术。例如，在人机交互课件中可以利用自然语言输入与理解技术来增强课件的"人性"，在个别指导型课件中利用智能代理技

---

① 马超，张义兵，赵庆国. 高中"人工智能初步"教学的三种常用模式［J］. 现代教育技术，2008（8）

术为用户提供帮助，利用智能搜索和筛选技术建造智能型课程答疑系统等。

【反思探究】

一、高中是否应该开设"人工智能初步"课程？

很多教师对人工智能课程开设的目的不明确，不理解，甚至持否定态度。目前，我国高中信息技术师资队伍中，绝大多数人之前没有接触过人工智能。他们在参阅了有关人工智能的资料后，被该学科复杂而难懂的理论所吓退，从心理上产生了对该学科教学的恐惧感。少数在大学接触过人工智能的教师，对于其艰深的知识、枯燥的理论和稀少的几个教学例子比较失望，因此认为人工智能课程不适合在高中设立，或者说开设了也难以讲出什么花样。

信息技术教师不能以对待传统技术课程的眼光来看待人工智能课程，只有以积极和肯定的态度来对待它，才能教好这门课程。人工智能课程更多是强调通过练习和体验人工智能技术的应用，感受人工技术对人类生活的影响，强调一种情感和价值观上的教育，激发学生学习新技术的兴趣和对未来生活的企盼。人工智能技术是当前信息技术应用发展的热点之一，它的研究、应用和发展在一定程度上决定着计算机技术的发展方向。今天，人工智能的不少研究领域如自然语言理解、模式识别、机器学习、数据挖掘、智能检索、机器人技术、人工神经网络等都走在了信息技术的前沿，有许多研究成果已经进入人们的生活、学习和工作中，并对人类的发展产生了重要的影响。西方一些发达国家（例如美国、英国）早已在高中阶段开设人工智能方面的课程。在现代科技竞争日趋激烈的形势下，我国如不发展人工智能技术必然会落后，而要发展人工智能，不可缺少的是要培养所需的人工智能专门人才，这就要在中小学教育中为其培养后备军，培养一支对人工智能感兴趣，有志于探索人工智能技术奥秘的优秀储备军。但是人工智能初步课程不宜大面积展开，其主要的原因是本模块的学习基础要求比较高，对于一般数学学习后进的学生会感觉到比较乏味，学生在学习过程中容易因兴趣不足而掉队。教师在教学中要努力把握好情境的创设与学习进程的引导作用。

二、如何更好地促进人工智能初步的教学？

一些有关于人工智能的科普丛书先后出版，成为中学人工智能教育的参考书籍，例如清华大学出版社出版的《青少年科学教育丛书》中的《人类智慧与人工智能》等；多家出版社组织编写了《人工智能初步》教材，并开发了配套的教辅材料；国内已经开发和建设了不少适合中学生学习与体验的人工智能软件和网络资源……这些都是教师可以获取的有助于人工智能教学的宝贵资源。另外，人工智能教育活动和赛事的举办也为人工智能的教学进步增加了助力，部分发达地区的一些部门、公司、学校早已开展了许多与人工智能教育相关的活动。在我国比较发达的地区，不少条件较好的中小学都开展了机器人教育，少数高中在新课标颁布后开展了人工智能教学实验。

从以上几点看来，目前人工智能初步的教学现状似乎很乐观，但这远远未达到高中人工智能教育的最终目标，我们还需要做进一步的工作。很重要的一点就是构建"大学—中学"共同体，即：大学与中学合作，共同推动人工智能教学的开展。这种做法已被国外的教学实践证明是行之有效的，我国应予以借鉴。我们可以将致力于高中人工智能课程研究和开发的高等院校和部分有条件开设该课程的中学联合起来，一方面，利用高校课程研究人员指导和帮助中学开展人工智能教学，为中学提供必要的技术和资源支持；另一方面，中学的教学实践也可以促使研究人员开展更有效的教学研究。除了构建"大学—中学"共同体，我们还可以将人工智能初步的教学与中小学机器人教育有机结合。目前，一些地区定期开展的各种级别的机器人竞赛大大激发了中小学师生学习机器人知识和技术的热情；国内一些出版社也积极和相关学校、公司合作，加速了课程的开发和推进工作。与当前的机器人教育有机结合，将有力地推动高中人工智能课程的开展。

下 篇

技 能 修 炼

该篇主要针对高中信息技术教学设计、目标把握、教学实施和教学评价等方面进行了专题探讨，每个专题下根据学科特点和当前教学实际设有几个小话题，以案例导入或结合案例的形式阐述教师教学所必需的技能以及形成这些技能的方法和途径等。

专题一：高中信息技术教学设计之分析阶段

教学设计的前期分析包括多个方面，学习需要分析、学习者分析、学习内容分析等，它们决定着教学的总方向，以及教学过程中教学策略、教学模式的选取，教学活动的设计等。做好教学设计的前期分析，是每一位教师上好信息技术课的前提。

【问题提出】

某高中信息技术教研组召开了一次教学设计交流会，各个年级的信息技术教师汇聚一堂，共同探讨如何做好信息技术课的教学设计。王老师作为一名老教师，提出了自己的观点：我们不要把目光只停留在教学设计的过程上，实际上之前的分析阶段也非常重要，没有前期的分析阶段，即使设计得再好，也可能达不到预想的效果。针对这一问题，各位老师展开了探讨交流。但是，一些新入职的教师对于分析阶段的工作仍旧没有头绪，不知道具体应该去做些什么。对此，组长又请王老师具体做了一个报告，王老师主要从以下几个方面进行了阐述：

（1）学习者分析——作为教学对象，学习者具有什么样的学习动机、学习兴趣、学习风格等都是需要教师密切关注的，只有对学习者做出了准确的分析，才能实现最终的教学目的，使学习者获得知识，提升信息素养。

（2）教学目标分析——教学目标是为实现教育目的而提出的一种概括性的总体要求，教学目标设计得是否合理，直接影响到教学是否能沿着预定的方向进行。

（3）教学内容分析——教师能否针对现有的信息技术教材，划分出该教材的内容都包含哪些部分？每个部分又可以由哪些单元来完成？每个单元内容采用什么样的呈现方式？这些问题都要求教师对教学内容具备条理性分析的能力。

（4）教学资源分析——课堂上教师准备使用什么样的教学资源，目前可供信息技术教师使用的教学资源又有哪些？应如何利用各种教学资源改进教学方式？

（5）教学效益分析——没有效益的课堂对学生是没有任何作用的，上课之前，教师首先要考虑什么样的教学才能获得最大的教学效益，如何提高教学效益。

【内容梳理】

凡事预则立，不预则废。没有前期的分析阶段，做出的教学设计是不全面、不完整的，达不到预期的效果。由于篇幅有限，这里我们只选取其中有代表性的几个方面进行探讨：学习者分析、教学内容分析、教学资源分析，最后针对教学效益的分析和大家共同反思探究。

一、学习者分析

学习者分析是教学设计前期的一项分析工作，其目的是了解学习者的学习准备情况及其学习过程中表现出来的一般特征等。为了能设计出对学习者最适合的教学，应尽可能了解学习者各方面的特征。但在实践中，这是很难做到的，因此，在进行学习者状况分析时，重点是了解对教学内容的选择和组织、教学策略的设计、教学媒体的运用以及教学评价的设计等有重要影响的因素，一般包括了解学生的初始能力，以及学生在学习活动中所表现出来的学习动机、学习兴趣、学习风格和学习习惯等。

学习风格包括学习情绪、态度、坚持性以及对学习环境、学习内容等方面的偏爱，是每个学生在学习过程中所表现出来的持续的学习倾向。学生的学习风格会直接影响其学习效果。了解不同的学习风格，有利于教师在教学过程中尊重学生学习中的个体差异，合理地因材施教，从而使教学符合学习者的特点。

学习兴趣是指一个人对学习的一种积极的认识倾向与情绪状态，了解学生的学习兴趣能够使教师更准确地确定教学起点，使教学的设计和实施更能满足学生的学习兴趣和成功体验。

学习习惯是学生在学习情境中，通过反复练习养成的相对稳定的自动化学习模式，良好的学习习惯能提高学生的学习效率，获得良好的学习效果，如学生课上认真做笔记，课下认真复习等；不良的学习习惯则会阻碍学生的学习及发展，如学习无计划、知识点死记硬背、作业拖拉等。这些习惯是学生逐渐养成的，并且无论在什么情况下都会坚持进行的。教师要在学习者分析阶段通过对学生外在行为表现的观察与了解，获取学生不同的学习习惯，并帮助学生克服不良学习习惯，提高学习效率。

下面我们主要重点分析学习者的初始能力和学习动机，并介绍了一种相应的分析方法。

（一）初始能力分析

任何一个学习者在学习时都会把他原来所学的知识和技能带入新的学习过程中，因此，教学系统设计者必须了解学习者原有的知识和技能，我们称之为起点能力水平或初始能力。学生的初始能力是指学生在学习某一特定的学科内容时，已经具备的有关知识与技能的基础，以及他们对这些学习内容的认识和态度。在教学设计的过程中，准确把握学生的初始能力有利于教师确定恰当的教学起点。一般说来，从教师的角度来看，初始能力分析包括下述三方面。

预备技能分析。了解学生是否具备了进行新的学习所必须掌握的知识与技能，这是从事新学习的基础。为了解学习者的预备技能，可先在教学内容分析结果图上设定一个起点，把起点线以下的知识与技能作为预备技能，并以此为依据编写测试题，通过测验了解学习者对这些预备技能的掌握情况。

目标技能分析。了解学生是否已经掌握或部分掌握了教学目标中要求学会的知识与技能。尽管目标能力的预估与先决能力的预估所要评价的行为表现不同，但可同时通过评价知识和技能的预测来完成。

学习态度分析。了解学生对学习是否存在偏爱或误解。学习态度是难以精确衡量的，但可以采用问卷、采访、面试、观察、谈话等多种方法来进行测量。

高

Guo Zhong Shu Yue Jiao Shi Zhuan Ye Neng Li Bi Xiu

中学信息技术教师专业能力必修

另外，学习内容分析与学习者初始能力的分析是密切相关的，若忽视对学习者初始能力的分析，学习内容分析则会脱离实际，或将学习起点确定得过高或过低，使教学脱离大多数学习者的实际情况。

初始能力分析方法：

分析学生的初始能力时，常将目标技能和态度分析合在一起进行。常用的方法是在"一般性了解"的基础上编制测试题，然后进行"预测"。

"一般性了解"，是教师在开始上新课之前，通过分析学生以前学习过的内容、查阅考试成绩或与学生、班主任及其他任课教师谈话等方式，获得学生掌握预备技能和目标技能情况的一种方法。

"预测"是在一般性了解的基础上，通过编制专门的测试题，测定学生掌握预备技能和目标技能情况的一种方法。进行预测的过程是：编写测试题→进行学前测试→分析测试结果。编写测试题时假定一个教学起点，将教学起点以下的知识和技能编制成题目。

一方面，如果测试题中包含测试目标技能的题目，学生就可以从考题中了解到将要学习的内容，这就相当于告诉学生这门课程的学习目标，比较容易引发学生的学习兴趣。另一方面，由于很多目标技能学生还没有掌握，测试成绩一般都比较差，因此教师在测试之前，最好能说明一下测验的目的，以减少测试结果给部分学生带来的消极影响。

预测之后，一定要对测试结果进行分析。如果学生的成绩普遍很好，就说明教学起点定得偏低了；如果学生的成绩很不理想，就表明教学起点偏高。要根据分析的结果，对教学起点进行调整。对于前一种情况，最好把教学起点适当提高以后，再进行一次预测，以得到准确的教学起点；对于后一种情况，则应针对卷面所反映的问题，降低教学起点，并从试卷中找出需要补充的预备技能，这样才能使教学起点真正建立在学生的初始能力之上。

在南京第一中学信息技术课"表格加工"单元教学的案例中，张老师在单元教学设计思路中设计了一份在线问卷，问卷内容包含（1）兴趣、爱好；（2）与课程相关的情况了解、基础知识；（3）本单元教学的重要知识点、技能等三个主要方面。问卷采用 Web 方式，含有单选、多选、下拉选单、单行、多行文本框等多种形式，约 40 个选项，学生提交后在服务器端生成 Excel 文件。

张老师从学生参与网上问卷的填写中获取了许多直接的、有意义的数据，为后面教学埋下伏笔。如问卷的第二部分：11～25 题，主要围绕 Excel 加工工具中的知识点、技能、目的进行，部分内容如下：

14. Word 中的表格与 Excel 中的表格对行（列）数的限制有区别吗？（　　　）

A. 有区别　　　　　B. 没有区别

15. Word 中的表格能像 FrontPage 中将表格应用于页面的布局吗？（　　　）

A. 能　　　　　　　B. 不能

16. Excel 中的复制、粘贴、查找、替换功能可以与其他加工工具类似吗？（　　　）

A. 类似　　　　　　B. 不同

17. Excel 中第 5 行第 4 列单元表格表示为_____

18. 设置单元格格式的目的是什么？举例说明_____

19. Excel 中计算功能（求和、平均数等）你掌握的程度如何？（   ）

A. 很好   B. 较好   C. 一般   D. 不会

20. Excel 中排序功能（升序、降序）你掌握的程度如何？（   ）

A. 很好   B. 较好   C. 一般   D. 不会

21. Excel 中筛选功能你掌握的程度如何？（   ）

A. 很好   B. 较好   C. 一般   D. 不会

22. Excel 能对中文字词排序吗？（   ）

A. 能   B. 不能

张老师设计的这份问卷合理、恰当。不同水平的同学对 Excel 加工工具用法的回顾乃至接触使用都有一个熟悉过程；学生打开相应软件（Excel 等）进行尝试、探索，不但可以重新获取、构建知识信息；为教师教学提供最有效的教学信息；而且实现了学生自我评价，也为教师评价提供了依据。此问卷通过学生的自主活动，使不同水平的学生逐渐适应课程，关照了学生起始水平不同的问题，同时使教师获得了可作为实例进行课堂分析的，来自学生的新鲜而宝贵的数据。

教师对学生的学习起点要有一个正确的把握。学习起点分析"错位"会导致教学迷失方向或偏离重点；学习起点估计过低会使学生重复已懂知识；学习起点估计过高易造成学生无法理解新知识。课堂现场千变万化，在这个动态的过程中，教师还要善于把握学生暴露的新的学习起点，及时调整教学预案，找到新知识教学的切入点，有效完成课堂教学。

（二）学习动机分析

沃尔夫克（Woolfolk，A. E.，2001）说："学习动机不只是涉及学生要学或想学，还涉及更多含义，包括计划、目标导向、对所要学与如何学的任务的反省认知意识、主动寻求新信息、对反馈的清晰知觉、对成就的自豪与满意和不怕失败。"沃尔夫克把学习动机定义为"寻求学习活动的意义并努力从这些活动中获得益处的倾向"。

学习动机主要表现在：学生喜欢学，想学，要求学，好像有一个迫切的学习愿望。如果学生不想学，不喜欢学，没有学习要求，学也是被迫的，就一定学不会。所以有强烈的学习动机，是保证学好的前提，因此，教师在开始教之前，首先考虑的应是如何激发学生的学习动机，让学生自愿接受新知识的学习。

根据学习动机产生的诱因来源，可将学习动机分为内部动机和外部动机。内部动机的诱因来自于学习者本身的内在因素，即学习者对学习活动本身发生兴趣而产生的动机，活动本身能使其得到满足。外部动机的诱因来自于学习者外部的某种因素，如为了得到物质奖励、为了得到老师的肯定等。

Keller（1987）的 ARCS 模型说明了成功学习所必需的各类动机，如下所示：

A（Attention）注意力：对于低年级学生，可以通过卡片、彩色图片、故事等激发其学习兴趣；对于高年级学生，可以通过提出能引起他们思索的问题激发其求知欲。

R（Relevance）关联性：教学目标和教材内容应与学生的需要和生活相贴近，为了提高课程目标的贴切性，可以让学生参与目标制定。

C（Confidence）自信心：为了建立自信心，教学中应提供学生容易获得成功的机会。例如，教师在课堂提问时注意将难易不同的问题分配给不同程度的学生，使他们都能参与问题讨论。

S（Satisfaction）满足感：每节课都应让学生学有所得，让学生从成功中得到满足；对学生学业的进步多做纵向比较，少做横向比较，避免挫折感。

ARCS 动机作用模型

种类和亚类	需要分析的问题
注意力 　A1 唤起感知 　A2 唤起探究 　A3 变化力	教师做什么才能引起学生的兴趣？ 教师怎样才能激发学生求知的欲望？ 教师怎样才能引起学生的注意？
关联性 　R1 目标定向 　R2 动机匹配 　R3 有熟悉感	教师怎样才能更好地满足学生的需要，引起学生的兴趣？（教师知道学生的需要吗？） 教师如何激发学生的责任感？ 教师怎样才能将教学与学生的经验联系在一起？
自信心 　C1 学习需要 　C2 成功的机遇 　C3 个人的控制	教师怎样才能帮助学生产生期望成功的热情？ 学习经历对提高学生树立胜任能力信念的作用？ 学生如何明确他们的成功是建立在努力和能力基础之上的？
满足感 　S1 自然的结果 　S2 积极的结果 　S3 公平	教师怎样才能给学生提供运用新知识和技能的机会？ 什么东西对学生的成功起强化作用？ 教师怎样才能帮助学生对他们自身的成就保持积极的感受？

ARCS 动机模型关注的是如何通过课堂教学设计来调动学生的学习动机问题，目的是使教师通过了解影响学生动机的因素，分析学生的动机状况，确定动机激励的重点和策略，从而提高教学成功的可能性。该模型的主旨是为了激发学生的学习动机。首先要引起学生对一项学习任务或学习目的的注意和兴趣；其次，使学生理解完成这项学习任务与自己密切相关；再次，要使学生觉得自己有能力完成这项学习任务，从而产生自信；最后让学生得到完成学习任务后的满足感。下面就通过注意、关联、自信和满足这四个环节并分别结合案例来具体说明如何激发和维持学习者的学习动机。

1. 创设问题情境，激发学习兴趣

教育家苏霍姆林斯基在《给教师的建议》中说过："所谓课上得有趣，就是说：学生带着一种高涨的、激动的情绪从事学习和思考，对面前展示的真理感到惊奇甚至震惊；学生在学习中意识和感觉到智慧的力量，体验到创造的欢乐，为人的智慧和意志的伟大而感到骄傲。"信息技术老师可以利用计算机的神奇之处，从他们感兴趣的问题着手，让孩子们体验到知识的无穷魅力。在"因特网服务基本类型"的教学案例中，教师从学生喜爱和熟悉的事物（如：QQ 聊天、网络游戏）切入，并及时和学生学习生活中的热门事件相联系，使学生的兴趣由简单的网络应用逐步引向对因特网服务的类型和特点的总结和归纳。

师：同学们，你们上网最喜欢做的事是什么？

生：玩游戏、QQ 聊天……

师：除了这些，在网上还可以进行哪些活动呢？

生（教师引导）：收发电子邮件、BBS 论坛发帖、软件下载、信息搜索……

师：因特网为我们提供了众多的服务类型，下面我们一起将这些服务归类。

学生分组讨论并交流：

（1）从因特网的服务功能看，我们熟悉的因特网的各种应用可以从哪些方面进行归类（从通讯类、信息类、检索类、娱乐类方面归类）……

（2）这些服务类型各有什么特征……

在上述案例中，学生说出自己最喜欢在网上进行的活动，教师及时进行适当引导，然后让学生从通讯类、信息类、检索类、娱乐类等方面对因特网服务进行归类，再总结出具体任务，最后让学生使用因特网提供的基本类型服务，并说出其基本特征。整个活动都在学生的兴趣中进行，学生既觉得愉快，也学到了知识。

2. 提高相关性，产生学习需要

教学经验表明：如果教师在教学过程中能够将学生的兴趣或他们以前学习的知识或某种利益跟教学活动联系起来，就能提高学生的学习动机。教师要搭建一个脚手架，将教学内容与学生已有经验联系在一起，让学生感觉到自己所学的知识在现实生活中是常见的，是与自己的生活息息相关的，而不是空洞的知识。

在"利用计算机解决问题的过程"教学设计中，老师可以借助高一学生正在学习函数图像知识为背景，用计算机演示如何画出学生熟悉的 $y = x^2$ 函数图像，并提出如何利用计算机画各种函数图像的问题。该问题从学生已有的知识和人工画图经验出发，引导学生理解计算机画图的过程，唤起学生的求知欲望和学习兴趣。

另外，教师还可以将学生的兴趣点跟教学活动联系起来。例如，在班级中有的学生特别喜欢美术而对信息技术不感兴趣。作为信息技术教师就可以从学生所喜欢的美术下手，鼓励学生去参加电脑绘画俱乐部。一开始学生可能只是在纸上画画，随着时间的推移，学生就会慢慢地转移到用电脑绘画软件创作作品。最终，学生会对信息技术课产生浓厚的兴趣。

3. 树立自信心，改善自我效能

教学者需要让学习者了解能力是个人发展中的一个可变因素，通过经常地体验成功使个体形成对自我能力的积极概念。在课堂上教师要多给学生创造成功的机会，让学生多参加到知识的建构过程中去，如对适当水平的学生提出相应水平的问题，增强学生对自己能力的认可，自我效能感的强化有助于建立更高阶层的自信心。

刘某是某一班级的班长，各科成绩都非常优秀，对信息技术知识和技能的掌握也是屈指可数的。但在一次信息技术奥林匹克的比赛中被淘汰了，从此以后，他上信息技术课时便没有了往日的劲头，学习兴趣也没有原来高了。当王老师发现这个情况以后，便鼓励他说："以前老师也参加过奥赛，结果只得了50分，今天你离通过只不过是差了几分。每一个人都有受到挫折的时候，我们应该积极地面对，而不是退缩、回避，或被挫折压倒。当你面对挫折的时候，想一想张海迪，她虽然高位截瘫，但她并没有因此而退缩，而是积极地面对自己的人生，克服了重重困难，自强不息，终于走向了成功。那么，为什么我们不能向张海迪一样做一个坚强的人呢？"这段话触动了刘某，使他重获了信心！

作为教师，我们应从积极的方面引导学生正确地对待困难，使他们认识到困难和挫折是生活的一部分，也要为学生创设各种展示和锻炼自己才能的机会，帮助他们建立"我能行"的信念。要让每一个学生都知道：人生成功的秘诀，就是当你失败的时候要再去尝试，尝试得越多，成功的概率就越大，要做一个自信、自强的人！

4. 给予评价与奖励，获得满足感

学生的满足感可以来自多方面，如教师的表扬、同学的认可、家长的鼓励和表扬等，而教师要创造条件让学生意识到自己的这种满足感来自于自己对知识的掌握和理解，让学生意识到信息技术很有用，可以解决很多生活中常见的小事情，从而激励学生更加有兴趣地去学，加强他们的学习动机。

《奥运网页修饰》一课是让学生在上节课制作的网页的基础上，插入水平线，以及添加滚动字幕，为网页背景进行设置。在教学过程中，我发现有的学生制作的网页背景过于厚重，颜色也比较深，或者有的同学选择的图片与"奥运"主题无关，如何才能让学生明白呢？此时，我看见了一位同学选用的背景与网页的搭配十分协调，不仅与奥运的主题相符，而且颜色也不花俏。我当即向全班同学演示了这位同学的作品，并提问：

"你们觉得他的作品背景如何？"

生回答："十分美观，也不让人觉得眼花缭乱。"

"那么，再看看他网页中的图片呢？"我试着抛出我的"砖"。

生回答："用的是奥运冠军的图片。"

"和你的作品再比较一下呢？你觉得哪个会更吸引人呢？为什么？"

生回答："应该是××同学的。因为他的作品让人一看就知道是奥运主题，加上福娃的背景，非常赏心悦目。"

终于，引出了学生的"玉"，这就是我想要的。在轻松的氛围中，孩子的动手能力、欣赏能力都得到了提高。于是，我聘请他担任小老师，来帮助有困难的同学，并奖励给他一颗★，这样，同学们寻求帮助的机会多了，作品也更加美观。而担任小老师的同学，也更加自信、勇敢。对于作品完成较好的同学，都可以得到一颗★。这样，孩子的积极性也被调动起来。

坚持鼓励和诱导相结合，排除学生学习中各种心理障碍，克服畏难情绪，创设和谐的学习氛围，是保持学生学习兴趣的有效手段。用★作为奖励制度，并聘请掌握较好的同学当"小老师"，既可减轻教师逐个辅导学生的压力，也使"小老师"得到了锻炼，提高了他们分析、解决问题的能力，同时克服了部分学生害怕问老师问题而举步不前的现象。教师采用各种方法展开评价，师生共同参与评价，从而促进学生进步，激发学习动机。

以上，我们从学生初始能力的分析和学习动机的激发与维持两个维度对学习者进行了分析，使用到了问卷调查法和 ARCS 动机模型。此外，针对学习者的其他特征还有一些比较常用的分析方法，如观察法、座谈法等。观察法是在课内观察学生听课、提问、回答问题等的表现，课外观察他们作业完成情况及测验考试情况，以及不同学生对待奖赏与责备、表扬与批评的不同态度，并针对观察到的现象进行记录，阶段性地进行分析和小结，从而发现不同学生的学习兴趣、学习习惯、学习动机的类型等。座谈法是教师定期或不定期地找同学进行座谈，依据学生的学习态度、兴趣、动机等展开谈话。学生是学习的主体、教师的教学对象，只有对学生完成了全面、到位的分析，才能保证一堂课的成功，使学生获得良好的学习效果。

二、教学内容分析

教学内容是指为实现教学目标，要求学习者系统学习的知识、技能和行为经验的总和。对教学内容进行分析是为了了解教学内容的范围、深度及教学内容各部分的联系，主要回答教师"教什么"和"如何教"的问题。在教学内容分析过程中，教师应主要完成三大任务：安排确定单元教学的内容，分析单元教学内容的类别，不同类别的单元教学内分别适合采用何种分析方法。

（一）教学内容的确定

教学内容的确定主要包括教学内容的选择、划分、单元顺序的安排、单元目标的确定以及对以上工作的初步评价，在此我们分三个方面进行具体分析。

1. 划分教学内容，安排单元顺序

教学内容的划分是对已选定的教学任务进行组织编排，使它具有一定的系统性或整体性。在各级学校中，各门课程的教学内容都是预先选定的。而中学大都使用统编教材，所以教师只需对选定的教学内容进行分析、研究和划分。下图是一般教学内容的结构体系图。

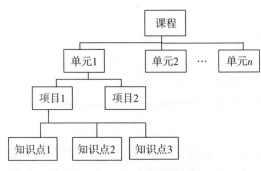

图 1 - 1　教学内容结构体系图

一般课程都分成几个单元，每个单元由几章组成，每章下面是项目，即我们通常说的"课"或"节"，每节下面是各个知识点，包括概念、技能等。在一门课程中，教学内容各个部分之间存在一定的逻辑关系。各单元学习内容之间的联系一般有三种类型：一是并列型结构，即各个组成部分（单元）相对独立，在顺序上可互换位置；二是顺序型结构，即上一个单元的学习构成下一个单元的基础，这类结构在序列上极为固定、严密；三是综合型结构，各部分教学内容的联系呈综合性，兼有并列型和顺序型的特点。具体见图1-2。

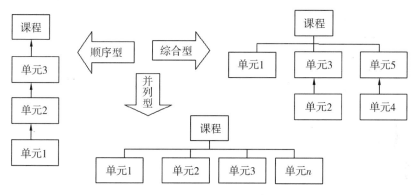

图1-2　教学内容逻辑关系

我们以普通高中信息技术课程必修模块的"信息技术基础"为例，根据课程总目标的要求，可以将该课程细化为两个并列型单元的内容：信息处理与交流和信息技术与社会。其中信息处理与交流又可分为顺序型内容（信息获取、加工、表达、资源管理）。具体教学内容安排如下：

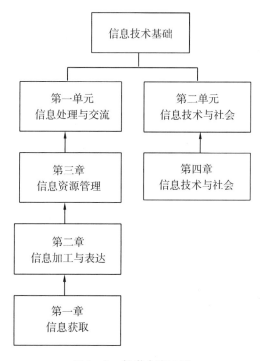

图1-3　教学内容安排

单元实质上反映了课程编制者或教师对一门学科结构总的看法，以及在此基础上对这种结构按教学要求所作的分解和逻辑安排。单元教学的目的就是让学生掌握每个单元内部的知识点、构建单元知识结构，挖掘各单元之间存在的逻辑联系以及方法的异同等。

在具体教学中，教师可以采用按知识点逻辑关系划分单元和按解决问题的方法来划分单元。前者可以与教材的编排顺序相对应，由相互联系的知识点构成的单元称为小单元，由相互关联的某些知识点构成的相对完整的知识块称为中单元，根据知识的不同属性划分的相对完整的综合性知识块称为大单元；后者是指在教学中可以把解决方法相同的内容划为一个单元，尤其是在复习课中，这种以方法为单元的教学是非常必要的。教师应结合本班学生的学习实际和教学内容的本质联系，有目的地调整教学内容、顺序，促进学生认知结构的建立和完善。

2. 确定单元目标

当教学内容纲要大致确定和组织好之后，要为每个单元编写相应的教学目标。单元目标是对单元教学结果（即期望学生在完成单元学习后所发生的变化或所达到的行为状态）所作的规定。以选修模块二"多媒体技术运用"中"多媒体技术与社会生活"的单元目标为例：

（1）能够说出多媒体技术的现状与发展趋势，关注多媒体技术对人们的学习、工作、生活的影响。

（2）通过调查和案例分析，了解多媒体在技术数字化信息环境中的普遍性。

（3）通过网络浏览、使用多媒体软件或阅读相关资料，体验和认识利用多媒体技术呈现信息、交流思想的生动性和有效性。

（4）体验并了解多媒体作品的集成性、交互性等特征。

单元目标是课程目标的子目标。编写单元目标就是将课程目标分解为一系列较具体的子目标。在教学过程中，只有逐个达到单元目标，才能最后实现课程的总目标。由于单元目标体现该单元总的教学意图，所以在表述上较概括、扼要。

3. 初步评价

划分教学内容，确定单元目标之后，要对其作出初步评价，主要从以下几个方面进行：

（1）教材中的教学内容是否为实现课程目标所必须存在的内容？还需补充或删除什么？对其划分是否合适？

（2）各单元的顺序排列与有关科学逻辑结构的关系如何？是否符合学生的心理发展、教学的实际情况？

（3）学习者已掌握了哪些内容？教学从哪里开始？

（4）单元目标完成后是否可以达到课程总目标的标准？

在评价过程中，教师要积极向有关学科专家、有实际教学经验的教师、有关行业专家和学生代表等认真请教。初步评价的工作不仅有助于避免在无关内容上花费时间与精力，更重要的是可使整个教学系统保持一致，保证教学顺利开展，达到应有的效果。

（二）教学内容的类别

完成单元教学内容的确定工作后，由于不同类型的教学内容需运用不同的内容分析方法，所以能够准确地对内容的类别和性质作出基本判断是很重要的，教师需要判断各单元教学内容的基本类别。一般我们把教学内容分为三大类：认知学习类、动作技能学习类和态度学习类。

1. 认知学习类

认知学习是对言语信息、智力技能和认知策略的学习，其主要特点是知识的获得与应用。加涅就把认知学习分为言语信息、智力技能和认知策略三类。

（1）言语信息

言语信息是指学习者通过学习以后，能记忆诸如事物的名称、符号、定义、对事物的描述等具体事实，能够在需要时将这些事实表述出来。判断学生是否获得信息，主要看他们是否能把所获得的信息表述出来。

（2）智力技能

智力技能指学习者获得了使用符号与环境相互作用的能力。加涅认为，智力技能并不是单一形式，它有层次性，由简单到复杂，包括四层次：辨别、概念、规则、高级规则。

（3）认知策略

认知策略是学习者用来调节他自己内部注意、学习、记忆与思维过程的能力。

认知学习分类	范例
言语信息	叙述计算机病毒的一般特征
智力技能	
辨　别	分清什么是信息，什么是信息的载体
概　念	区分程序设计中的常量和变量
规　则	给定两个数，编写程序求出其中较大的数
高级规则	提出一个解决信息安全问题的新方法
认知策略	

比较分析认知学习的三个方面，可以看到，在感知基础上通过记忆，学生获得大量的言语信息，是较简单的认知学习；在此基础上，通过思维，获得有关外部事物的概念、规则和高级规则，并将这些应用于实践，解决实际问题，这是比较复杂的认知学习；在上述学习的同时，学会如何学习、如何思维，学会如何控制自己的学习与认知知识过程，这是更高级的认知学习。这里要注意的是，虽然智力技能中各项是相互依存的，但是并不是所有学习层级中概念或各项规则之间的关系都十分严格。因此，教师在具体应用时要根据学科内容特点作具体分析。

2. 动作技能学习类

动作技能是一种需要通过学习才能获得的能力，表现在迅速、精确、流畅和娴熟的身体运动之中。它包括两个部分：描述如何进行运作的规则和因练习和反馈而逐渐变得精确和连贯的实际肌肉运动。动作技能的学习，需要从领会动作要领和掌握局部动作开始，到建立动作连锁，最后达到自动化即熟练的程度。

虽然动作技能并不是学校课程中引人注目的一个部分，但是各种类型动作技能的学习，却在各学科教育中发挥了重要的基础性作用。分析动作技能学习类内容时，教师可以先阅读一些相关资料，观察专家（技术人员、运动员、艺术家等）完成任务的完整过程，然后对其进行现场采访，最后进行模拟，最好能够亲自将有关的教学内容动手操作一次。

3. 态度学习类

态度是通过学习形成的影响个体行为选择的内部状态。态度学习由三个部分组成，即认知成分、情感成分和行为倾向成分。我们以要学生习得"信息安全"的态度为例具体阐释。

态度的认知成分是指个体对态度对象所具有的带有评价意义的观念和信念，即让学生了解到信息安全的威胁来自哪些方面，如软件漏洞、操作失误、病毒入侵、黑客攻击、计算机犯罪等，它们会带来什么样的后果。态度学习的情感成分就是伴随态度的认知成分而产生的情绪或情感，即对信息安全的欲望和要求。态度学习的行为倾向成分是指需要去运用态度，去从事行为，即学生养成安全的信息活动习惯，实际上就是使信息安全的态度内化。

教学设计实践中，一般从两方面分析态度教学内容：一是当学习者形成或改变态度后应做什么；二是对学习者为什么要培养这种态度，即要求学生了解培养某特定态度的意义。态度教学内容的分析可从认知学习内容和动作技能教学内容的分析着手。

（三）教学内容分析方法

分析教学内容的基本方法有归类分析法、层级分析法、信息加工分析法（程序分析法）、解释结构模型法（ISM 分析法）、图解分析法和使用卡片法等。除了这几种方法外，教学内容还可以用概念图和思维导图的形式来表示。基本方法详见下表。

教学内容分析方法

分类	适用范围	分析方法	表达方式
归类分析法	主要用于言语信息类学习内容，言语信息本身不存在逻辑层级或程序，所以，只需要直接对达成目标所需的信息进行分析	首先确定信息的主要类别，再把需要学习的知识归纳成若干方面，从而确定教学内容的范围	组合或组成图示（分层，或分簇），或者列提纲
层级分析法	是用来揭示教学目标所要求掌握的从属技能的一种内容分析方法，是一个逆分析的过程	从已确定的教学目标开始考虑，要求学习者获得教学目标规定的能力，他们必须具备哪些次一级的从属能力？而要培养这些从属能力，又需要具备哪些再次一级的从属能力？依次类推	层级依赖关系图示

高
中信息技术教师专业能力必修
Gao Zhong Shu Xue Jiao Shi Zhuan Ye Neng Li Bi Xiu

分类	适用范围	分析方法	表达方式
程序分析法	需要将教学目标要求的心理过程揭示出来。这种心理操作过程及其所涉及的能力构成了教学内容	按照信息加工的步骤,写出每步要做的事情,包括内隐的心理操作过程和外显的动作技能的操作过程	过程图示或步骤罗列
ISM分析法	用于分析和揭示复杂关系结构的有效方法。它可将系统中各要素之间的复杂、零乱关系分解成清晰的多级递阶的结构形式	包括以下三个操作步骤:(1)抽取知识元素,确定教学子目标;(2)确定各个子目标之间的直接关系,做出目标矩阵;(3)利用目标矩阵求出教学目标形成关系图	关系图和矩阵
图解分析法	图解分析法是一种用直观形式揭示教学内容要素及其相互联系的内容分析方法,用于对认知教学内容的分析	用一套图表或符号简明扼要、提纲挈领地从内容和逻辑上高度概括教学内容	带箭头的线段及简洁的数字、符号等
使用卡片的方法	教学内容很繁杂,有必要对分析结果进行修改,补充或删除一些内容及需要调整各项内容之间的联系	将教学目标和各项内容要点分别写在各张卡片上,对它们的关系进行安排,经讨论修改后,再转抄到纸上	卡片和展示板,创建一套专用符号

下面我们以3种常用的分析方法为例具体阐释。

1. 归类分析法

以必修模块第四章"信息技术与社会"为例分析:

单元目标内容标准:探讨信息技术对社会发展、科技进步以及个人生活和学习的影响。能利用现代信息交流渠道广泛地开展合作,解决学习和生活中的问题。增强自觉遵守与信息活动相关的法律法规的意识,负责任地参与信息实践。在使用因特网的过程中,认识网络使用规范和有关伦理道德的基本内涵;能够识别并抵制不良信息;树立网络交流中的安全意识。树立信息安全意识,学会病毒防范、信息保护的基本方法;了解计算机犯罪的危害性,养成安全的信息活动习惯。了解信息技术可能带来的不利于身心健康的因素,养成健康使用信息技术的习惯。

把单元目标的教学内容进行分类:信息技术的影响、信息安全、计算机病毒、计算机犯罪。建立有意义的知识结构,并把内容要素按一定的顺序排列,使每个部分从不同方面进行细化。这样我们可以很直观地了解本单元内容,有助于我们推敲和修改。详见图1-4:

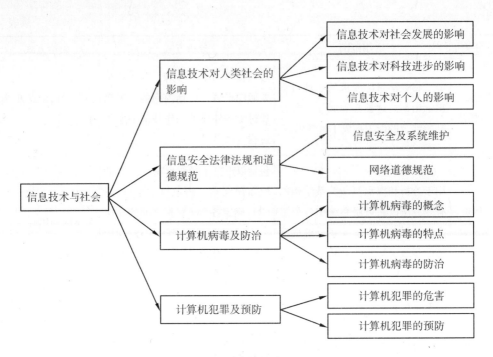

图 1-4 "信息技术与社会"归类分析

2. 层级分析法

以必修模块第三章中的"表格数据的加工和处理"为例：

教学目标：掌握表格处理软件 Excel 图表的使用；能够根据任务需求，熟练使用表格处理软件加工信息，表达意图；利用图表呈现分析结果。

"利用图表呈现分析结果"是这部分的重点和难点，学生要想掌握这一点，必须学会将表格数据转换为图表，因此必须先掌握图表的一些性质。这里利用层级分析法将达成教学目标的从属能力层层排列出来，以便明确全部所要教学的内容，使每个教学要求都建立在前序内容获得的基础上。详见图 1-5：

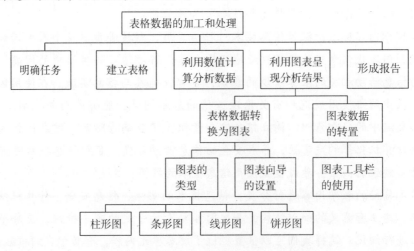

图 1-5 "表格数据的加工和处理"层级分析

高

Gao Zhong Shu Xue Jiao Shi Zhuan Ye Neng Li Bi Xiu

中信息技术教师专业能力必修

3. 信息加工分析法（程序分析法）

程序分析法的表达方式有两种，过程图示法和步骤罗列法。下面我们以选修模块二"算法与程序设计"的两个案例分别来阐释这两种表达方式。

（1）过程图示——以"利用计算机解决问题的基本过程"为例：

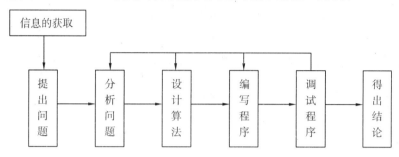

图1-6 "利用计算机解决问题的基本过程"信息加工分析

（2）步骤罗列——以"排序算法"为例：

第1步：数据存储设计：设数组 $a(n)$ 存放 n 个数，类型为实型；变量 t 用于数据交换时的过渡变量，类型为实型；变量 k 用于记录最小数所在的位置，类型为整型；变量 i、j 用于循环变量，类型为整型；

第2步：设计循环 i 从 1 到 $n-1$；

第3步：最小值初始位置 $k=i$；

第4步：设计循环 j 从 $i+1$ 到 n；

第5步：若 $a(j) < a(k)$，则最小位置 $k=j$；

第6步：继续 j 循环；

第7步：当 j 循环结束，则交换 $a(i)$ 与 $a(k)$ 的内容；

第8步：继续 i 循环；

第9步：输出排序后的数组 a 的内容。

综上，不同的教学内容分析方法适用于不同类型的教学内容，教师在选择和组织教学内容的时候，要克服随意性或盲目性，采用一些具体的、有效的分析方法。

三、教学资源分析

信息高速传播的时代，教学资源无论从其内容数量、媒体种类还是从其存储、传递和提取信息的方式都发生着很大的变化，尤其是学习资源的可获得性和交互性的急速增长更对现行教育体制和教学模式产生了震撼性的影响。如此之多的教学资源，对于新时期的教师提出了严峻的考验，他们能否得心应手地利用这些资源服务于教学？使用过程中可能会遇到哪些问题？如何才能提高教学资源库在教育中应用的有效性？下面我们从高中信息技术教师入手进行具体分析。

（一）教学资源概述

AECT'77 定义曾经把教学资源分为两大类：设计的资源和利用的资源。AECT'94 定义对教学资源的界定有所修改，主要包括教学材料、教学环境及教学支持系统。

教学资源作为学习与教学活动中必不可少的组成部分日益受到教师们的关注。本文对教学资源的界定主要是指为教和学设计出来的、支持教师的教（备课、上课、自身发展）和学生的学（课上和课下）的软件资源，不涉及硬件设施、教学环境和人力资源。

教育信息化技术标准中所面向的资源主要包括以下几类。

（1）媒体素材

媒体素材是传播教学信息的基本材料单元，可分为五大类：文本类素材、图形/图像类素材、音频类素材、视频类素材、动画类素材。

常见媒体素材类型	特点	适用于哪类教学内容
文本	主要指在计算机屏幕上呈现的文字内容，它是准确、有效地传播教学信息的重要媒体元素	适用于多媒体课件中概念、定义、原理的阐述，问题的表述等
图形/图像	是学习者最容易接受的信息，一幅图画可以形象、生动、直观地表示出大量的信息。能帮助学生分析、理解教材，解释概念或现象	各种几何图形，形状不复杂、颜色不丰富的事物基本上都选择图形来表征；如：界面、背景、各种插图等信息
音频	包括音乐、语音和各种音响效果，属于过程性信息，有利于限定和解释画面。此外，在教学中利用音频传递教学信息，是调动学生使用听觉接受知识的必要前提，但在课堂教学中因其数据量较大，较难获取	主要用于语言解说、背景音乐和效果音等
视频	借助计算机对多媒体的控制能力，可以实现视频的播放、暂停、快速播放、反序播放、单帧播放等功能。通常情况下，在呈现事物图像的时候，同时伴有解说效果或背景音乐	视频适宜呈现一些学习者感觉比较陌生的事物。
动画	是对事物运动、变化过程的模拟，可以用来模拟事物变化过程。它可以提供静态图形缺少的运动景象，经过创造设计的动画更加生动、有趣	在某些课上，利用动画所表现出来的事物比视频效果更好，有更好的针对性

（2）试题

测试中使用的问题、选项、正确答案、得分点和输出结果等的集合。

（3）试卷

试卷是用于进行多种类型测试的典型成套试题。

高中信息技术教师专业能力必修

Guo Zhong Xin Xi Ji Shu Jiao Shi Zhuan Ye Neng Li Bi Xiu

（4）课件

课件是对一个或几个知识点实施相对完整教学的用于教育、教学的软件，根据运行平台可分为网络版的课件和单机运行的课件。网络版的课件需要能在标准浏览器中运行，并且能通过网络教学环境被大家共享，单机运行的课件可通过网络下载后在本地计算机上运行。

（5）案例

案例是指由各种媒体元素组合表现的有现实指导意义和教学意义的代表性事件或现象。

（6）文献资料

文献资料是指有关教育方面的政策、法规、条例、规章制度，对重大事件的记录、重要文章、书籍等。

（7）网络课程

网络课程是通过网络表现的某门学科的教学内容及实施的教学活动的总和，它包括两个组成部分：按一定的教学目标、教学策略组织起来的教学内容和网络教学支撑环境。

（二）课堂教学资源使用分析

在一项针对教师对教学资源需求的调查与分析中发现，教师在课堂教学中最常用的多媒体教学手段是投影和电脑，很少使用网络技术；教师使用的课件大多为原始素材的堆积，常常不能体现新课程理念，不利于改变学生学习方式。这些问题的存在，充分表明目前教师对教育教学的资源利用率不高。下面的实例分析给出了信息技术教师可以使用的教学资源，同时可以很好地帮助教师理解如何将各种教学资源有效地应用于课堂教学中。

1. 会用以往学生作品

在《信息集成》——如何通过网页进行信息集成课堂上，王老师问："同学们对上网感兴趣吧！想不想让更多的人认识你？有什么方法呢？"学生七嘴八舌讨论起来：QQ 聊天、博客空间、BBS、个人网站等。有学生提议："做个人网站！"。王老师将事先准备好的本校历年来参加江苏省信息学奥林匹克网页制作的学生作品，展示给学生看。学生立即产生了浓厚的兴趣，在欣赏作品的过程中，学生和老师共同对作品进行点评，提出优点、指出不足。王老师在上这堂课之前，想到了利用学生参加奥林匹克网页制作的学生作品，将它作为课堂的教学资源，带动了学生学习兴趣，高效地完成了一堂课的教学。

以往学生的作品，如课堂上学生制作的作品或者学生的参赛作品等都可以作为教师新课堂的教学资源，好的作品可供学生学习，不好的作品可以让同学们分析并改进。总之，该项教学资源的利用，改变了上课只用课本的枯燥无味的教学，对教师提高课堂教学效果非常有用。

2. 善用信息技术专题网站

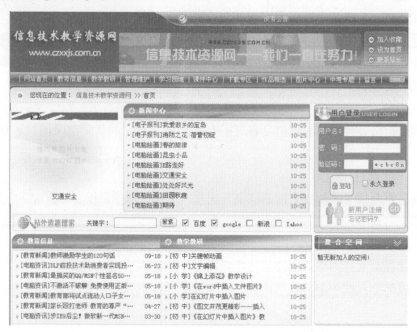

多媒体教学资源库建设的出发点与落脚点是能很好地服务于课程教学，教师在教学准备过程中，可以通过自己的电脑，登录到资源库，搜集相关的资源，直接使用或拿来制作自己的多媒体课件等。

像这样的信息技术教学资源网有很多，它一般包含以下内容资源。

（1）层次性知识结构库。将信息技术课的内容分为不同层次（高中、初中、小学），各个层次的内容分为若干模块单元，模块单元之间通过超文本链接构成网状结构的知识体系。

（2）网络课件库。教师从此库中可以选取适合自己教学内容的资源，如信息课件、课程教程、学生作品等，通过改变或者学习促进课堂教学。

（3）教学素材库。存储了该课程的各种教学素材，如文本、图形、图像、音频、动画素材等，或是相关技能操作的演示或某个完整的教学程序。

3. 巧用学生生成性资源

课堂教学是一个开放系统，信息技术课堂的精彩来源于思维的碰撞，教学的推进不能只靠教师一个人的力量，学生的行为也会影响教学活动的开展。新课程背景下，教学过程是推荐的、生成的。如何有效促成、利用生成性资源，这是新课程的追求所在，也是新课程的魅力所在，更是新课程的艰难所在。

巧预设，等待生成——信息技术教师对教材的解读、对教学目标和教学过程的设计、对学生原有知识结构的预测、对课堂教学走向的预设以及良好教学情境的引入，都可使学生及早产生积极的参与情绪，学生在高度兴奋状态下产生的奇思妙想就可成为活跃课堂气氛、引发教师授课灵感的生成性资源。

妙引导，改善生成——作为教师要有强烈的资源意识，分析利弊，扩大有利资源，

高
中信息技术教师专业能力必修
Gao Zhong Xin Xi Ji Shu Jiao Shi Zhuan Ye Neng Li Bi Xiu

消除不利资源，促进教学活动。

善反思，孕育生成——信息技术教师的每堂课均是自己下次课的教学资源，课后回顾自己的教学过程，记录下生成环境（教师的问，学生的答）、处理方法（教师的引导）、教学效果如何等，形成反思记录袋，随时补充、更新，最终使教师每天进行的教学实践都成为研究性的改革实践。

金老师在教授必修内容第五章《电子邮件》第二小节"学习邮件的发送"时，让学生先申请一个电子邮件，然后给自己的好友发送一个带有附件的邮件。

生甲：老师，我的操作步骤一点没错，发送一个 Word 文档附件可以发送成功，可是发送歌曲"隐形的翅膀"就发送不成功，好像要死机了，这是怎么回事？

生乙：不对，我的歌曲能发送成功。

金老师马上查看了这两个学生的音频文件，一个学生的附件是"隐性的翅膀.wav"，另一学生的附件是"隐性的翅膀.mp3"。

金老师问学生：这两个音频文件有什么不一样吗？

同学们马上查看、讨论。

生丙：老师，它们的容量不一样。"隐形的翅膀.wav"是 40MB，"隐形的翅膀.mp3"是 5MB。

师：对呀，电子邮件每次发送的附件是 15MB 左右。

生：哦……

师：同学们你们说怎么办？

这时，学生都在思考了……不一会儿，就有同学说，不用邮件发送，用 QQ 吧。

生丁：老师，能不能把"隐形的翅膀.wav"转换成"隐形的翅膀.mp3"？

师：可以，这个是下学期选修内容，不过今天老师让大家简单学学其中一种声音转换器 Goldwave……

该教学片段里金老师巧用学生的疑问自然生成资源，通过"不同的学生发送类似的内容出现不同的结果"引出疑问，从而指引学生自己去探究文件的不同之处，接着讨论解决问题的办法，同学们的学习积极性自此被调起，思维的碰撞得出不同的问题解决办法，最后金老师顺着学生的思路，简单介绍声音转换器。这是一堂很好的利用学生生成性资源的课堂实例，当然，学生的错误、发现等同样可以作为资源生成的"导火索"，只要信息技术教师善于发现，善于引导，这些都会是可供利用的极好资源。

【反思探究】

谈论教育教学时，"教学效益"越来越受到人们的关注。从经济学理论来讲，对效益最简单的解释就是投入和产出比。在投入提高时可以提高产出，如果能在投入不变甚至投入减少的情况下提高产出，就达到了提高效率的目的。我们可以从时间、财力、物力、认知活动、情绪情感等多方面的投入来认真分析我们的课堂教学。有人说："课堂效益载体是课堂，途径是课改，方向是效益，操纵是教师"。可见教师在提高课堂效益方面是关键人物，因此在这里我们探讨一下教师的投入方面，希望对教师们有些许启发。

教师的投入主要有教师的教育教学能力，教学的时间、内容和方式的安排，以及教师的情绪、情感状态，下面这些对于我们的产出都有直接性和决定性的影响。以其中两点为例，进行具体分析。

一、巧妙选择教学方式

《江南时报》曾报道：有关部门对 10 省市 1.4 万名学生进行调查，结果令人震惊："86％的学生不喜欢自己老师的教课方式！"一项大规模的教育心理学研究发现，不同的教学方式产生的教学效率是大不相同的。

学生对所教内容记住的平均率为：		教师采用的教学方式的比率：	
教学方式	记住率	教学方式	采用率
教师讲授	5％	教师讲授	95％
学生阅读	10％	学生阅读	80％
视听并用	20％	视听并用	70％
教师演示	30％	教师演示	65％
学生讨论	50％	学生讨论	45％
学生实践	70％	学生实践	20％
学生教别人	95％	学生教别人	5％

高一学生刚开始对《信息技术》怀着一种好奇心，很感兴趣。但随着教学内容的不断深入，有的内容需记忆，且枯燥无味，难度增大，学生的学习兴趣慢慢就降下来了。此时教师就不能完全沿袭传统的教学方式，应该有自己的特色，这样才能激发学生的学习兴趣，达到良好的教学效果。以下简要介绍几种策略。

首先，教师要敢于打破原有的教材结构，让悬念激发学习兴趣。高一学生一般对信息技术非常感兴趣，很想学。因此，可以考虑首先让学生学习高中课程的网络基础及因特网的应用，每当学生通过应用信息技术实现了自己的想法，他们就会产生强烈的成就感，这时再教"信息技术基础知识"，学生不会感到反感，反而加深了对知识的理解。

其次，示范教学与实践操作结合，主要用于操作性较强的教学内容教学。一般教师演示完后学生就有跃跃欲试的欲望，这时最好马上让学生自己操作，使学习的内容立即得到巩固。学生做完之后可以当众演示，这样对演示的同学才有鼓舞作用，对其他的学生也有激励作用。先做完的同学也可以当"小老师"来帮助基础较差的同学，彼此交流和讨论。

另外，采用任务驱动法开展教学。任务驱动法多用于信息技术操作方面的教学内容，围绕任务开展学习，以任务的完成结果检验和总结学习效果，其核心在于任务的确定。这里的任务设计可采用两种策略：分层次设计任务和分课型设计任务。第一种策略把任务分为基础层、提高层、能力创新层，能力创新层也可再分高级、中级、初级，不同程度的学生选择适合自己的任务。第二种策略是把课分为知识技能课、复习巩固课、实践探究课、作品评价课、作品欣赏课等，然后再布置相应的任务。任务的形式可以丰富多样，如"小试牛刀"、"大显身手"、"无敌大闯关"等多个环节，激发学生兴趣的同时完成了教学任务，提高了课堂效益。

最后，要适度使用多媒体。当用多媒体来展示教学内容时，可节省课堂教学时间，优化教学过程，提高单位时间内的信息传播量。但是，当信息量过大时，易使人疲倦，学生由于"目不暇接"反而降低了学习效率。所以，作为现代教学手段，多媒体要作为对传统教学手段的补充，但不能完全替代，更不能将之凌驾于课堂教学之上，使教学内容服务于课件的演示。所以，在使用多媒体的过程中，要重视研究多媒体与常规教学手段的互补。

二、正确运用情感功能

经常有这样一种情况：小王这次英语考试又没考好，问及原因，小王回答："我不喜欢我们英语老师，我不愿意上他的课。"学生如何才能学好教师所教科目，某项问卷调查显示，84.3%的学生认为喜欢这位教师就能学好该科，10.1%的学生认为对这门学科有信心就能学好，5.6%的学生认为因为基本功不扎实才学不好这门课。"亲其师，信其道"是常理，教师想提高课堂教学效益，就要学会如何让学生喜欢你，进而喜欢你的课。

教学过程说到底就是信息的传输和接收过程。教学过程不仅是认知信息的交流过程，也是情感信息的交流过程。正确运用情感的方法：利用情感的调节功能，创设最佳教学气氛，使学生的情感处于最佳状态；利用情感的感染力功能，让学生产生情感的共鸣；利用情感的信号功能，艺术地传递信息；利用情感的动力和强化功能，调整学生的需要结构，提高学生学习的积极性；利用情感的迁移功能，诱导学生热爱所学学科。

贺老师是一位农村初中信息技术老师，他在讲自己的专业成长之路时提到，师德是教师生命的砝码。贺老师认为教师对学生的爱不仅体现在课堂上传授知识，更重要的是成为他们的引路人，让他们沿着一条"康庄大道"前行。在课堂上，精心设计课堂教学，通过组织小组间的探讨、交流，让学生在课堂上充分展示自我。为了给学生更多的展示平台，在学校开设了中学生博客网，让他们激昂青春，放飞梦想。此外，课堂上贺老师还将很多做人的道理融入到课堂中，他将自己参与格桑花西部助学活动中亲眼目睹的贫困山区孩子的艰苦环境和他们奋斗不息的精神讲给同学们听，带领学生观看《感动中国》的视频等。在课堂上营造爱的气氛，让学生从心灵深处受到爱的洗礼，通过对比，他们知道自己是多么的幸福，极好的带动了学生们的学习热情，从而会更加努力学习。

教师要学会正确运用情感功能，创设良好的课堂氛围，使师生感情相通，教师教得欢，学生学得乐，从而促进教学质量的提高。

专题二　高中信息技术教学设计之设计阶段

设计阶段是在分析阶段的基础上，对整个教学活动的总体规划，它主要包括教学目标的设计、教学内容的选择、教学策略和方法的选择，以及教学过程的设计等工作。开展好设计阶段的工作，能够保障教学活动的顺利实施，从而达到预期的教学效果。

【问题导入】

在南京市某地区的一次高中信息技术教师交流会上，一位刚走上工作岗位的高中信息技术老师在向另一位资深的老教师"取经"。

王老师："张老师，您好。我是去年走上工作岗位的，在学校负责高中选修模块《算法与程序设计》的教学。在实际的教学工作中，我感觉该模块的教学开展起来比较困难，学生的兴趣不是很高，教学效果也没有预期的那么好。"

张老师："对《算法与程序设计》选修模块来说，它最突出的特点就是抽象性与逻辑性较强，但它的特点同时也是大多数教师开展教学时的难点：既要让学生接受知识，又要激发学生的兴趣。这就需要我们信息技术教师在开展教学活动之前精心设计活动，以使学生积极主动地去接受知识，构建知识。"

王老师："您说的很对，一堂好课需要教师课下精心准备。但是，具体到某些教学内容，设计起来比较困难，就拿'递归算法'这部分的内容来说，递归算法思想本身就很抽象，对学生来说不好理解。如何才能设计一堂比较生动有趣的课，让学生循序渐进地理解、消化知识呢？张老师，您能针对这部分的教学给我提点建议吗？"

张老师："说到设计，它其实包括很多环节，如目标的设计、内容的选择、方法的选择，过程的设计等。下面，我主要针对情境创设、教学方法的选择、教学过程的设计给出几点建议。"

【内容梳理】

设计阶段的工作就是在开展教学活动之前的一个前期的设计与规划，这一阶段的主要任务就是在前期分析的基础上进一步确定教学目标、创设教学情境、选择教学方法、设计教学过程及评价等。下面我们主要谈一下如何开展情境创设、教学方法的选择、教学过程的设计等工作。

一、教学情境的创设

德国一位学者作过一个精辟的比喻：将 15 克盐放在你面前，无论如何你难以下咽；但将 15 克盐放入一碗美味可口的汤中，你就在享用佳肴的同时，将 15 克盐全部吸收了。情境之于知识，犹如汤之于盐。知识需要融入情境之中，才能易于学生理解和掌握，才能显示出活力和美感。[①]

教学情境（也称学习情境）指教学活动中的情景，它与学习主题的基本内容相关和现实情况基本一致或类似。情境创设是指教师通过教学的前期分析（学习者特征分析、教学目标分析、教学内容分析），为学习者设计一个完整、真实的问题背景。在教学过程中，教师以此情境为依托开展教学。一个高效的、充满感性和理性的教学情境可以吸引学生的注意力，激发学生的学习动机，促进知识技能的迁移，提高思维的品质。信息技术教师应努力创设良好的教学情境，让学生在情境体验中进行学习，获得知识的感悟和能力的提高。

（一）不同教学情境的创设

信息技术课堂中的情境创设有多种形式：问题情境、任务情境、故事情境、游戏情境等。在设计阶段，我们应当依据不同的教学内容和实际情况，来考虑创设不同的情境，以激发学生的兴趣，调动学生学习的积极性。

1. 游戏情境创设

游戏情境是吸引学生主动参与学习的一种好形式。由于学生具有好奇、好动、好胜的心理，教学时组织学生开展游戏活动，可以使抽象的知识在生动活泼的课堂活动中为学生所接受，达到寓教于乐的目的。

对于《算法与程序设计》选修模块中"递归算法"这部分的内容，所涉及的知识比较抽象，如果直接进行教学对学生的思维能力要求较高，往往达不到预想的效果。因此，我们可以采用新颖有趣的游戏来创设情境，引导学生在积极的参与过程中自然地思考老师希望他们思考的问题，并体验问题解决的过程，进而获得较好的学习效果和较高的学习效率。我们可以创设如下的游戏情境来作为课堂导入：

师：今天很高兴，所以我给大家准备了一份礼品（精美包装猴与兔艺术品），你们想知道里面有什么礼物吗？

生：想……

师：好！现在我们班有一位同学知道里面有什么礼物！（在上课之前事先告诉其中的一个同学）但是他不能就这样告诉大家，有一个规则可以让我们知道里面装的是什么……

规则是：

（1）从第一排的第一个同学开始。

（2）每位同学只问他相邻的同学，每位同学最多只能被问一次，而且一个同学不能再问第二人，当任何一个同学知道了答案，要求立即告诉曾经问过他的那个同学（不能告诉其他同学）以此类推，一直到得出答案为结束。

---

① 余文森. 有效课堂教学的基本要素 ［J］. 教育发展研究，2007，（Z2）

好，下面我们就以这个规则开展游戏。等游戏结束后，我想让第一位同学来告诉大家，精装的礼物是什么？

以"游戏"的方式来引导学生探讨一个问题是学生们非常喜欢的方式，学生喜欢，就会产生强烈的兴趣，但还不是学习动机。只有当"游戏活动"与"所要探讨的问题"联系紧密，是问题的典型代表之时，学生强烈的兴趣才能转化成学习动机。这种学习动机的激发方式比我们直白地告诉学生"某某知识点有多么重要，我们一定要好好学"等要来得自然有效。需要注意的是，以"游戏活动"的方式引导教学的形式虽然很好，但也是比较难设计的。难就难在"游戏活动"的设计一定要能充分恰当地展示要学习的内容和需要探讨的问题。如果只是为了活动而活动，既浪费了宝贵的课堂教学时间，也降低了课堂教学效率，是非常不可取的。

2. 故事情境的创设

古往今来，人们在产生、运用知识的同时，也创造出大量生动有趣的故事，如等差数列与高斯的故事、计算机的推理方法与卡斯帕洛夫——深蓝人机大战的故事等。正是这些故事，增加了知识的趣味性。教学中，我们要充分利用这些生动的小故事，或巧设课堂前奏，或将教学内容以"故事"的形式展现给学生。这样一来，不仅可以使课堂活泼有趣，而且能让知识栩栩如生，声情并茂。

有的教师在对"信息技术基础"模块中"信息的特征"这部分的内容进行教学设计时，就创设了下面这样一个故事情境：

师：今天我们来学习"信息的基本特征"这部分内容。那么信息究竟有哪些特征呢？先不忙着学习，大家先听个小故事吧。

（学生兴趣盎然）

师：20世纪初期，美国最大的福特公司的一台电机出现了故障，很多人搞了两三个月都修不好。在束手无策的情况下，有人向公司推荐了当时已经移居美国的德国科技企业管理专家斯坦门茨。斯坦门茨在电机旁边仔细观察、计算了两天后，就用粉笔在电机的外壳上画了一条线，说："打开电机，在记号处把里面的线圈减少16圈。"人们半信半疑地照他的话去做，结果，毛病果真出在这里。电机修好后，有关人员问他要多少酬金，他说："一万美元！"那人还以为自己听错了，于是便要求斯坦门茨列一张账单说明费用的支出。斯坦门茨写道："用粉笔画一条线1美元，知道在哪里画这条线9999美元。"账单送到了公司老板那里，老板看后连连点头，很快照付了10000美元，并用重金聘用了他。

（学生感慨不已）

学生甲：这也太值钱了吧！

师：同学们，从这个小故事里你能得出什么结论呢？

信息技术课中关于"信息的特征"这部分知识的讲解比较抽象，如何用通俗易懂的语言解释这些特征是教师所要考虑的问题。在上述情境中，由于大多数学生没有听过这个故事，教师的讲解使他们表现出浓厚的兴趣。并且教师不是为了讲故事而讲故

高 中信息技术教师专业能力必修

事，而是把信息的知识点——"信息的价值性"融入到故事中，让学生在故事中获取课本知识。通过故事情境，一方面可以帮助学生扩展思维空间，另一方面可以使学生在兴趣盎然中听故事，学知识。需要注意的是，故事情境创设中所使用的故事要和教学任务密切相关，如果只是为了讲故事而讲故事，那么所谓的"故事情境"也就没有任何意义了。

3. 任务情境的创设

新课改提倡任务驱动教学法，即强调"以任务为主线，以学生为主体、教师为主导，使学生在任务探究过程中学会知识技能，培养创新思维，提高实践能力"。在任务驱动的过程中，任务设计是核心，而任务情境创设是有效实施任务驱动的基础。不同的任务依托不同的情境来展示。任务一般分为基本型任务和开放型任务两种①。

（1）基本型任务情境的创设

基本型任务所隐含的教学内容主要为新知识和新技能，如概念、事实、思想、原理、操作、方法等。由于基本型任务强调对基本知识、基本技能的掌握，因此任务情境要尽量再现书本知识技能所表征的实际事物及其相关背景，使抽象的知识具体化、形象化，这样有助于学生感性认识的形成，并促进理性认识的发展。这类任务的情境创设应简单明了地"还原"知识技能产生的背景及真实的应用环境。

出租车计价器程序的设计——IF 语句的教学

师：同学们坐过出租车吗？

生：坐过（大家异口同声）。

师：注意过出租车的计价器吗？

生：注意过！

师：好，现在请一位同学描述一下我们当地的出租车是如何计费的。

生甲：起步价（2公里以内）5元；超出2公里外，每公里1.4元。

师：好！说明大家对计价器是比较熟悉的。那我们能否编一个计价器程序呢？也就是当我们给它一个路程值，让它自动算出车费。

学生表情迟疑的、困惑的……

师：回答是肯定的！今天的课题就是：编制出租车的计价器程序。

If 语句是"算法与程序设计"选修模块中"选择结构程序设计"部分的教学内容，语句的教学本来比较枯燥乏味，但在上述的任务情境中，教师选取了与学生实际生活经验相符的出租车计费问题来作为课堂的导入，通过师生对话，逐步引入到这节课的任务——出租车计价器程序的设计。由于设计的任务与学生的生活密切相关，这给学生提供了一个运用所学知识的实际平台，缩短了知识与应用之间的距离，学生的积极性被调动起来，教学活动便可以顺利展开。

---

① 杨建. 任务驱动教学法中的情境创设. http：//www.kecheng.net/news_ 6367.html. 浏览时间：2010－10－9

（2）综合型任务情境的创设

综合型任务是一个任务框架，学生可以根据自己的个性特点和能力水平设计任务主题。综合型任务隐含的教学内容是学生已掌握的知识技能在社会文化背景下的应用。学生通过完成任务，巩固已有知识技能，培养解决实际问题的能力。由于这类任务是开放性的，没有统一的对与错、好与坏之分，因此，任务情境要联系学生自身面临的社会问题，生活和学习中出现的真实情景，国际国外发生的重大事件对学生产生的影响而创设。

网上获取信息的策略

师：暑假就要到了，爸爸想带全家人去上海旅游，顺便去看世博会。现在想让你从网上查阅相关信息，来设计一个具体的旅游计划，包括日程安排、乘车路线（车次、时间），旅馆住宿（地点、费用），世博会各个场馆介绍（位置、特色）等。

要求：以小组为单位协作完成；

学生浏览任务要求，并着手完成任务。

这个教学情境是以学生生活中的真实情境为切入点设计的。世博会是当时比较热门的话题，有的学生正打算或者已经去看过世博会了。因此设计这样的一个任务情境能够引发学生的兴趣，学生会积极地投入情境中，通过上网搜索信息，来解决任务。在解决任务的过程中，运用已有的知识，提高解决实际问题的能力。

在新课标的引领下，任务驱动法中的情境既要为学生获取知识技能提供背景环境，也要为学生应用所学知识技能解决实际问题提供场景。但是，无论创设哪种情境都要与教学目标、教学内容紧密相连，尽可能地贴近学生的真实生活。

4. 问题情境的创设①

"学起于思，思源于疑"，没有疑问就没有思维。"问题情境"是在课堂中比较常用的课堂导入方法。创设"问题情境"就是在教材内容和学生求知心理之间制造一种"不协调"，把学生引入一种与问题有关的情境的过程。这个过程也就是"不协调——探究——深思——发现——解决问题"的过程。创设信息技术问题情境的方法多种多样，而且各种方法相互联系，教师需要综合运用这些方法。这里介绍其中的3种：

（1）利用日常生活经历

学生在使用信息技术的过程中，经常会遇到各种各样的问题。这是他们信息技术经历中很重要的一部分，这些经历是创设问题情境的良好素材。例如：IE 打不开链接。张伟的电脑装的是 Windows XP 系统，他正在利用 IE 上网，可是点击了网页中的链接之后，鼠标旁边出现了一个绿色的小圆圈，中间还有个叹号，然后就没反应了，这是怎么回事？

（2）模拟真实情景

在信息化时代，信息技术已经成为人们生活、工作和学习中的常用工具，信息技

---

① 李慧桂，张剑平，蔡培阳．论信息技术问题情境的设计［J］．教育探索，2007（06）

术可以帮助人们解决各种各样的问题。例如，杂志社编辑利用 Word 排版、教务秘书用 Word 设计课程表等。很多信息技术问题情境都可以通过模拟这些真实工作情景而产生。例如：你刚刚受聘于某儿童读物出版社，出版社即将出版一本针对 0～3 岁的婴幼儿读物，书名为"每天聪明一点点"，主要精选一些生动有趣的知识故事。你的工作就是为这本书设计一个封面，并且既要符合本书的特点，又要吸引人。你必须完成上司指派给你的工作，否则很有可能被解雇。

（3）解释现实生活问题

现实生活中有很多问题不是用"是与否"、"谁优谁差"等简单的话语就能回答的，人们必须对问题的各个方面进行调查、分析后才能得出结论。例如，综合国力到底是提高了还是降低了，文明班集体奖应该发给哪个班级等。以这些问题为雏形，引导学生用信息技术的方法来回答，是创设问题情境的另一种方法。例如：今天早上，老师在公交车上听到乘客在讨论一个话题——"高中学生女生的成绩不如男生"。此观点当然有人反对有人支持。那么，你认为高中学生的成绩女生真的不如男生吗？请根据我们提供的两届学生的高考成绩和期末考试成绩，运用 Excel 知识将你的观点表达出来。

需要注意的是，教师要根据学生情况和教材内容来创设情境，把需要解决的课题，有意识地、巧妙地寓于各种各样的符合学生实际的知识基础之中，在他们的心理上制造一种悬念，从而使学生的记忆、思维凝聚在一起，以达到智力活动的最佳状态。

（二）创设情景时注意的问题

师：大家一定都看过像《十万个为什么》这种知识繁多的百科知识书。你是通过什么方法快速找到你想要看的故事的？

生（教师作引导回答）：可以通过目录来查找想要看的故事。

师：那你还知道在信息技术课堂上我们常常接触的一本"读不完、看不尽、消息最快、信息丰富"的"信息大百科"是什么吗？

生：因特网。

师：你又是通过什么方法阅读"信息大百科"的？（引导学生回忆上节课学习过的"信息搜索"）

教师简要概述利用关键字进行信息搜索……

师：如果我今天去过的网站，明天还想去呢？后天还想去？以后每天都想去呢？

生 1：输入网址。

师：如果你忘了网址怎么办？

生 2：每天都用怎么会忘记？

师：既然这本"信息大百科"很庞大，我们总能在其中找到自己需要的信息，那么今天我们就试着给它划分为一个小目录。现在让我们利用 IE 收藏夹的功能，从收藏 Web 网页开始吧！

上面是一位教师设计的一个情境导入的案例，教师在教学设计中的设想是让学生通过讨论回答"用地址栏记录或搜索引擎"，但在实际教学中教师期望的结果并没有出现，学生最终还是不能认识到"收藏夹"的必要性，于是她只能继续顺着自己设计的思路往下讲。因此，这个情境的创设实际上是失败的。究其原因，一是没有很好分析学生的知识结构、操作经验特点；二是设计的情节不够科学合理，因为教师设计的情节发展和期望的结果没有必然的因果关系。

信息技术教师在创设情景时，应当遵循一定的策略和方法，只有这样才能创设出较为理想的、合适的情景，并以此驱动学生的学习。

1. 围绕教学目标

情境的创设应为完成教学目标服务。不能做样子、走形式，要让学生在情境中探索，并在情境的诱导下师生共同努力解决问题，达到发展的目的。信息技术教育的内涵并非单纯地指向信息技术本身，确切地说，应当指向学生能够应用信息技术工具解决生活、学习中的实际问题，即在面临各种问题情境时，能够利用信息技术去发现问题，发现其中蕴含的规律，并运用信息技术的知识与方法去解决问题，所以教学情境的创设要与教学目标紧密相连。

2. 关注教学任务

教学的成败，归根到底要看学生自身的努力。教师善于激发学生的求知欲望，使学生处于求知若渴的状态，引导学生积极主动地探索新知，把学习的主动权交给学生，这正是教师为课堂教学创设的最佳环境。特别是教学时教师要能够根据教学内容，制造悬念、创设情境，使学生产生强烈的认知冲突和求知欲望。因而选择的情境素材要合情合理，正确指向学习任务，不是只吸引学生注意力。

3. 激发学生情趣

一个有趣的教学情境，可以吸引学生的注意，引起学生愉悦的学习感受，保证有质量的学习过程。因此，情境的创设要以学生感兴趣的事件为背景，激发学生自主探究的愿望。这样才能促使学生带着问题、自觉地以主人翁的态度积极参与到学习的全过程中。如何掌握学生的兴趣呢？这就要求教师了解学生的兴趣所在。教师课前要关注学生的日常生活，采集学生的兴趣点，课堂上要观察学生的表现，及时捕捉学生的兴奋点，再加以引导和利用。

但值得注意的是，对于同一个主题，可能一些学生感兴趣，另一些学生并不一定感兴趣。那么，教师设置的主题一定要宽泛，内容上给学生留下广阔的自主创意、自由发挥的空间，而在形式上，除了必须使用的方法和技术外，不给学生太多的约束。

4. 贴近学生生活

选择和设计那些便于用信息技术加工处理、与学生学习生活紧密相关的案例和实践内容作为情境，是高效设置教学情境的基本原则。那么什么样的主题才是学生真正感兴趣而又乐于去做的呢？应该是那些既应用了所学内容又有充分的创意空间，最终结果个性化的主题。这需要信息技术教师平时注重观察，不断地探索、总结。

参照上述策略，我们可以对上述案例中设计的情境进行改进。考虑到本堂课中教师的首要任务是让学生感到"我想打开刚才看过的几个网站，应当怎么办"，可以将情境设计为教师通过演示打开几个学生感兴趣的网站（要多些，比如 10 个），然后让学生自己去打开这些网站。这时自然就会引出由于记忆大量网址存在困难，急需一个帮助手段——收藏 Web 页，通过创设的情境将学生引入到 IE 收藏夹功能的学习中。

二、教学方法的选择与设计

教学方法是指在教学过程中，教师和学生为实现教学目的、完成教学任务而采取的教与学相互作用的活动方式的总称。套用这一定义，信息技术课程中的教学方法，就是指为培养学生信息素养、完成教学任务而采取的教与学相互作用的活动方式的总称。

信息技术课是一门特殊的新兴学科，适用的教学方法也多种多样，如讲授法、教练法、讨论法、任务驱动法、基于问题的学习、范例教学法等。在实际的教学过程中，教师需要的不是掌握几种零散的教学方法，而是可成功完成某堂或某几堂课的方法体系。如何灵活使用这些教学方法？如何使这些教学方法融会贯通？这些都是教学设计者需要考虑的问题。下面我们分别对教师常用的讲授法、讨论法、任务驱动教学法进行设计。

（一）高中信息技术课常用教学方法

1. 讲授法

讲授法是一种非常古老而又应用最广的传统教学方法，是教师通过语言向学生描绘情境、叙述事实、解释概念、论证原理和阐明规律的一种教学方法。在信息技术教学过程中，教师通过合乎逻辑的分析、论证，生动形象的描绘、陈述，启发诱导性的设疑、解疑，可以在较短的时间内将信息技术相关知识传授给学生，并能够把知识教学、思想教育和发展智力三者有效地结合起来，使之融为一体，相互促进[①]。这里说的讲授法实际上就是"讲授为主式"或者"讲授主导式"，即以讲授为主导，其他教学方式作为辅助方式间插或穿插其间，通过"讲授"穿针引线使不同教学方式有机融合，共同服务于教学过程的教学方法。

讲授法的基本过程可以归纳为：组织教学——导入新课——讲授新课——巩固新课——布置作业。即首先带领学生进入学习情境，让学生作好学习新知识和技能的准备。同时通过复习旧课或设置先行组织者，或者设置悬念，提出一些学生感兴趣、有启迪作用的问题，引起学生的学习动机。接着教师讲授新课。在这环节中要求教师突出重点、突破难点，理清思路，注意教学趣味性，注意和学生的双向沟通，做到少讲、精讲。然后教师采用课堂总结提问与练习等方式，及时强化所学知识，当堂消化，当堂巩固，以防遗忘。最后教师给学生布置练习题或思考题，帮助学生掌握、吸收所学的知识。

---

① 李冬梅，李艺. 信息技术教学方法：继承与创新［M］. 北京：高等教育出版社，2003：40 ~ 41

算法与程序设计中的"递归算法的实现"是一种较复杂、需要较多逻辑思维的一种程序设计，内容抽象性强，相对深奥，不易理解。在选择教学方法时可以考虑以讲授为主，讨论法为辅的教学方式开展教学过程，同时也可以组织学生进行自主探究学习，培养学生发现问题、解决问题的自主学习能力。通过教师系统化的讲授，师生共同的讨论，辅以学生自主尝试，使学生更好地理解、掌握递归算法。

（1）组织教学、导入新课

首先教师为学生设置一个学生感兴趣的游戏情境或故事情境，激发学生的学习积极性，引起对递归算法的兴趣和好奇心，激发学生的学习动机。

（2）选择活动、讲授新课

接着教师要选择活动进行新课讲授。在递归算法教学中，首先要找到一个讲授的切入点，教材中选用的"兔子问题"是一个经典的递归问题，但问题分析的复杂度较大，花费的学时较多。因此在教学中可以"依据教材又超越教材"，选择相对简单的"猴子吃桃问题"作为学习递归函数的切入点。"猴子吃桃问题"在难度上较为贴近学生的实际水平，容易激发学生的兴趣，能让学生在解决问题的过程中充分感受算法的魅力，获得成就感。在讲授过程中以教师系统讲授为主，同时适当安排学生个人理解、互相讨论的时间，教师运用谈话、反诘、提问等方式，共同分析猴子吃桃问题的过程及解决方法，并运用分析、综合、归纳的方法，得到问题的数学建模及算法描述。

（3）自主探究、巩固新课

在教师讲授完一个问题解决的完整过程之后，再设置一个较难的问题，如解决"兔子繁殖问题"，让学生自主完成。一方面，学生有了前面的基础，自主完成稍难一点问题的解决是完全可能的，另一方面，通过问题的"变式"，既可以强化新知，又可以训练学生独立思考、分析解决问题的能力。

（4）课堂小结、布置作业

在课堂小结中，师生共同讨论、总结课中有关递归算法的内容，帮助学生将发散的思维归结在教学的核心目标上。同时教师也要给学生布置相应的练习题或思考题，这也是整个课堂教学程序中的最后一个环节。教师布置的作业不应该是迫使学生重抄书本上的现成结论，而是能最大限度地激发个体学习兴趣和动力，促进他们思维的积极活动和独立思考的能力，让学生对所学的知识灵活运用，形成迁移，如求 $1 + 2 + 3 + \cdots + N$（用递归算法编程实现）或阅读"梵塔问题"并尝试利用递归算法写出解决方案。

其实讲授法并不像现在很多人批评的那样，阻碍了学生创造力的发展，没有用武之地。科学的讲授法不是静止的也不是孤立的。首先，讲授法本身就处于变化之中，如启发式教学思想、认知结构（通俗的讲法为知识结构）理论的注入，以学生为中心的教育理念的影响，都充实和改善了讲授法的本质内涵。其次，讲授法与其他教学方法是彼此联系、相得益彰的。教师在讲授时完全应该从教学实际出发，综合运用其他的教学方法，扬长避短，注意整体效益，如将讲授法与讨论法结合、讲授与上机操作结合等。

2. 讨论法

所谓讨论法，是指在教师组织和指导下，以小组或班级为单位，围绕一定的问题和内容各抒己见，展开讨论、对话或辩论等。讨论法的目的是促进学生分析问题能力的提高，鼓励阐述意见，形成或改变看法。讨论可以贯穿在其他的教学方法中，也可以整堂课以讨论为主。对广大的信息技术教师来讲，讨论法并不陌生，特别是在提倡发展学生主体性、培养学生创造性的今天，讨论法更是频繁地出现在合作教学、分层教学以及问题教学等各种形式的课堂中。同时，班级 BBS 讨论版、电子信箱等也成为信息技术教师运用讨论法的有效阵地，使得讨论法这种共同参与、给予主体更多机会的方法有了用武之地。

讨论法的基本过程可以归纳为：提出讨论的主题（问题）——列出讨论提纲——准备——展开讨论——总结。即首先教师要创设讨论的"引爆点"，让学生有话要说。同时可以预先准备一个讨论提纲，以便学生在讨论时能有次序、有焦点地进行。然后宣布讨论的原则，向学生介绍讨论的题目、目的以及评价等具体问题。接着进入讨论模块，组织学生发言，发言可以分为以下几种形式：自由发言、指定主要发言人、临时指定发言人或者轮流发言等。最后教师概述讨论情况，点评学生在讨论中的表现，分析讨论结果。

"信息技术网络知识"是高中网络技术应用部分的知识，需要学生掌握网上信息交流的方法与技巧及形成对网络的认识。这个阶段的学生基本上都具备比较丰富的上网经验，但是网络和现实的差距，容易使一些学生迷失自己，认为网络上可以为所欲为，没有人约束得了。而仅靠说教是无法达到"明确社会成员应承担的责任，形成与信息化社会相适应的价值观"的教育目的的。因此，可以采用讨论法，以"网络上需要遵守法规吗？"为讨论主题，给学生列出一定的讨论问题，将讨论主题细致化，让学生在讨论与交流中，形成对问题更加全面的看法，对网络社会形成正确的认识，从而能在一定程度上规范自己的行为。

（1）提出讨论主题、列出讨论提纲

首先教师宣布讨论题目、讨论列表及讨论原则等，教师提出讨论的主题"网络上需要遵守法规吗？"并提示同学可以从以下几个问题进行思考并展开讨论，如很多人认为网络是一个虚拟的世界，所以它可以任人随心所欲地发泄，你以为如何？一个网民由于在聊天室散布谣言，被公安部门拘留并罚款 5000 元，你对此事如何看？等等。

（2）学生自由分组，开始小组讨论

在讨论过程中教师要不时地进行归纳，简要地重申观点，将讨论引向深入。同时，教师要把握好讨论的临界点，及时地将学生的思路引回到一定的轨道上，不要偏离"网络上需要遵守法规"的主题。

（3）小组汇报、相互交流

请每一个小组推选一位代表，向全班同学阐述小组的关于"网络上需要遵守法规吗?"的主要观点和意见。其他小组可参与讨论,发表意见,相互交流。

(4)归纳总结

对讨论进行总结和概述。概述关于"网络上需要遵守法规吗?"的讨论情况,并点评学生在讨论中的表现和同学们共同分析讨论结果。同时也可以让同学填一张讨论反思表,即对这次讨论进行反思和总结。

在使用讨论法时,要注意讨论内容的选择。不仅要根据教材的重点和难点,设计便于学生掌握并加深理解的题目,而且还要设计一些具有随机性的探讨性题目。另外,也可以针对学生态度、行为、价值观来设置题目,培养学生正确地看待与信息技术相关的问题,培养良好的行为习惯和正确的价值观等。在讨论过程中,教师要及时捕捉学生的想法,进行适当的引导。

3. 任务驱动教学法

任务驱动教学法是建立在建构主义教学理论基础上的一种教学方法,是建构主义理论在教育教学中的一种具体应用。这种教学方法主张教师将教学内容隐含在一个或几个有代表性的任务中,以完成任务作为教学活动的中心;学生在完成任务的动机驱动下,通过对任务进行分析、讨论,明确它大体涉及哪些知识,需要解决哪些问题,并找出哪些是旧知识,哪些是新知识,在老师的指导、帮助下,通过对学习资源的主动应用,在自主探索和互动协作的学习过程中,找出完成任务的方法,最后通过任务的完成实现意义的建构。具体应用到信息技术的教学,则要求我们从一个个学生喜闻乐见的典型的信息处理任务出发,引导学生在自主探究、协作交流的过程中完成任务,从而培养学生获取、加工、表达、交流信息的能力,开展协作分析问题、解决问题和信息技术创新的能力,实现信息素养的实质性提升。简言之,信息技术教学中的任务驱动教学法可以概括为:以任务为主线、以教师为主导、以学生为主体;确定任务是核心,怎样驱动是关键,信息素养是目的![1]

任务驱动教学法的基本过程可以归纳为:提出任务——分析任务——完成任务——总结评价。首先由教师创设情境、引起注意、提出任务,给出任务之后,教师就需要与学生一起讨论、分析任务,提出完成任务需要做哪些事情,需要解决哪些问题。有了上面的分析和提示,学生对解决任务的过程应该是比较清楚的了,接下来就应该让学生亲自动手解决任务。最后在学生完成任务后,教师要对学生完成任务的情况做出及时的反馈和总结。

"网上资源检索"是高中信息技术必修模块中信息获取部分的内容,对于这部分内容的教学不应只满足于教会学生利用关键字搜索或掌握几个搜索技巧,而应给学生一个开放的任务,让学生在完成任务的过程中不断探索,自发地掌握技巧、培养能力。教师可以围绕"让我们遨游在地球的上空"的主题,让学生用 Google Earth 软件查找教师所指定的地名,通过任务的完成来达到学习目标。

① 李艺. 信息技术课程与教学[M]. 北京:高等教育出版社,2005:71~72

（1）创设情境、引起注意、提出任务

教师首先引导学生认识 Google Earth 游戏软件。该软件能让使用者看到地球上几乎每个角落，甚至城市街道上的汽车和行人，可以将学生的学习兴趣充分调动起来，教师可在此时提出任务，即让学生利用 Google Earth 游戏软件找到老师指定的几个地方。

（2）共同讨论、分析任务、发现问题

接着教师将任务按照从易到难的梯度进行分组，可分成基本任务——西湖孤山、平阳南麂岛，进阶任务——东方明珠塔、天坛，挑战任务——美国自由女神像、金字塔。同时可以提出任务的附加要求，如找到相应的地方后，请将当前画面保存在 Word 文件中，再简述自己找到该地方的大致过程。

（3）自主探索、领会意图、解决任务

学生进行尝试、探究，完成任务。学生们先是依靠自己的地理知识直接查找，然后使用搜索引擎查找资料。同时教师要注意在学生自主探究的过程中进行适时、适度的指导，使学生的主动地位和教师的主导作用都得到充分的发挥。

（4）检查结果、发现不足、总结评价

最后进行课堂总结，教师对学生完成搜索地名的任务情况进行点评，并总结搜索引擎的知识要点，同时引导同学在生活中利用各种搜索引擎进行网上资源的检索。

利用任务驱动教学法，要求教师尊重学生的认知规律，融合教学内容于开放平等的教学环境中，教会学生如何获取知识，如何探求知识；要求教师引导学生学习，而不是教给学生死知识。它符合探究式教学方式，适用于培养学生的创新能力和独立分析问题、解决问题的能力。

在信息技术课程实际教学中，各种教学方法并不是相互独立的，而是相互包容、融会贯通，可以综合运用的。"教学有法，但无定法，贵在得法"，教学方法的运用不能机械死板地去硬套，而要根据实际情况，综合考虑各种因素及应用策略，加以创造性的发挥。只要能激发学生的学习兴趣，提高学生的学习积极性，有助于学生思维能力的培养，有利于所学知识的掌握和运用，都是好的教学方法。

4. 基于 Webquest 的教学法

1995 年，圣地亚哥州立大学教育技术系的伯尼·道奇博士和汤姆·马奇创建了一种课程计划，由于该课程计划和万维网密切相关，所以他们将其命名为"WebQuest"。Webquest 是利用互联网资源的授课计划或者是课程单元。它通过向学生提出一些本质性问题、提供进一步探索的机会、让孩子们在动手做的过程中运用他们的知识，从而努力让孩子在较高的水平上思考。

Webquest 一般由 5 个教学步骤构成：研究任务介绍；探究步骤与具体要求；介绍网络资源与其他资源；学生动手做活动；学生发表结论。

对于信息教师来说，基于 Webquest 的教学没有什么技术难度。实施的关键在于对建构主义教学思想的理解，以及对合作、探究学习的掌控。

（二）教学方法的选择与设计建议

信息技术课程从课程目标、教学内容到师生角色、学习方式都发生了较大的转型，而这必然对信息技术教学方法本身及其运用提出新的挑战，信息技术教师需要面对并接受挑战，为切合教学需要对教学方法做出针对性、灵活性和多样化地选择，从而提高教学质量①。

1. 针对性

针对性指针对学生的准备状态、教学内容的特点、具体的教学目标、教学方法的适用范围、已有的软硬件条件和教师自身的素养条件综合权衡，选择合适的教学方法，而不是仅凭个人好恶或者满足于传统的习惯，盲目地或者随意地选用教学方法。

2. 灵活性

灵活性指根据教学过程中的各种具体条件及其变化，灵活选用教学方法。灵活性与针对性是相联的，灵活选择的目的主要是要保证教学方法的针对性，教学方法要具有针对性，必须做出灵活的选择。

3. 多样化

多样化是指选择多样化的教学方法丰富教学过程，而不是一种或某几种教学方法一教到底，整个学期没有丝毫的变化。多样化与针对性和灵活性也是相互关联的，能做到针对性和灵活性基本可以保证教学方法的多样化，多样化的教学需要灵活、有针对性地选择教学方法。

上述三个建议对教师们可能是比较苛刻的，因为在目前信息技术课程教学缺少必要的经验积累，可供模仿的对象较少，很难一下子周全地考虑。但是，所谓教学有法、教无定法，探索是没有穷尽的，从来就没有人赞成固定不变的简单的教学套路。这就需要教师在教学过程中不断去尝试、改造、重构，从而达到教学方法的最优化。

三、教学过程设计

教学过程，即教学活动的展开过程，是教师根据一定的社会要求和学生身心发展的特点，借助一定的教学条件，指导学生通过认识教学内容从而认识客观世界，并在此基础上发展自身的过程。教学过程是一种特殊的认识过程，它包含两方面的意义：其一，教学过程本质是一种认识过程；其二，这种认识又不同于一般认识或其他形式的认识，有其特殊性。它是在教师有目的、有组织、有计划的指导下，学生主动地接受人类间接经验和知识，师生共同活动的过程。

（一）"递归算法"的教学过程设计

递归算法这部分教学内容偏理论，逻辑性很强，因此以讲授法为主，同时辅以学生的自主探究。在设计教学过程时，我们不仅要完善学生的理论知识，同时还要注意培养学生的自主分析、探究能力。对于整个教学过程，我们可以按照下面这样一个流

---

① 李冬梅，李艺. 信息技术教学方法：继承与创新［M］. 北京：高等教育出版社，2003：18～21

高中信息技术教师专业能力必修

Gao Zhong Xin Xi Ji Shu Jiao Shi Zhuan Ye Neng Li Bi Xiu

程来展开。

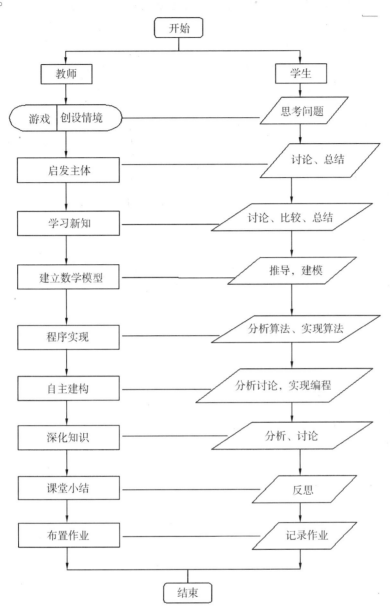

1. 创设情境

"递归算法"这部分内容，对学生的思维能力要求较高，如果直接进行教学，往往达不到预期的效果。而使用新颖有趣的游戏来创设情境，使学生在参与游戏的过程中自然而然地进入到学习知识的过程中，就会获得较好的学习效果和较高的学习效率。（关于"递归算法"这部分内容的情境创设，上文中已有具体阐释，这里不再赘述）

2. 启发主体

创设情境的目的在于启发学习主体，即学生的积极思考。但在"活动"之后只有及时总结，并提升到所要探讨的问题，启发学生思维，方能实现"活动"的目标。

教师活动	前面我们学习了自定义函数，知道函数是为了实现某种功能而编写的一段相对独立的程序，并且可以多次调用。 算法描述： Function what（student） 　如果我知道答案，那么我就告诉你 　否则，我要问下一位同学再告诉你 End function
学生活动	讨论活动过程，总结游戏规则，了解活动规律，并将活动过程进行算法描述

　　这一部分的设计意图是通过分析问题，确定方案，培养学生思维程序化，为下面新学习递归算法做好移植准备。较前一段，这部分设计似乎显得平淡，缺乏"热闹"。然而，这看似平淡的教学过程却是画龙点睛之笔。如果没有对这段教学及时总结，对前一"活动"过程思维上的提升，那前面的活动就只能流于形式、止步于"热闹"了。活动之后的总结，可以使学生能较容易地掌握新知识并对问题进行深入思考。

　　3. 学习新知

　　在对"递归算法"这部分的内容进行了初步总结之后，再次借助"活动"的方式开展对新知识的学习，避免学生因直接接触艰涩的理论知识而失去学习兴趣的情况出现。

教师活动	教师展示题： 　　有一天小猴子摘了若干个桃子，当即吃了一半还觉得不过瘾，又多吃了1个。第2天接着吃剩下桃子中的一半，仍觉得不过瘾又多吃了1个，以后小猴子都是吃尚存桃子一半多1个。到第10天早上小猴子再去吃桃子的时候，看到只剩下1个桃子。问小猴子第1天共摘下了多少个桃子？ 　　1. 鼓励学生进行讨论，共同寻找答案或解决方法 　　2. 师生共同分析题： 　　以4位同学排了一行，（设从行的后面开始的第一位同学知道第10天的桃子数（1个），倒数第二位同学知道第9天的桃子数是……）教师提问排在前面第一位（第7天）的同学，你知道，你今天的桃子数有多少？ 　　目的是讨论出，只有倒数第一位同学知道，其他同学都不知道，但是他只要知道后一位同学的桃子数就可以求出本人所具有的桃子数，（后面同学的桃子数＋1）×2就是本人的桃子数。
学生活动	讨论、比较、分析、归纳

　　这个环节的设计意图是采用实例教学，通过"小猴吃桃"这一题目，简化了教材"斐波那契"数列的多函数调用，回避了问题分析的复杂性较大的弊端，从而使得教学重点和难点得以轻松突破。在降低了分析问题的难度后，再一次用活动的方式来引导学生分析问题，这是一种真正意义上的循循善诱，比教师不厌其烦地教给学生十遍公式要高效得多。

4. 建立数学模型

在上面的活动之后再次进行总结，并引导学生建立相应的数学模型。

教师活动	建立数学模型： 假设第 n（n<10）天的桃子数为 tao（n）那么 tao（1）＝10n＝1 tao（n）＝（tao（n−1）＋1）＊2n<10 我们能不能这样设一个函数？ 算法描述： function 你有多少桃子？（第几天） 如果我第 10 天，那么我就有一个桃子。 否则，我的桃子数 ＝（前一天的桃子数＋1）＊2 end function
学生活动	推导数学建模，并进行算法描述

在"活动"过后进行及时的总结与提升，先在分析的基础上建立数学模型，再用伪代码来描述它。严格按照计算机解决问题的基本过程来展开课堂教学，有助于不断培养和强化学生良好的编程习惯。

5. 程序实现

模型建立之后，就要开始实现算法，由教师指导学生画出该程序的运算过程图，再让学生在图示的基础上编写代码实现问题的解决。

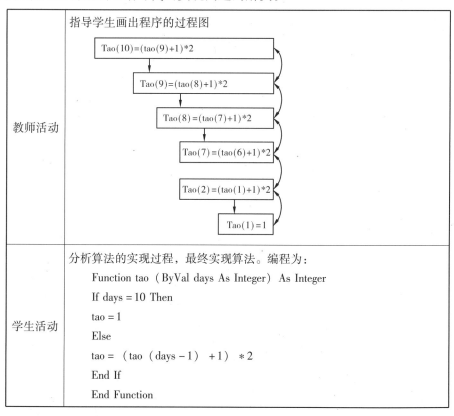

教师活动	指导学生画出程序的过程图 Tao(10)=(tao(9)+1)*2 Tao(9)=(tao(8)+1)*2 Tao(8)=(tao(7)+1)*2 Tao(7)=(tao(6)+1)*2 Tao(2)=(tao(1)+1)*2 Tao(1)=1

学生活动	分析算法的实现过程，最终实现算法。编程为：
	Function tao（ByVal days As Integer）As Integer
	If days = 10 Then
	tao = 1
	Else
	tao =（tao（days−1）＋1）＊2
	End If
	End Function

这部分教学内容采用图示的方式来帮助学生进行思考，降低了学生思考的难度（但并没有降低思考的质量），有效地提高了教学效率。让学生亲自动手编写代码，实践计算机解决问题的最后一步，培养了学生编程和调试程序的能力，并让学生获得了成功的体验。

6. 自主构建

在经历了上一问题解决的完整过程后，再抛出较难的问题，让学生自主完成。

教师活动	让学生阅读教材的"裴波那契"部分，培养学生的自学能力、使学生建构自己的知识体系。裴波那契（Fibonacci leonardo，约 1170～1250）是意大利著名数学家，在他的著作《算盘书》中有许多有趣的问题，最富成功的问题是著名的"兔子繁殖问题"：如果每对兔子每月繁殖 1 对子兔，而子兔在出生后第 2 个月就有生殖能力，试问第 1 月有 1 对小兔子，第 12 月时有多少对兔子？
	1、1、2、3、5、8、13、21，…
	假设第 n 个月的兔子数目为 $f(n)$，那么
	$f(n)=F(n-1)+f(n-2)$ 当 $n \geqslant 3$，
	$f(1)=f(2)=1$
	讨论得出算法描述：
	Function 有多少对兔子（第几月）
	如果是第 1 月或第 2 月，那么就有 1 对兔子。
	否则，（本月）兔子数＝（本月 –1）月的兔子数＋（本月 –2）月的兔子数
	end Function
	具体的程序为：
	Function tu（ByVal month As Integer）As Integer
	If month ＝1 Or month ＝2 Then
	tu ＝1
	Else
	tu ＝ tu（month –1）＋ tu（month –2）
	End If
	End Function

学生活动	阅读、思考、分析、讨论，最终实现编程

建构主义的学习观认为：学习不是被动接收信息，而是主动地建构意义，以自己原有的知识经验为基础对外部信息进行主动地选择、加工和处理，从而获得自己的意义的过程。在这部分教学中，通过问题的"变式"，强化了新知，也训练了学生独立思考，分析解决问题的能力。让学生进行自主探究学习，使学生主动、积极地学习新知识，培养他们分析问题、解决问题的能力。锻炼学生"数学建模"的能力。

7. 深化知识

经过以上 6 个环节的学习，学生已经对递归算法有了一定的认识，下面通过阅读教材，使学生比较递归结构与循环结构的区别，加深对递归结构的理解。

高

中 信 息 技 术 教 师 专 业 能 力 必 修

Gao Zhong Xin Xi Ji Shu Jiao Shi Zhuan Ye Neng Li Bi Xiu

教师活动	组织阅读教材的循环结构实现，比较讨论两种算法的区别和特点
学生活动	讨论，总结出两种算法的区别和特点。 区别：循环结构算法在计算第 n 项时保存了当前已经计算得到的第 $n-1$ 项和 $n-2$ 项的值，其时间复杂度为 $O(n)$；递归结构算法在计算第 n 项时必须先计算第 $n-1$ 项和 $n-2$ 项的值，其时间复杂度为 $O(2n)$。 特点：循环算法程序书写量大，有时不易理解，但程序执行效率高；递归算法具有结构清晰、层次感强、易于阅读和理解等特点，但在执行过程中会依赖实际问题的规模或函数反复调用，带来附加的时间花销。

通过比较两种算法的不同可以加深学生对递归算法的理解，培养学生分析问题、归纳、梳理知识的能力，有助于学生掌握本节课所学知识。

8. 课堂小结

经过主要的学习过程之后，对学生所学知识进行及时的总结归纳，提高学生对所学知识的认识。

教师活动	我们今天所学习的算法是"递归算法"，谈谈什么是递归算法，递归算法有什么特点
学生活动	师生讨论，共同小结： 1. 递归算法是通过数值层层调用实现的，函数先由上向下调用，当达到最底层后，再将函数值层层向上返回（递下去，收回来，简称：递归） 2. 必须有个结束条件（有个该收回来的条件） 3. 可读性强 4. 计算机资源耗费大，所以效率比较低（常驻内存的数据比较多）

最后的课堂小结是统一学生思维结果的过程，这在活动性课堂教学中是必不可少的。通过对本节课进行总结，可以使同学们最后对递归算法有一个总结性的认识，它能帮助学生将发散的思维归结在教学的核心目标上，使学生真正感受到一节课下来有所收获。

9. 布置作业

在总结完知识点之后，教师要给学生布置一定的课后作业，使学生进一步巩固课堂上学到的知识。

教师活动	1. 求 $N!$（用递归算法编程实现）； 2. 求 $1+2+3+\cdots+N$（用递归算法编程实现）； 3. 用递推算法实现"猴子吃桃"问题的求解。
学生活动	认真记录作业，课后完成

课后作业是使学生巩固和发展本节课学习内容的一个重要手段，学生在完成课后

作业的过程中，会对递归算法及其应用有更深刻的认识，而且这种认识更容易长期在学生头脑中保持。

递归算法有一定的难度，对逻辑思维能力要求较高，如果选择切入的问题过于复杂，学生容易产生畏难情绪。因此本教案选择了相对简单的"猴子吃桃问题"作为学习递归函数的切入点，既在难度上较为贴近学生的实际水平，又生动形象地展示了问题。接着本教案提出了"兔子繁殖"的问题，进一步引导学生自主建构、思考、分析，最终得出答案。然后通过分析循环算法与递归算法，使学生明白了两者之间的区别，加深了对知识的理解，最后再进行课堂小结和布置作业。整个过程循序渐进，由易到难，符合学生的认知规律，能够取得较好的教学效果。

（二）设计教学过程时应注意的问题

教学过程的设计是教学设计中的一个重要环节，它的成功与否直接影响到学生学习效果的好与坏。因此我们应该认真分析，设计出高效率的教学过程。针对教学过程的设计，我们给出以下几点建议。

1. 理论与实践相结合

信息技术教育这门课，以理论知识介绍为主，同时辅助以实践上机。对于这种课型的讲解，如果只是照本宣科，很少让学生亲手上机实验，动手操作，那样就会使学生陷入只学会理论层面上的知识，而对上机实验一无所知的窘地。因此，教师要根据教学需要，尽量将信息技术课安排在计算机房等与教学内容相关的实践场所。鼓励并引导学生们多上机实践、操作，用学到的理论知识来指导实践，用实践巩固理论。

2. 提倡精讲多练

现在的教学过程，大多是以老师的讲授为主，学生们很少有练习的机会，这样，就造成了很多学生听懂了课本知识，但是由于缺乏练习，达不到良好的学习效果。老师的讲对于学生的学习来说是一个基础，基础很重要，但是如果只保有这个基础而不继续扩展，那就只能留在最基本的层面上。要想产生良好的教学效果，最重要的就是通过练习达到知识的内化。练习可以将问题以不断的形式展现出来，同学们根据自己学到的知识去解决，既巩固了知识，又使知识得到了内化。因此，在设计教学过程中，我们老师应该精讲，把内容系统地讲清楚后，留给学生们大量的时间练习。

3. 积极引导学生思考，启发创造性思维

我们现在很多的课本大部分是以讲清楚知识为目的，很少有课本考虑到培养学生的创造性思维。而创造性思维在我们现在的社会中是至关重要的，它不仅关系到学生们自己的发展状况，更跟国家的建设与发展有关。鉴于此，我们教师在教学过程中，应该有意识地引发学生们的思考，培养他们创造性的思维。

4. 充分发挥学生的主体地位

教师在设计教学时，不应单纯只设计教案，而应该既设计自己的"教"，又要设计学生的"学"。而在"教"与"学"中，我们更看重的是学生的"学"，因为教学设计的最终目标是使学生产生好的学习效果。因此，在教学过程中，教师要充分发挥学生的主体地位，要变学生的"要我学"为"我要学"。

【反思探究】

一、是否"冰封"主题活动式教学?

"主题活动式教学"作为我国基础教育新课改中激发学生的兴趣,充分调动学生积极性、参与性,进行合作学习,发展学生个性特征的一种特殊的教学形式,已日益为广大中小学信息技术教师所钟爱。然而,随着"主题活动式教学"在课堂中被广泛采用,这种教学方式在一些地方出现了被模式化甚至"泛滥"的倾向,好像不这样做就不能体现新课程的要求似的。针对这种现象,有人提出,"主题活动式教学"只是众多教学形式中的一种,但若到"泛滥"的地步,会出问题,可以考虑暂时"冰封"一下。那么,信息技术教师究竟应如何来正确认识"主题活动式教学"呢?

"主题活动式教学"之所以有被模式化甚至"泛滥"的倾向,主要是因为"主题活动式教学"在贴近学生生活经验,让学生主动参与问题解决过程的同时,很容易造成时间浪费,使课堂知识、技能、方法等内容含量减少,学生也会感觉信息技术课虽然很好玩,但学不到什么东西。过去的教学过分注重知识与技能的教学,不注意联系生活实际、科技进步、社会发展,有其弊端。"主题活动式教学"有利于改变这种状况,在贴近学生生活经验方面特别见长。但若不分具体实际全都采用主题活动方式教学,"泛滥"现象就容易发生了。

每种教学方法都存在优势和弊端,否则教学就只有一种模式了,关键并不是方法的好坏,而是看使用的人怎么用。对不同的教学内容,不同教师就应采取不同的教学方法,不能只局限于一种,也不能舍弃某一种。"主题活动式教学"是众多教学形式中的一种,我们既不能夸大其作用,也不能避而远之。如果说,这是一种新方法产生、发展、盛行的必然过程,那么现在到了对主题活动热进行冷处理的时候,这正是提出"冰冻"的意图所在。

因此,对于"主题活动式教学",信息技术教师不应该再盲目"跟风"或简单地追求标新立异,而应该进行深入思考。信息技术教师可以通过分析一些典型课例,看清楚它的本来面目,再来考虑用还是不用,怎样用,而不仅仅简单地加以肯定或者否定判断。通过分析,吸取主题活动教学中取得的经验,设计出可以体现其优点的教学方案,既落实新课程理念,又提高教学效率和效果,使信息技术课堂真正成为内涵丰富可以使人景仰的课堂。

二、教学设计中如何权衡三维目标?

新课改实施之后,信息技术教师都在积极尝试突破原有课程的束缚,寻求新的课程框架和课堂教学形态,这是一件好事情,但在尝试的过程中,出现了一些误区。

首先,存在脱离技术和应用空谈理论的现象。有的信息技术教师试图超越过去单纯的技能训练,落实课程改革所提出的回归生活、师生互动、主动学习、评价融于教学活动之中等理念。于是课堂上充斥着种种令人眼花缭乱的活动,设计者努力试图使学生学会与他人沟通，使学生的评价意识、情感态度得到培养，但实际上这是对新课程理解不够准确的表现。新课程强调知识与技能、过程与方法、情感态度与价值观三位一体，而不是对知识与技能的简单反对。信息技术课程毕竟是一门技术类课程，不可以脱离技术和技术应用谈理念、谈价值。只有以基础知识和基本技能为本，将方法与思想融入过程之中，将理念和价值包含其中，才是合格的课程。

其次，对知识与技能、过程与方法的诠释过于肤浅，在如何探索技术的纵深、发掘技术的魅力上存在不足。有部分教学设计者和实践者甚至没有很好地理解教材的意图，不仅没有能够基于教材进行更有创造性的拓展，反而连教材所表达的思想也没有真正领会。于是甚至出现了这样的观点：《信息技术基础》模块不讲技术，只讲理念。实际上，包括《信息技术基础》在内的任何一个模块，所关注的技术的方法、技术的思想、技术的价值等都是统一的，没有什么区别。我们过去所熟悉的插入、格式、图层等，仅仅是技术的最底层，并不是技术的全部。信息技术课程中的技术，应该是内涵丰富的、完整的技术。因此，无论是基于网络的信息搜集、信息的表格化表达与处理，还是借助程序设计解决问题，都源于生活以及工作的实际需求，讲求某种技巧与方法，受某种技术思想的支撑等，这才是技术的纵深，这才是技术的真正意义。我们信息技术教师应当清醒地认识到：这种技术内涵的挖掘与建设不可能完成于课标定稿之时，也不可能完成于少数教材编写者之手，而是需要广大教师在整个信息技术新课程实践的过程中不断做出贡献，经过一个较长的时期使其达到完善。

专题三：高中信息技术教学设计之开发阶段

通过分析阶段、设计阶段的前期准备，教学设计的开发阶段主要是针对教案、学案的撰写，教学课件、教学网站的开发与制作以及多媒体技术、多媒体软件的有机组合与创新开发等，为后期的实施阶段做好准备。前面的分析阶段和设计阶段是开发阶段的依据，而开发阶段的产物又是实施阶段和评价阶段的主体。因此，做好开发阶段的工作至关重要。

【问题提出】

某中学，学校设施齐全，教室装有多媒体投影设备。高中部李老师在上课前对"初识数据库"这节课进行教学设计。他已经对教学内容和学生的情况进行了分析，也设计好了这节课的教学方案，然而，对于如何进行教案或学案的撰写、课件或网站的制作、教学工具的选择等，他感觉有些吃力：

（1）是写教案还是学案呢？教案如何写？学案又如何写？
（2）我的课件用哪个软件做效果更好呢？
（3）数据库该选 SQLServer 还是 Access 呢？

【内容梳理】

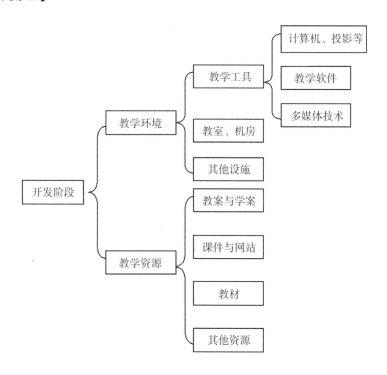

教学设计的开发阶段一般包括教学环境的开发和教学资源的开发两个方面，其中教学环境的开发又包括教学工具、教室、机房和一些设备设施的开发。由于教师的能力范围有限，教师只能有针对的开发一些教学工具，如教学软件、多媒体技术等。在教学资源的开发中，由于教材一般是学校订购的，教师不参与开发，因此本专题我们讨论的教学资源的开发主要是教案与学案的撰写、教学课件与相关网络资源的开发。

一、教案与学案的撰写

有人说教案只是教师应付学校检查而抄写的，是形式主义的教案；还有人提出用学案代替教案；随着多媒体技术的发展和课改之后电子课件的兴起，更有人提出"零教案"的说法。下面我们就针对这些问题进行相应的讨论和总结。

（一）教案的撰写

教案是教师实施课堂教学的具体方案，是通过钻研教材、研究课程标准、考虑教法、学法等一系列问题而采取的教育教学行为方式的具体体现，更是教师培养未来发展的人的心路体现①。教案的质量，直接关系到教学效果的优劣。即使是从教多年的老教师，要想获得满意的教学效果，也必须充分重视编写教案。

在编写教案之前，教师需要做大量的工作，称之为准备工作。教师首先要了解班级的概况，即学生的学习基础、学习态度，学生对本学科的喜爱程度以及对本学科的期望值，其他学科与本学科的联系等；其次，教师要学习教学大纲，研究教材，在教学大纲的指导下，弄清教材的逻辑结构、重点、难点；再次，教师要收集与教学有关的资料，资料可以是文字、图表、录音、录像、电影，也可以是实物，可以是第一手资料，即教师在教学中获得的资料，也可以是第二手资料，即新闻广播、图书馆、情报资料室、专业职能部门收集整理的各类资料。

一般来说，教案的编写需具备 6 项基本要素，包括课题、教学目标、教学环境、教学重点和难点、教学方法、教学过程。对于需要上交的教案，可能还要增加一些补充项目：科目（信息技术）、授课时间、学校、授课教师和年（班）级。下面我们通过分析一个案例"认识多媒体数据库"来讲解教案设计的过程。

本案例基于一个普通多媒体播放软件中"媒体库"的使用，从字段和记录出发，引导学生从"数据库"的角度来考察研究此软件的功能。虽然整节课没有涉及专门的数据库知识和操作，但是通过对媒体库的使用，能使学生有效地了解运用数据库管理数据的初步思想和方法，让学生不仅认识、接受了数据库的思想，而且突破了"数据就是数字、文字"的既有观念，同时也让其感受到数据库被广泛应用的事实。因此，学生学到的不仅是一个软件的使用方法，而且认识到运用数据库管理数据的基本思想及其重要意义，为学生进一步学习数据库管理技术做好了铺垫。

---

① 郝杰，走出教案撰写误区，张扬教师个性. 教育实践与研究，2008

认识多媒体数据库

设计者	张××	单位	江苏省无锡××高级中学
课题	认识多媒体数据库		
适应范围（标明模块）	数据管理技术		
课时	1		

在教案的开始，可以做一个类似的表头。如上述案例中，标明课题名称、设计者、适用范围、课时等。如果教案无需上交，这一部分则可以不做。

【教学目标】

Ⅰ　知识与技能：

1. 理解数据库中"数据"的概念以及数据的各种不同类型。

2. 理解关系型数据库中字段、记录、表等相关概念。

3. 学会查询、删除、添加 Windows Media Player 数据（媒体）库，并通过编辑和修改字段实现记录的重新分类等。

Ⅱ　情感态度与价值观：

1. 感受多媒体数据库特点，认识数据库技术应用的广泛性及其给人们生活带来的方便。

2. 体验数据库的使用，增强学好数据库的信心，提升数据库管理技术的意识。

如案例中所示，教学目标的表述要做到简明扼要、具体明确、可以操作、可以观察和评价。"简明扼要"是指条目清楚、语言精炼；"具体明确"主要是指目标的细化、量化，忌空泛、笼统、含糊；"可以操作"是指目标满足学生的发展需求，便于教师操作；"可以观察和评价"是指通过目测可以一目了然地看出目标的达成度，并对此作出客观的评价。

【教学环境】

硬件环境：带有耳机的多媒体网络教室，大屏幕投影仪等。

软件环境：Windows XP（或 Windows 2000）操作系统；Windows Media Player 软件；在"我的音乐"、"我的视频"文件夹中存放一定数量的音乐和视频文件。

在教案中要交代顺利进行该堂课需要具备的教学环境，包括硬件环境和软件环境，这样可以增强该教案的可读性。

【教学重点、难点】

1. 拓展学生对数据的理解，使学生认识到除了字符、数字、日期、时间、逻辑等数据类型外，声音、视频等也是数据的一种形式。

2. 理解关系型数据库的基本构成要素：字段、记录、表及各自含义。

3. 掌握编辑、修改字段，查询、添加、删除媒体记录等相关操作。

教学中的重点是否明确，难点能否突破，是衡量一份教案质量高低的重要标准。突出重点，就是在教案中要对基本概念、基本理论、基本技能等，写清写透，多写详写。对那些非基本的、次要的内容，则少写略写。教材中需要在课堂上举例的题目，不必在教案中详细写出来，只需注明某页某题即可。而解题技巧、关键步骤，则应在教案中反映出来，起到举一反三的作用；突破难点，就是对那些概括性很强，理论上较抽象的例题、概念，或一般人不太容易理解、学生平时很少接触、离生活实际较远、关系较复杂的原理，在教案里要着力去分析、解决，使学生不仅知其然，而且知其所以然，达到理解实质、茅塞顿开之境。难点在一次备课教案中只能有 1 ~ 2 处。难点太多，学生不易掌握，易产生畏难情绪。

【教学方法】

使用 Windows Media Player 软件，学生体验到数据的多样性。引导学生关注 Windows Media Player 是如何对曲目进行管理的？如何方便、快捷地找到所需要的曲目？如何向媒体库添加新曲目？如何修改曲目中的相关字段值（艺术家、作曲者、流派……）？使学生形成根据不同字段确定不同分类来管理数据的思想。

教师在提出问题和布置任务时要有意识地按照数据库的思路要求学生进行对多媒体数据记录查询、分类、删除、增加等操作。并在学生操作后，及时引导学生思考：Windows Media Player 是从哪几个方面来描述曲目的？进而引出在媒体库（数据库）中，每首曲目就是一条"记录"，每个记录又从"艺术家、作曲者、流派……"等方面对记录进行描述，因此用户很容易根据这几个方向来对所有曲目进行查找、分类、排序、添加和删除等操作。

选用合理的教学方法非常重要，教学方法不是千篇一律的，教师可以根据具体情况灵活地、创造性地选用合理的教学方法，用以指导自己"教"和引导学生"学"。

教学方法的选用，首先要根据具体教学活动的目的和任务。如课堂教学中某课的主要任务是为了使学生获得新知识，一般选用讲授法、谈话法、演示法为宜。如果其任务是训练技能，培养学生的自学能力，则需选用练习法、讨论法等。其次，要依据学生的实际，在教学中，学生是学习活动的主体，知识的掌握、智能的形成要通过学生的"学"发生作用。因而，教学方法的选用要为学生的"学"服务，教师要依据学生的年龄特征、知识水平、心理状态、学习态度等情况来决定自己"怎样教"和指导学生"如何学"。此外，选择教学方法，还需考虑班级特点、学校环境与教学设备情况以及教师的特长等因素。

【教学过程】

教学环节	教师活动	学生活动
教学导入	1. 以音频视频文件为例复习以文件夹管理数据的方式特点；说明其优缺点。 2. 资源管理器的方式来管理信息虽然是一种比较简便的方法，但对里面的信息进行更进一步的分类、统计查询是远远不够的，我们要借助到其他专门的管理软件。	1. 打开"我的音乐"、"我的视频"文件夹对其中的曲目进行浏览，并利用文件的不同排列方式显示文件。 2. 查询某一年代的曲目（由于教师事先是将曲目按演唱者分在各文件夹内的，因此学生查找十分困难。）
教学环节1	3. 介绍 Windows Media Player "媒体库"，要求按"艺术家、作曲者、流派……"进行搜索。	3. 使用 Windows Media Player 播放音频视频文件。 4. 按教师要求搜索不同曲目。
教学环节2	4. 介绍媒体库从"标题、作者、分级、流派、发布年份、是否受到保护……"方面描述字段，曲目（记录），并介绍这些字段的类型。	5. 操作、观察各记录字段。 6. 讨论从"标题、作者、分级、流派、发布年份、播放时间、是否受到保护…"描述曲目的合理性。并说明各字段的"类型"（数字、字符、日期、时间、逻辑……） 7. 探讨是否可以增加更多的字段。 8. 修改记录部分字段的值。
教学环节3	5. 教师讲解：刚才从修改各记录字段值方面对媒体库进行了维护，修改了一些曲目的属性；现在我们试着给媒体库增加一些曲目以及删除一些曲目。教师演示操作（亦可由学生自己探索实践）。	9. 删除一些曲目记录。 10. 分别从本机、校园内和因特网上搜索新的曲目添加到媒体库中。
归纳小结	6. 教师小结 Windows Media Player 媒体库的功能和特点，引出关系型数据库"表"的概念。 7. 指出本播放软件媒体库功能上的不足：不能按用户要求重新对记录进行分类和排序；不能多条件查询；不能增加、删改记录的字段……	11. 学生重新浏览 Windows Media Player 各字段、类型以及搜索功能。

155

教学过程的设计要遵循课堂教学的基本规律（提问、导入、新课、小结）和操作技能的形成规律（由简到难、由生到熟），设计好教师活动、学生活动以及师生互动。在这一阶段，也可以设计课堂板书和学生在课下应该完成的作业，总之要根据实际情况而定。

在课堂结束以后，教师要进行课后分析。通过课堂自我监听、课堂检查、课下对比分析、辅导答疑、批改作业或考试、学科组听课评议及专题调研等渠道及时收集教学反馈信息。及时研究收集到的各种反馈信息，在加工与处理、分析与综合的基础上充分发现自身的不足，发掘自身的潜力，实现在教学实践上的再认识，从而达到一个飞跃。经过认真反思和总结后，会对教案的某些方面悟出新意，甚至会有更优化方案，进而加以系统整理，形成更为完善的新方案。

（二）学案的撰写

学案是学生学习方案的简称。学案是指教师把教学的目标转化生成学生学习的目标，把经过认真制定的学习目标设计成学习方案展示给学生，建立一种有目标的学习向往，给学生以明确的思维导向，调动学生的积极性、主动性、让学生最大限度地参与到学习的全过程中，提高课堂教学效率[①]。很显然，学案适应了新课程关注学生自主学习的理念，适应了学生的身心发展。因此，精心编写学案是实施课堂教学的关键。

一般来说，"学案"具体包括以下几部分内容：学习目标、学法指导、重点与难点、学习过程与问题探索、课堂检测、反馈讨论、学习效果评价。在设计学案的过程中，并不要求教师将所有部分都包括，可以根据实际需要进行删减，下面我们通过分析一个案例"文件管理"来讲解学案设计的过程。

《文件管理》学习的主要内容有：文件（夹）的重命名、复制、剪切、查找、删除；回收站的使用。该课如果按照常规教学讲练，作为具有很强的操作性又有着广泛实用性的信息技术课程的学习，根本不能激发学生学习的兴趣、更难以调动学习积极性。在教学中，如何化静态为动态、变抽象为形象、变虚为实，从而激发学生的学习兴趣呢？

案例：《科学家的文件夹》学案设计

学习目标：

1. 知道如何建立一个新的文件夹

2. 分类管理文件，知道怎样将文件移动或复制到指定的文件夹中

3. 知道如何删除一个文件或文件夹

4. 培养良好的学习习惯，对文件资料进行有条理的分类管理

学习目标一般要依据教学大纲进行编写，要有明确、简练、具体的学习目标，让学生一看便知，一听即明。学习目标包括显性目标，即知识能力目标，应写在学案上，一般的表述用语为知道、能够、掌握等；隐性目标，即情感意志、心理培养目标，可以不写在学案上，但需要教师恰当调控与沟通，如养成某种习惯。

重点与难点是学生学习的困难点、疑点，又是启发学生思维，教学生"会学习"的最佳切入点。设计重难点时应依据教学大纲和课标的要求，从学生的角度来陈述，引起学生在学习的过程中的注意力。

---

① 肖广艳. 导学学案——一本学生不可缺少的"教材"［J］. 中国教育研究论丛，2006

案例：《科学家的文件夹》学案设计

学习方法：

认真听老师的讲解、引导和示范，自己动手操作，认真完成学习任务。

学习方法不一定要单列出来，可以隐含在学习过程中，这个部分在于教师如何具体的操作。例如，教师在学生学习的过程中提出一些启发性较强的问题来引导学生思考，而这个问题不一定要写在学案上。如果是学生自主学习，要写在学习过程中的对应位置，如果是教师进行讲授，可以在讲解过程中提出。此案例中，学习方法在这里只是点出学习过程中要使用的方法，具体如何进行学习在下面的学习过程指导中将会详细说明。

诊断补偿设置的题目重在诊断与新知识有密切联系的旧知识的掌握情况，目的是发现问题后进行补偿教学，为新知识的学习扫清障碍。或采用先行组织者策略，为新知识学习奠基。此模块一般通过自学"学案"完成。有时也融入自主学习、合作学习中。[①]

案例：《科学家的文件夹》学案设计

学习过程指导：

在上次的学习活动中，我们搜索并下载了大量有关中国科学家的资料，并且作为文件保存在电脑里。但是，当你使用浏览器查看时，却发现各种文件杂乱无章，难以很快找到它们的踪迹。我们怎样才能有条理地管理这些资料，快速并准确地找到他们呢？

（一）认识我的电脑

要想建立一个专门的文件夹进行资料管理，你就得先认识"我的电脑"。

电脑能储存许许多多的文件资料，例如文字、图片、音乐、电影以及能够帮助我们学习、娱乐和工作的软件等。文件资料太多，堆放在一起，查找和使用起来很不方便。因此，我们就需要电脑里有一个专门负责管理这些文件资料的"部门"，"我的电脑"就能把这些文件资料进行分类存放。

打开电脑，你就可以在桌面上看到这个醒目的"我的电脑"图标，双击这个图标，就可以打开它。它负责管理电脑里存储的所有文件。如果你搜集到的科学家的资料存放在 E 盘，点击桌面图标"我的电脑"后，再点击 E 盘，就能看到这些文件的踪影。

试一试：试着打开我的电脑，找到你存在电脑里面的文件资料。

（二）建立新的文件夹

找到了你的文件资料，怎样才能让它变得有条理，查找起来方便？别着急，我们接下来就会学习如何处理。例如：我想建立一个以"袁隆平"命名的文件夹，假如你想把该文件夹放在 E 盘，可以进行如下操作：

小提示：电脑通常将硬盘分为几个区进行管理，也就是在"我的电脑"中看到的

---

① 刘建华 浅谈"学案导学"课堂教学模式的构建［J］. 教育实践与研究 2009

本地磁盘 C、本地磁盘 D、本地磁盘 E 等。计算机操作系统的程序（Windows XP 等）通常存放在"本地磁盘 C"中，最容易受到电脑病毒的攻击，所以建议大家不要把自己在学习、工作中使用的重要资料存放在 C 盘里。

试一试：建立属于自己的文件夹，你可以吗？不懂的可以请教老师和同学。

（三）把文件移动到指定的文件夹中

提示：在建立"文件夹"之前，如果你已经将资料（例如：杂交水稻）存储到电脑中，请把他们"移动"到指定的文件夹中，这样有便于我们下次查找。

思考：除了直接移动该文件外，我们还有没有其他的办法？想想看，我们之前学习过的某些功能。

（1）"复制"功能，将文件复制到指定文件夹中。那么，请你们试着分析"复制"与"移动"有什么区别？

相同点：

不同点：

（2）直接使用鼠标移动。尝试一下，看你是否能够移动文件？

（四）删除文件或文件夹

当你发现电脑里面储存的东西过多，对你造成了不便时，或者有些文件已经不需要了，你就会想要删除一些文件或者文件夹。那么，这时的你该怎么做？例如：我们要删除文件"杂交水稻"。

试一试：怎么样？看清楚了吗？知道怎样删除没有用处的文件或文件夹了吗？请你建立一个空的文件或文件夹，试着删除它。

对学习过程设计时不仅要让学生完成学习的任务、掌握所学的知识、形成相应的技能技巧，更要特别注重指导学生形成良好的学习策略、诱导学生的创新思维、创设学生建构知识的情境，采用讲解、图片、实验等途径帮助学生建构知识网络，使知识的掌握过程融入到听、看、做的活动中去。此案例中的"学习过程指导"囊括了教学情境导入、学法指导、学习内容、课堂检测等内容。

1. 教学情景的设计

在新课程的课堂上，为了抓住学生的求异心理，我们可采用以下几种方式设置教学情景：①利用生活经验创设教学情景。②利用社会实践创设教学情景。③利用有价值的问题创设情景。④利用学生兴趣创设情景[1]。

2. 学习内容设计

这里，教师要在条理性和系统性方面将知识主线理清楚，弥补新课程教材的不足。设计要由浅入深，要有很明显的知识梯度，降低知识难度和学生心理负担，使学生一步一个脚印，一点一点体验成功的喜悦。如依据技能形成四个学习阶段：定向→模仿→整合→熟练。

---

[1] 赵春平. 以"学案"为载体，积极推进新课改 [J]. 教育实践与研究，2008

3. 问题探索设计

在本案例的"思考"、"试一试"中，教师根据学生能力发展的需要，提出一些启发性、探索性的题目或典型题、高考题，供学生进一步学习、理解和研究，以拓展学生知识视野，提升学习能力。

案例：《科学家的文件夹》学案设计

（五）作业：

通过今天的学习活动，你有没有发现什么新的使用技巧与方法，请把他们记录下来，与同学们分享。

作业可分为两部分：第一部分为课堂检测，可以指定课本上的某些题目，只要能覆盖本节课所有的学习目标，具有代表性、针对性，由浅入深、层次分明，达到举一反三的效果即可；第二部分为推荐作业，供学生课后用，巩固所学，引导学生思维发散。编制推荐作业时应注意以下基本策略：一是应用性，即联系社会、生活，提高他们运用所学知识解决实际问题的能力；二是综合性，即联系前后知识，促进知识整理，建构学科综合知识结构，发展综合能力；三是开放性，即联系其他学科的知识，引导学生关注多学科知识的交叉点，并运用多学科知识解决问题，促成多学科融合态势；四是社会活动性，即联系社会现实，针对社会关注的问题，训练学生接触社会、了解社会、研究社会的能力。[①]

在本案例中的作业部分并没有设计出题目，而是让学生进行讨论，即对学生自学探索后的互动反馈。学生层次不同，理解问题和解决问题的能力有较大差异，自学过程中可能会发现许多新问题，提出各种不同的思想和质疑。及时从学生的反馈中发现问题并进行及时、正确的引导，对培养学生的主体意识和思维能力是至关重要的。[②]

（六）评价与总结

评价内容	老师评价	
建立新文件夹	☆ ☆ ☆ ☆ ☆	
移动或复制文件夹	☆ ☆ ☆ ☆ ☆	
删除文件或文件夹	☆ ☆ ☆ ☆ ☆	
学习过程中的新发现	☆ ☆ ☆ ☆ ☆	
操作过程的熟练程度	☆ ☆ ☆ ☆ ☆	

学生自我反思，检查本节课的学习收获，教师评价学生的学习效果和掌握知识的情况，为进一步改进教学提供依据。

二、教学课件与网站的开发

随着信息技术的迅猛发展和广泛应用，以及多媒体网络用于教学，现代教学技术的发展迈上了新台阶。应用多媒体教学不仅是教学手段的一种革新，更是一种必然的

---

① 罗届中．"学案导学——自主建构"课堂教学模式设计原则及策略［J］．教育实践与研究，2009

② 江河．学案教学模式在信息技术课中的实践与思考［J］．中国校外教育，2008

趋势。在多媒体教学日益成熟与网络教学逐渐被重视的今天，如何把信息技术与课堂教学进行有机地整合已经成为教育工作者共同关心的课题。教学技术现代化正在改变着教学手段、教学方法，传统的教学模式已经越来越不适应现代教育的发展与需要，教学手段改革已迅速铺开，也必将覆盖中学教学的各个环节。

（一）教学课件的开发

在教学课件相关文献的检索中，有90%的文章在教学课件的前面加了"多媒体"三个字，可见我们谈论的教学课件一般都是多媒体课件，因为我们制作的课件包含了多种媒体。这里我们重点展开对 Powerpoint 和 Flash 多媒体课件开发的相关问题的讨论。多媒体教学课件，是在教学理论的指导下，把自己对于教学的想法，包括教学目的、内容、实现教学活动的教学策略、教学顺序、控制方法等用计算机程序描述，并输入计算机，经过调试成为可以运行的程序。

1. 开发前的需求分析

制作课件前，首先要弄清楚本节课适合用课件演示还是用传统的板书演示，也就是要明确所做的课件能不能发挥多媒体的优势，能不能提高教学的效率。其次要弄清楚课件的用途，比如使用者是学生还是老师。如果是学生并且在学习时没有教师的讲解，那么课件的可操作性、交互性、逻辑性要强，重点是要因材施教，培养学生分析问题与解决问题的能力。多媒体教学课件根据教师进行教学活动的特点可分为：课堂演示型、学生自主学习型、专业技能训练型、课外学生检索阅读型、教学游戏型、模拟型等，本专题重点讨论课堂演示型。下面以《多途径下载文件》为例，讨论教学课件开发的过程。

教学对象分析。设计好课件的前提是要掌握学生的基本情况，包括他们的知识层面、计算机水平、兴趣、爱好等。即教师要弄清楚哪些是学生已经理解并能运用，无需老师再讲的内容；哪些是学生虽已理解并能运用，但因其是规律性知识还需在教师指导下深入学习和熟练掌握的内容；哪些是学生理解不深，运用不熟练，但教师稍加点拨，就能独立加深理解和熟练运用的内容；哪些是学生目前学习起来难度太大，可以缓学一步的内容；哪些是学生迫切需要理解和掌握而难度大的内容。只有掌握了这些，教师在教学中才能有的放矢。

案例：多途径下载文件[①]

我校是广州市重点中学，学生有一定的自觉性及自学的能力，但因初中毕业于不同级别的学校，学生水平参差不齐。在《文件的下载》的第一节课先学习相关的下载软件的使用，学生有了一定的技术支持。这节课直接让学生自己去体验、实践下载，选取下载的途径和可能的方法。

2. 多媒体教学课件的制作流程

（1）结构设计

课件的结构就是课件的"骨架"和"灵魂"。有了课件结构，课件在制作时就

[①] 广州市第二中学信息技术科，张玉莲

"有章可循，有法可依"。多数的课件仍按照传统教学的习惯，将课件分成若干个知识点，每个知识点的学习又分成知识学习、技能学习和解决问题学习。各知识点采用的媒体素材形式、页面的设计等也属于课件的设计范畴。结构设计应达到巧妙新颖、严谨灵活、信息适量、媒体和谐的要求。要实现这一要求就必须针对课件的教学内容，采用多种信息媒体的有机组合，设计一种最佳表现形式，使教学内容得到最充分地、最生动地展示，这是多媒体课件结构的基本要求。

本节内容选自教育科学出版社出版的《信息技术基础（必修）》第2章第3节《文件的下载》中的《多途径下载文件》，包括"需求分析"和"尝试多途径下载文件"两部分，是第3节《文件的下载》的第二堂课，在第一堂课先学习了"网际快车（FlashGet）"和"FTP下载工具（CuteFTP）"的使用，以及文件的重要属性及类型，让学生了解了文件在计算机系统的存储位置的具体表示这些内容。将教材的顺序稍微改变了一下，将原来放在最后的下载软件的介绍提到先讲，本次课重点让学生尝试网络文件的基本下载方法、下载方案的选择和确定，让学生对基本途径、可能的方案及不足有一个相对完整的把握。下节课再从下载效率的提高、策略的优化上让学生感受并做本章节的小结学习。

教学重点：选用适当的途径有效地下载文件、存储和管理文件资源。

教学难点：网络文件下载方案的选择和确定。

（2）功能设计

如果把课件当做教师课堂演示的辅助工具，那么课件只需按照线性顺序播放，不需要其他的交互性；如果是学生自主学习的课件，那么制作时就要进行认真的功能设计。功能设计包括基本功能设计和扩展功能设计，前者由多媒体课件的基本任务决定，后者由多媒体技术功能决定，如帮助、推理的实现。基本功能设计通常包括以下内容：目录主题的显示方式、建立信息间的层次结构和浏览顺序、确定信息间的跳转关系。其中交互性是多媒体课件最基本的功能，也是主要特征之一。对于课件的交互性设计，必须根据课件的目的、使用对象的水平和需要等因素进行设计。课件应当具有一定的交互性，但不能认定交互性越强越好。下面是教师演示型课件与学生自主学习类型的课件的截图。

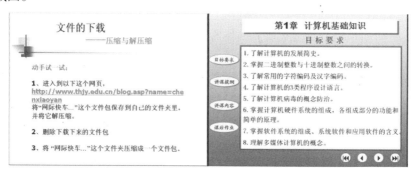

图3-1　教师演示型课件　　　　图3-2　学生自主学习型课件

（3）素材准备

多媒体课件需要用到文字（本）、图形（片）、声音、视频图像等多种素材。素材的准备工作主要包括文本的键入，图形和图像的扫描预处理，动画的制作和音频、视频的采集等。素材要根据教学内容和选择设计的内容来准备，不能选择那些不符合教学规律和教学内容的素材。案例《多途径下载文件》中共用到 4 张截取的图片和部分文本。

（4）生成课件

教师要根据实际情况选定多媒体制作工具，利用制作工具将各种数据进行编辑，编制成多媒体教学课件，也可选择用程序语言或多媒体开发工具来编写多媒体课件。案例《多途径下载文件》选用的制作工具是 PowerPoint。

3. 试用与评价

多媒体课件教学效果的评价分析应分为两部分进行：一部分是分析软件本身对教学效果的影响；另一部分是学习内容与学习水平的确定、媒体内容的选择与设计以及教学过程结构的设计对教学效果的影响。前者可使软件开发者清楚地看到软件结构、素材质量以及编写质量对教学效果的影响，从而能发现问题的所在，尽快改进软件的不足之处。后者将有助于学习内容与学习水平进行更深入细致地分析，有助于选择最佳的媒体内容，有助于设计出更好的教学过程结构。

（二）教学网站的开发

以网络化、数字化、多媒体化和智能化为代表的现代信息技术正在改变着人们的工作、生活与学习方式，也给教育的内容与方法带来了新的发展空间。教学网站是指按照某种教学思想和教学目的，利用现代的网络技术建立起来的、具有一定教学功能的网站系统。教学网站能使学习者在网络上获得相关的知识，也可以使正在以传统方式参加课堂学习的学习者通过网络拓展自己的知识面。同时，学习者之间还可以进行互相交流、互相借鉴，从而更好地满足不同层次学习者的需要。教学网站的建设极大地拓宽了知识传授的辐射范围。

教学网站是基于网络环境下信息技术的教学与学习活动的一个平台，它包括主动学习的学生、积极探索的教师和科学组织的信息资源三个基本要素，如下图所示：

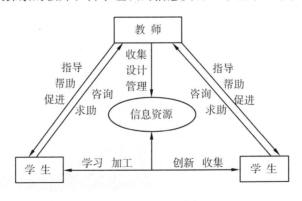

图 3-3 教学网站

教学网站开发是一个动态的过程，开发过程归纳起来可分为以下阶段：分析、设计、制作、测试和评价。

1. 分析阶段

常规教学存在的问题主要有以下几点：首先，学生个人信息技术水平差异很大，现阶段又很难大规模实现班级分层，因此如何满足学生个性化学习需求，是信息技术教学中最突出的问题；其次，信息技术教学内容更新快，而教材相对滞后，难以满足教学需求；最后，信息技术课互动性、操作性较强，需要有自己的特色，因此常规教学的信息化程度很低。

鉴于上述原因，在分析阶段，就要首先分析当前学生的知识基础。由于学生、学习内容的多样性，所以教学网站既要使有能力的同学可以提前学习，又要使上课没听懂的同学可以重复学习。其次要分析教材内容，选择最新的教学资源，为学生提供最新的教学材料。学生可以通过教学网站在线学习，也可下载课件、作业等学习资源。最后，教学网站要能够实现师生的在线学习和讨论。教师可以据此调整教学难度和进度，进行个别指导，每个学生都有机会发表自己的看法，分析评价他人的看法，共同协作来解决问题。这样有助于学生自主学习与合作学习相结合。另外，教师可以根据学生的学习状况通过教学网站发布学习任务，鼓励学生在网站中查找资料，通过自学资料、分析问题，提出解决问题的基本思路。

2. 设计阶段

对教学网站的设计首先要有一个总体的考虑，要为它未来的发展留有空间——即所设计的页面在内容和功能上要有一定的扩展空间，然后根据言语及视觉效果，绘制流程图，制订详细的计划，确定相应的教学内容和形式。教学网站是一个系统，从整体到局部考虑，这个系统又包括系统结构设计、系统内容设计、系统界面设计。

（1）系统结构设计。信息技术教学网站的结构设计应主要由信息学科教师根据教学要求和学科的特点，与各年级教师共同协商来确定。下图是一个信息技术教学网站的主要栏目模块：

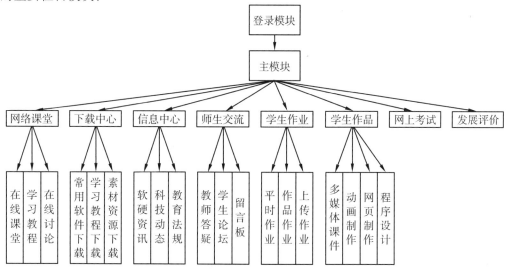

图 3-4　信息技术教学网站的主要栏目模块

教学网站由多个页面组成，每个页面的信息量必须考虑学生的认知状况。研究表明，学习者在浏览网页时，一次接受的信息量以五段左右为宜，过量的信息容易导致人脑注意力的分散，影响正常的理解能力和记忆能力。因此，在网站页面设计时最好对信息进行分块，使每一页面的信息量局限在便于学习者理解和记忆的范围之内，页面要用渐进的方式呈现信息，每一页面又要围绕一个主题，以便通过链接反复引用。

（2）系统内容设计。系统内容设计是为学习者设计丰富的学习资源和灵活的调用接口，主要有以下六个方面：

系统内容表达结构的设计。系统内容表达结构的设计是指学习者在浏览网站页面时其信息的展开方式，有列表方式、菜单方式等。

系统内容的视觉设计。首先要强调站点页面的版面布局。站点中的所有页面的布局，在整体上要让人觉得浑然一体，强调整体感；页面的局部可以追求多样化，体现所表现主体的特点。其次要强调使用多种文字风格与页面主题配合。使用多种文字风格可以产生特殊作用，如强调内容、突出主题等。但注意过多的文字风格会分散浏览者的注意力，引起负面效果。最后，适当的图片使用。在适当的地方使用图片，配合文字说明会让页面内容更为直观、明了，有助于教学内容的阐述。信息学科网站的主要功能是为教学服务，因此设计制作时应以教学为中心，版面结构、颜色、字体要简洁明了。

系统内容的媒体表现的选择。在网站中，除了使用以文字的形式表现以外，还可以使用多媒体信息，如图像、声音、动画、视频等。由于网络宽带和设备的限制，多媒体信息的选择要充分考虑实际情况，不要过分追求视觉内容的多样化。一般情况下，图像以 JPG 格式较适宜；声音可用 mp3 格式，也可用 mid 格式；动画制作以 gif 或 FLASH 格式较适宜；视频一般用流媒体格式或 avi 格式，但 avi 格式的文件很大，在现今网络不是很顺畅的情况下，往往会影响系统的运行速度，所以选用时要格外慎重。

系统内容链接的选择。一个网站的最大特色是它的信息链接，这些链接决定着一个 Web 页面在整个站点中的位置。常见的链接有：前进型的链接，主要对信息进行进一步的说明、解释和展示；回溯型的链接，这种链接可以使我们方便地返回上一级页面；跳转型的链接，这种链接是为了方便学习者直接返回首页或跳转到某一特定页，是为某种特定的需要而设立的。链接要根据整个网站的布局进行设计。

系统提示信息的设计。系统提示信息分为说明性提示信息和搜索性提示信息。提示信息的编写和设计直接关系到学习者是否能尽快地掌握和适应教学网站的使用，并进行资源的查询和搜索。一个良好的提示信息，其内容一般包括页面的设置目的、所针对的学习对象、所包含的内容、所链接的指向、开发机构及设计者等。提示信息除了文字外，还可用图像、声音、动画等。

系统的学习者控制设计。学习者控制设计可以充分调动学习者个人的自主性，通过设计出符合学习者认知特点的学习内容，并加上恰如其分的情境，使学习者可以自主地选择学习内容、控制学习进程和导向。但在这个学习者控制设计中，由于学习者的多样性，其系统的设计应充分考虑学习者的需求，内容应包括预习、复习、练习、

高
中信息技术教师专业能力必修
Gao Zhong Xin Xi Ji Shu Jiao Shi Zhuan Ye Neng Li Bi Xiu

提高及辅助工具等。另外，在满足学习者不同需求的基础上，要尊重其对知识的自我选择权，实现其自定步调和自定顺序。要体现教师与学生的互动，教师发布的信息、资源，学生可以查看、学习、下载，教师能收集学生的反馈信息、作业等，及时进行指导，作出评价等。

（3）界面的设计。网站的界面设计包括页面屏幕设计和导航设计。一般情况下，所有的页面屏幕设计要按统一的风格，并使用统计表的系统功能图标，要使其标题设计醒目，内容层次分明，叙述流畅清晰。导航设计分为全局导航和局部导航，全局导航在页面上一般有相对应的栏目的链接或"返回主页"等导航链接；局部可以有不同的形式，有主题列表、选项菜单、相关条目列表等。网站导航要清晰明确，某些指示性的图形含义要前后保持一致。

3. 制作阶段

设计一个成功的教学网站，一般需要设计者掌握相应的教学设计、计算机网络、多媒体设计等多项技术。制作过程包括素材制作、代码编写、集成和发布。对于一个具体的教学网站来说，往往由一个团队来完成，其主要组成人员有内容的提供者、界面设计师、程序员等。

在教学网站具体开发过程中，可以借助于各种优秀的软件来辅助完成相应的工作，加快网站开发的速度。譬如，在开发过程中，可以使用文字处理软件 Microsoft Office、图像处理软件 Photoshop、声音处理软件 EditPro、视频处理软件 Premiere 以及网页制作软件 Dreamweaver 等，来增加网站建设的资源、丰富网站的内容，使网站建设更趋于人性化。制作过程是十分关键的，一个制作精良的教学网站更能为学习者提供丰富的信息资源，吸引学习者访问，同时也便于网站管理人员的日常维护工作。

4. 测试和评价

教学网站建设完成后，通过教学人员和学习者的使用，收集他们对教学网站教学内容和网站制作的评价，能对教学网站的完善与更新起到一定的指导作用。

教学网站开发完成后，在应用的过程中，教师不能片面夸大教学网站的作用，不能以为建立了学科教学网站就能解决教学中的所有问题，从而忽视了教师自己教学水平的提高，即不能用现代技术完全取代教师教学艺术。

三、网络课程与教育博客的开发

（一）网络课程的开发

目前，网络课程的开发对于一个信息技术任课老师来说还是比较困难的，一般的开发都需要一个团队来完成，但是开发网络课程是信息技术课程发展的一个趋势。

网络课程就是通过网络表现的某门学科的教学内容及实施的教学活动的总和，它包括两个组成部分：按一定的教学目标、教学策略组织起来的教学内容和网络教学支撑环境。网络教学平台，又称网络教学支持平台，有广义和狭义之分。广义的网络教学平台既包括支持网络教学的硬件设施、设备，又包括了支持网络教学的软件系统，也就是说，广义的网络教学平台有两大部分：硬件教学平台和软件教学平台。狭义的网络教学平台是指建立在 Internet 基础之上，为网络教学提供全面支持服务的软件系统。网络课程和网络教学平台之间有密切的联系：一方面，网络课程的运行需要网络教学平台的支撑，没有网络教学平台的支撑，运用网络课程实施网络教学便是空中楼阁；另一方面，网络课程开发与网络教学平台的建设又是密不可分的。网络课程与网络教学平台的这种密切关系从教育学的角度来讲，也体现出了课程与教学相互融合的趋势。

另外，网络课程与网络教学课件之间有联系也有本质的区别。相同的是，二者都需要对课程内容、媒体和表现形式进行设计。不同的是，网络课程不仅提供网络学习的内容，还包括传递学习内容的实施过程及学习中的一系列互动活动，以及课程的管理和评价，它是一个复杂的课程教学的动态过程；网络课程还要利用网络平台的优势形成教学环境，可以说网络课件是一个工具，网络课程则是一个系统。另外，网络课程与教育网站也有很大的不同，教育网站主要是注重教育资源的提供，而网络课程不仅提供学习资源，更能营造一种学习的环境和气氛。

在开发网络课程时我们需要注意以下问题：

1. 强化教学环境设计

网络教育的形式决定了网络课程的构建必须是以学习者为中心的，整个学习过程是以学习者为主体进行的，因此，课程建设必须要注重学习环境的构建与学习者主体角色的体现。开发网络课程初期，常常会较多关注知识内容的组织，以电子教案和文稿的形式简单呈现，而忽视教学环境设计。在教学设计中，学习环境设计的情境设计主要有问题情境、真实情境、模拟情境、合作性学习情境和提供丰富学习资源的情境等。强化教学环境设计，会让学习者提高学习兴趣、学习效果、学习效率。利用网络优势建立便于自主学习、协作学习和探究学习的学习环境，学习者可以根据自己的学习水平和需求自由灵活地选择教学内容，充分发挥学习者的主体作用和学习主动性，进一步培养学习者自主学习、自主发现和探究的能力。

2. 强化界面设计

网络课程中，界面设计主要有界面结构设计、界面视觉设计和界面交互设计，界面设计涉及认知心理学、设计学、语言学等。设计科学并有创意的界面，可以瞬间改变学习者的情绪，界面结构、布局会引导学习者专注、轻松并持久地投入学习过程。

3. 强化媒体设计

网络课程建设要注重充分发挥教师的主导作用来开展教学活动，以此来解决学生学习中的疑问与疑难，给予学习思路和方法的指导，做好学习过程的监测与评价工作，保证教学资源的设计开发、教学策略的设计实施与教学过程的动态管理，从而促使教学的方式方法得以拓展，提高网络教学的效率和效果。同时还要注重影响学习效果的因素设计，要通过合理组织教学内容和有效搭配技术手段为学习者提供有效的学习鼓励，绝不能简单地将教材、授课 PPT 放在网上，或者是单纯的罗列教材。课程设计要注重教学方式上把网络教学的优势和传统教学的优势结合起来，学习模式上把自主学习和协作学习相结合，学习内容上把基本知识与个体需要的知识相结合、系统知识与扩展能力的知识相结合、理论知识与实践相结合，从而保持学习者的学习动力和自控力。

高

中信息技术教师专业能力必修

Gao Zhong Shu Xue Jiao Shi Zhuan Ye Neng Li Bi Xiu

媒体设计是目前网络课程开发中相对薄弱的方面。目前，网络课程中的图形、图像、声音、动画、视频等资源相对较少，这些媒体素材的原创性受到制作水平的制约。强化媒体设计，开发大量的高质量图形、图像、声音、动画、视频等媒体，既能帮助学习者有效地理解知识内容，同时也使学习活动变得生动有趣。

4. 强化评价反馈

网络课程学习自主性较强，及时的评价反馈对学习者的学习质量的提高起着积极的促进作用。教师通过评价反馈来控制学习者的学习进程，激励和指导学习者进行更有效的学习。强化评价反馈也是对学习者学习过程进行有效的管理、记录学习过程、帮助学习者高效掌握学习知识内容与技能的有效措施。

综上所述，网络课程的构建综合了网络技术、多媒体技术等多种现代信息技术手段，因此，网络课程的建设不可能是一个人能够完成的，它需要教学、管理、技术和研究人员的共同努力。在网络课程的建设中，网络建设是基础，资源建设是核心，教学应用是目的。只有把握网络课程的内涵，依据网络课程的特点和各种影响因素做好具体建设工作，注重学习环境的构建，学生主体角色的发挥，教师主导作用的体现，评价管理体系的保证等，才能激发师生共同参与建设及应用网络教学的兴趣和积极性，推动课程建设和资源建设的共同发展，从而达到提高教学质量与效果、培养高素质创新人才的目的。

（二）教育博客的开发

教育博客是一种博客式的个人网站，是各年级各学科的教师与学生利用互联网新兴的"零壁垒"的博客（blog）技术，它以文字、多媒体等方式，将自己日常的生活感悟、教学心得、教案设计、课堂实录、课件等上传发表，超越传统时空局限（课堂范畴、讲课时间等），促进教师、学生个人隐性知识显性化，并让全社会可以共享知识和思想，记录教师与学生个人成长轨迹。博客可以使得学习者进行协作学习、共享学习资源与过滤学习信息、提供学习的丰富情境，是学生、教师和家长沟通的新途径。

创建博客平台的方式主要有两种：第一种是通过简单注册直接获取由 Blog 服务商（如博客中国）提供的免费在线 Blog 服务。这种方式的优点是"零技术、零成本"和优秀博客资源多，缺点是教师之间缺乏交流、学校无法管理教学活动；第二种是自己架设 Blog 服务社交空间。每位教师建立一个 Blog，同一个教研室、同一个学科教师的Blog 可以互相链接。通过浏览、留言、引用、思考、讨论等结合成一个 Blog 群，借助Blog 突破教研活动时间、空间和内容上的限制，让同一学校的师生在学校的博客平台上交流，有助于课程改革的研讨和教学工作的开展，有助于博客系统的长期和谐发展，有助于提升学校网站的凝聚力和学校在公众中的影响力。博主在个人博客内可以设置栏目，栏目下还可以设置二级栏目。通过栏目将发表在栏目下的文章进行分类，分类有助于更好地管理文章。同时，个人博客还可以引入搜索引擎，老师可以根据文章标题、关键字、文章摘要和文章主题内容来进行搜索，可以以最快的速度找到目标文章。这种方式的优点是管理简单、运转稳定、经济实惠，缺点是供访问能力一般、资源空间小、扩展性差。

创建教育博客的目的是促进教师与教师，教师与学生，以及教师与家长之间的交流。博客上讨论的问题主要是用来反映教育教学中的问题，要有针对性。这就需要教师在开发的过程中突出主体，抓住重点，语言方面要简明扼要，具体我们从以下两个方面来进行讨论：

从标题上来讲，一定要有标题。有些教师写博客不喜欢写标题，导致别人在看这篇博客的时候就不易直截了当地看出你想要表达什么意思或说明什么问题。如果加上一个标题，让人觉得一目了然。标题是你想要表达内容的抽象与概括，要能体现你想要说明的问题，但又不能太长，最好是几个关键字的组合，例如"以课题研究为抓手，加速教师专业成长"。

从内容上来讲，首先页面要美观简洁，段落清晰，语言文字表达流畅，文字大小适中。杂乱无章的文章会让人看不下去。其次内容要有条理，符合教育教学的逻辑。段落的标题也要简明扼要，脉络清晰流畅，最好不要出现太大的段落，让人感觉有停顿，有思考的余地。再者对问题的描述要用尽量少的语言，把问题描述清楚，长篇大论的文章让人感觉疲劳，自然不会深入思考。而且，全篇文章都要围绕标题提出的问题来写，不要偏离主题。

开发和利用教育博客的关键并不在于技术方面，而是需要教师有足够的热情去建设和维护，不断地丰富博客的内容，从而使它真正为教研教学服务发挥实效。在部分已经开始博客应用的学校，能一直坚持写博客的教师很少，每篇教学叙事文章的阅读者不多，回复者更少，这反映了博客在教研教学中的应用程度不高。教育博客的应用前景虽然很好，但应用环境仍需培育。

【反思探究】

一、可否"零教案"？学案能不能代替教案？

在基础教育改革的滚滚大潮前，一些教师针对教案的撰写展开了激烈的讨论：太浪费时间了，写好的教案上课时有时根本没用，甚至有时是为了应付上级的检查而抄教案，一个合格的教师上课时不会边讲课边看教案；完全按教案上课，有时效果并不好；备课中有很多东西，特别是一看就明白的东西，有必要写下来吗？如果将写教案的时间用于钻研教材、教参，讨论教学设计，做到课前心中有数，要比写教案更实用。

那么，我们能不能实行"零教案"，什么是"零教案"呢？

"零教案"不是"零备课"，并不意味着教学的放任自流，该做的工作仍然要做，只是不再用那些机械僵化的检查办法束缚教师，不再毫无意义地加重教师的工作负担，而是需要教师把更多时间用在挖掘教学技术、研究学生主体上，自由地把自己的智慧、情感、个性能力更多地投入到以学生发展为本的教学情景之中，创造出焕发生命力的课堂。"零教案"应该理解为非书面教案，即将备课成果保存在头脑中，有必要时才将容易忘记或散失的东西标注在课本、教参上，摘记在卡片上，输入到电脑中，并不一定用书面形式详细描述出来。

无论是书面教案还是非书面教案，都是备课成果的体现，其质量高低主要是看是否实用、是否符合教学实际、能否取得理想的教学效果，而不在于具体的表现形式。因此，教师需要备课，并且需要高质量备课，但备课成果的体现形式却完全可以由实际需要、个人喜好来确定，不是所有的人、所有的学科、所有的教学内容都要写完整的书面教案。

在推进新课程改革的今天，不少学校推广教师备课的"学案"制，就是教师从指导学生学习的角度出发，设计的一份师生共同拥有的"课堂学习节目表"，它侧重于指导学生的学习活动，应当说，"学案"的使用，对于体现学生的学习主体意识具有积极的作用，由教案到学案的转变反映出了教师课堂教学由教师主体向学生主体意识的转变，这种方式完全可以值得借鉴和采用。

但是，"学案"完全代替教案并不十分妥当，因为教案与学案有很大的区别。教案侧重点在于教师教什么、怎样教，用什么方法教，怎样教达到最优化的教育效果。而学案侧重的是学生的学习活动，其核心是指导学生怎么学，其本质上突出了以学生为主体，重在导学，以培养学生自主学习能力为主旨；可以提供策略方法，适时进行情意培养，从而创设良好的课堂氛围，辅助学生根据"学案"和教材进行自主创新学习；充分发挥教材的功能，弥补教材的不足；知识传递方式需要改变。

二、网络课程能不能代替课堂教学？

对于网络课程的类型有多种分法。按所支持的教学程度来看，可以分为传统课程教学的补充、与传统课堂教学相结合、取代传统课堂教学三个层次。

与课堂教学相比，网络课程可以在学习时间、地点上随心所欲，学习进度上随意安排，有优秀教师资源共享，有充分的答疑时间，交流范围扩大，相关信息共享。从某种程度上讲，网络课程代替课堂教学是不可避免的趋势，但是，就目前来讲有很多因素影响网络教学替代课堂教学的进程。

从学习者的角度来看，网络课程的学习需要学习者的自觉性，在网络课程教学环境下，学生由"向老师学"变为"向网络课件学"；由"在实际教学环境中学习"变为"在虚拟现实教学环境中学习"等，如何由"要我学"变为"我要学"，就要看学习者的自主意识。如果网络课程完全取代了课堂教学，那学习过程中就没有教师的督促和指导，这样对于成年人来讲应该能根据自身需要，进行自主学习；对于小学生来讲，进行网络课程的学习基本不能独立完成；对于初高中生来讲，他们正处于叛逆年龄，对学习有厌烦心理，自主学习意识也不是很强，所以并不能完全适应网络课程的学习。

从知识特点的角度来讲，在枯燥乏味的理论课课堂上教师可能会讲得生动形象，教师通过提问，倾听学生的回答，观察学生的一个动作、一个表情甚至一个眼神，就能知道学生是不是已经理解所学内容，而在虚拟的网络里，网络课程的学习不能及时的答疑反馈，很容易让学习者感到疲劳。虽然某些课程可以将教学内容融入到教学游戏中，极大地提高了学习者的学习兴趣，这样的网络课程甚至比课堂教学还要有效。但是，开发这样的网络课程花费的代价要远远超过课堂教学，并且不是所有课程都适合游戏模式。

专题四：高中信息技术教学设计之实施阶段

教学设计的实施阶段是评价阶段的评价主体，也是整个教学过程的主体，主要包括课堂教学、课堂管理等部分。在具体的实施过程中，教师对课堂的把握程度直接决定了其教学质量的好坏。一个完美的教学设计，可能因对其把握失当，而收不到应有的效果；相反，一份并不尽如人意的设计，也有可能因为老师的出色发挥，而变得光彩奕奕。

【问题导入】

实施过程中，学生是主体，是课堂的主人。学生的主体性充分表现在学生在课堂活动中是积极主动的，而不是消极被动的。他们以热情饱满的精力参与各项教育活动，在教师的引导和诱发下，积极地开展创造性的思维活动。因此，在实施过程中，"双主"作用应成为贯穿始终的一条主线。但是在实施过程中，如果给学生过多的自由，学生就会把信息技术这门课当作休闲娱乐，不会认真对待；如果管理的过于严格，则会遭到学生的反感。如何上好一堂信息技术课，怎样把握课堂管理的度，教师应该思考以下几个问题：

(1) 如何有效组织教学活动？

(2) 如何设计课堂提问？

(3) 如何合理布置作业？

(4) 如何选择课堂管理的策略？

【内容梳理】

如果说教学设计是解决"做什么"的问题，那么教学实施就是负责把"做什么"转化成实际的活动，去真正实现要做的事情。不过，我们平常所说的"怎么做"往往只是指教学的具体方式方法，主要属于教学技能技巧的范围，如果只是在这样的意义上理解"怎么做"，就是对"教学实施"理解的简单化。实际上，"教学实施"比"教学的具体方式方法"复杂得多，也艰难得多。这里选取在课堂实施阶段两个重要的方面——课堂教学与课堂管理进行阐述，以此提高信息技术课教学的有效性。

一、课堂教学

课堂教学是实施素质教育的一条主渠道，而要取得良好的教学效果，有效的课堂教学就显得尤为重要，在新课程背景下提高信息技术课堂教学有效性是信息技术课堂教学改革的重要目标之一。所谓信息技术课堂教学有效性是指，教师遵循信息技术课

高 中信息技术教师专业能力必修

Gao Zhong Shu Xue Jiao Shi Zhuan Ye Neng Li Bi Xiu

堂教学活动的客观规律，在课堂教学规定的时间内，能够合理运用教材，采取恰当的教学方式方法，营造健康和谐的学习环境，激发学生的学习动机，促进学生主动参与、自主探索、合作交流，获取信息技术知识，同时培养学生创新性地使用信息技术的精神和实践能力，形成良好的信息情感、态度和价值观，从而促进学生全面健康发展[①]。

如何提高信息技术课堂教学有效性是每个信息技术教师所面临的问题，下面将从有效组织学生活动、精心设计课堂提问、合理布置课堂作业三个方面来探讨在信息技术课堂中完成有效教学的策略。

（一）有效组织学生活动

课堂教学有效性的高低是以每堂课的目标达成度作为考核的，目标的达成要以学生学习中的一个个具体的活动和任务为载体。与此同时，由于信息技术学科具有很强的实践性，因此学生的活动应该贯穿于教学的各个环节。在教学过程中，教师应该根据教学目标、教材内容和学生特点进行精心设计、组织学生活动，调动学生学习的积极性，从而达到提高学生掌握知识、运用知识、创造性解决问题的能力。课堂活动的组织方式主要有游戏方式、竞赛方式、问答互动方式等。

1. 游戏方式

游戏方式是指教师借用健康、益智性等游戏软件组织教学，寓教学内容于游戏之中，让学生在玩中学，在游戏中提高学生计算机的操作水平，在游戏中获取知识，也就是一种游戏化的学习模式。在游戏中，要求学生学会并应用各种知识来完成一个个任务，通过使他们产生对最后结果获得胜利的渴望，在虚拟环境中拼搏、竞争从而实现教育的目的。游戏的趣味性、生动性、挑战性、实践性，对学生有极大的吸引力，能够满足他们的成就感，激发他们强烈的学习兴趣。游戏可以是学生之间的游戏，能增进学生之间的交流；也可以是学生与电脑之间的游戏。

"用智能工具处理信息"是高中信息技术课"人工智能初步"模块的知识。该模块既适当地介绍了一些简单的人工智能应用，也介绍了人工智能语言的基本使用方法，其目的是使学生更好地理解人工智能技术思想与方法的特征。高中学生虽然已经具备了一定的计算机使用经验，但这些经验大多是与常用工具软件的使用以及网络应用有关。对于信息智能处理工具软件的使用，个别学生具有一定的经验，但学生更感兴趣的是这种软件为什么能进行智能化处理，它与其他常用工具软件有什么不同等。因此可以采用益智游戏软件来让学生了解智能处理工具的基本工作过程和工作原理。在教学过程中，可组织学生使用教师提供的 QQ 在线游戏，要求学生从 QQ 在线游戏中选择一种棋牌类游戏与计算机对垒（如下图）[②]，教师从旁指导。让学生在独立操作过程中形成对智能工具的认识，并在讨论中比较感知智能工具处理问题所获得结果的不确定性。然后邀请学生就自己所选择的游戏的过程及结果发表意见，交流分享探究的结果，从而让所有的学生对智能工具的性能、功效，有感性的认知，进而达到理解智能处理

---

① 杨玲. 新课程背景下信息技术课堂有效教学的实施策略［J］. 当代教育论坛，2009（3）
② 高中信息技术游戏化教学模式的应用. http：//www. docin. com/p - 12088602. html. 浏览时间：2010 - 11 - 20

工具的基本工作过程和工作原理的学习目标。

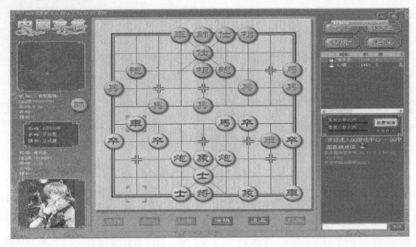

教师在利用游戏方式组织课堂时，要选择适合学生特点和课程特点的电脑益智游戏，既能让学生更好地学习信息技术，又能激发学生的想象力、训练智力、扩大视野。游戏活动的设计要紧扣教学内容，教师需要控制好收放节奏，引导到位，不要让课堂只是流于表面热闹的形式。

2. 竞赛方式

竞赛方式是指教师根据教学目标和内容组织竞赛，让学生以个人或小组的形式参与其中，给予学生充分发挥潜能的空间，鼓励其个性化和创新性的发展，赛末对竞赛过程和学生的表现予以评价和总结，使"教师主导，学生主体"的地位得到充分发挥，从而有效实现教学目标的一种课堂教学组织方法[①]。在课堂教学中，个人或小组以比赛的形式进行课堂教学活动，能激发学生你追我赶的学习热情，高效地完成老师布置的任务。竞赛方式把竞争引入课堂，利用中学生追求成功、展示自我的心理需求，更好的提高了学生学习的积极性。同时，也能够培养学生的竞争意识，团体合作的精神。这种方式较多地运用于新知学习和巩固提高的环节。在新知学习环节，学生自主学习时，比赛谁能更快地掌握新知识；在巩固提高环节，让学生综合利用所学知识，比赛谁能更快更好地完成任务。

"获取网络信息的策略与技巧"是高中信息技术课"信息获取"模块的内容，该内容要求学生能举例描述网络信息检索的几种常用方法（直接访问网页、使用搜索引擎、查询在线数据库），同时能根据问题确定信息需求、信息来源，并选择适当的方法获取信息。在教学实施过程中，教师可由中国传统节日引入课题，带动全体学生的学习。然后引导学生学习利用常用信息搜索工具——搜索引擎，查查有关中国传统节日的来历、习俗、诗词等，接着各小组开展小组间竞赛，小组成员分别利用不同的网络信息搜索方法查询问题答案，先查到的举手示意，经教师同意后汇报自己的查询结果。

---

① 王秀荣，孙良林，冯旭鹏．竞赛式教学法在中小学信息技术教学中的应用［J］．现代教育技术，2009 (9)

答对者，教师给其小组加 10 分，抢答答错者（包括抢答不遵守规则者）扣 10 分，其他小组继续抢答。比赛结束时得分最高组为优胜组。在竞赛过程中，教师要调控课堂纪律和气氛，组织竞赛活动，引导和帮助学生寻找问题的答案，收集和处理教学过程中出现的问题，检查各小组完成任务的情况。通过抢答比赛让学生去体会和总结利用搜索引擎获取网络信息检索的策略与技巧。

在采用竞赛方式组织学生活动时，要注意竞赛的设计一定要紧扣教材内容，并能调动全体学生参与其中。竞赛规则要公平、合理，竞赛结束后要给予合理的总结与评价，对优胜者一定要给予奖励，否则就会失去了竞赛的意义。

3. 问答互动方式

问答互动方式主要是通过教师提问、学生回答的方式组织课堂活动。"水尝无华，相荡乃成涟漪；石本无火，对击始发灵光"，教学实施过程中通过师生的交往和对话，能提高信息技术课堂的有效性。生动形象的一问一答能够形成师生互动、生动活泼的课堂气氛，更容易充分调动学生积极参与到课堂教学中。而在问答互动方式中，通过教师提问或者学生提问的方式及时地了解学生掌握知识的情况，既能增强师生之间的互动，又能提高学习效率。教师不再是课堂的"主宰"，而是教学过程的组织者、辅导者和服务者，学生也不再是被动的知识"接受者"，而成为学习的主人。

"信息技术第一课"是高中信息技术必修模块第一章"信息与技术"模块的内容，该内容要求学生理解掌握信息及信息的特征。信息是一个比较抽象的概念，如何在学习之初引领学生较好地把握信息的特征，体验到信息对我们生活、生产的重要性，并能较快地引导学生树立良好的学科意识，这些都是教师在课堂教学实施过程中所需要考虑的问题。在教学实施过程中，教师首先要创设问题情境，启动"师生对话"，从古典诗词出发，引导学生从信息的含义、信息的表现形式以及信息的载体三个方面来认识、理解信息。通过创设的情景，激发学生互动与对话的欲望，让学生自己去发现问题、研究问题、探寻知识。然后，开展分组合作，进行"生生对话"。在对话互动式教学过程中，要重视学生间的互动，鼓励学生畅所欲言，各抒己见，彼此对话，相互交流。引导学生举出能体现信息特征的实例，再与学生一起探讨、分析，帮助学生进一步理解信息的特征。最后，组织交流归纳，实现"全班对话"。通过全班同学的归纳总结，既可以理解信息的有关概念，又体验了古诗词的美，感受到了中国古诗词文化的博大精深。

采用问答互动方式组织学生活动时，教师精炼准确、赋予启发性的提问非常重要，所以教师提问一定要目标明确，能引导学生发现问题，激发学生持续的学习兴趣。好的提问能够引导学生进行深入思考，并寻求解决问题的最佳方案。

以上活动方式并不只是单独的出现，课堂上教师可根据需要有机地选择其中的一种或多种来组织教学，从而最大限度地提高信息技术课堂教学的有效性。

（二）精心设计课堂提问

课堂提问是指以提问为主要方式，师生进行对话，使学生理解教学内容并获得知识的一种教学方法，也是现代一种具有教改意识的方法。通过提问，教师可以促使学生进行定向思考，将注意力集中到教材的重点、难点上来，积极主动地分析问题、解决问题。但是，如果提问不当，容易导致"满堂问"，干扰学生思维，课堂教学要求教师尽心设计有效提问，即能引起学生回应和回答的提问，从而促使学生深入地思索工具、软件的内在含义，培养学生学习工具并使用工具解决问题的意识和习惯。

以下是两则关于课堂提问的案例：

案例1：

一位教师在《空调的比较——表格的制作》的教学中，设置了如下的提问。

师：老师家里想买一台空调，但不知该买什么品牌好。老师在课前查了很多文本资料，请同学们通过阅读资料，帮老师分析哪一种空调好。

生（粗略浏览了资料后）：格力GREE空调好。

师：能不能说说理由？

生：节能、售后服务好。

师：通过这些文本资料，我们能快速看出它们的区别吗？

学生开始各抒己见。

师：比较事物间的区别，我们一般采用什么方法？

学生面面相觑，一脸茫然，不知如何回答。

师：这节课的任务就是制作一份能直观呈现出三种空调区别的表格。

教师在上述案例中的提问意图是，通过"帮老师选择空调"吸引学生的注意力，进而让学生意识到，以文本形式表示的信息并不会让人们快速分辨出事物的区别，而应该用直观的表格形式表达，从而引出本课的课题——表格的制作。但事与愿违，学生的思维过多地停留在"选择空调"的焦点上，而对信息的呈现方式没有深入思考，不能很快联系到表格，以致教师最后只能牵强地引出课题。

案例2：

当学生体验了从网上下载文件后，有位教师在讲解"什么是下载"这个知识点时是这样设置问题的。

师：回忆一下刚才我们是从哪里获取文件的？

生：从网上。

师：那我们是怎么获取的文件呢？

生：复制。

师：那么，什么是下载？

生：从网上复制文件并保存到自己电脑磁盘的过程叫下载。

教师通过让学生回忆文件的来源和去向——从网上到磁盘，再联系学生已知的概念——复制，将问题层层推进、步步深入，从而让学生自己得出下载的概念。通过问题的引导，学生对新知识的学习可谓水到渠成。教师教得自如，学生学得轻松[①]。

由此可见，问题设计是否有效直接关系到教学的成败。那么，怎样设计才能使问

---

① 模块四：信息技术课堂教学专题研究之三有效教学．http：//63da.com/DOC/．浏览时间：2010-11-23

题更有效？这是信息技术教师在进行课堂提问时必须面对的问题。可以从以下方面对信息技术课堂有效提问的设计策略进行探讨。

1. 突出三点，精心设问

在教学实施过程中，教学目标的达成、重点的落实、难点的突破是一堂课成功的关键。一堂课不可能对所有问题都展开研究，教师应深钻教材，围绕重点、难点、关键点进行精心设问。提问的重点要将问题集中在那些牵一发而动全身的关键点上，问在最需要、最值得问的地方，以突出重点，攻克难点，只有这样的提问，才能提高课堂效率，才能激发学生从不同角度进行思考，从而拓宽学生的知识面，提高学生的学科素养。

案例 1 失败的主要原因是问题的针对性不强，没有围绕教材的重点内容——表格来设计，所以绕了一圈，还是不能得到教师期望的答案。不仅浪费了时间，还让学生在没有充分认识表格作用的情况下就匆匆忙忙地制作表格。这样，学生仅仅掌握了制作表格的一些技能，在课后仍无法用表格工具解决实际问题。假如我们做这样的调整：教师出示分别用纯文字和表格表示的列车时刻信息，让学查询到某地旅游的最佳乘车方案。学生查找后，教师设问：你是通过哪一种方法查找出来的，让学生体会到两种信息表达方式的优缺点，明白了表格的适用场合，有助于他们将表格灵活运用到实际生活中。

2. 难度适宜，启发引导

启发性的问题能让学生的最近发展区变为现实发展区。前苏联教育学家维果斯基认为："如果问题全在知识范围内，只是大脑皮层的简单探索，就引不起学生的兴趣。如若问题过高，大脑皮层模糊一片，就不会有特别明显的兴趣点。只有把问题创设放在最近发展区，才能引起兴奋点。"在提问之前，教师应对学生的已知区、未知区和最近发展区有充分了解，使问题落在学生的最近发展区之内。这样，学生就能利用已有知识经验积极思考教师所提出的问题，促进学生认知结构的形成、巩固和发展。

在案例 2 中，下载的概念比较抽象，属于未知区。教师的层层提问实质是在这两个区域之间搭建桥梁，让学生自然而然地表达出下载的概念。所以该问题的设计不仅锻炼了学生对比归纳的能力，还通过教师循序渐进的追问，启发学生顺利学到了新知识，起到了"跳一跳能摘到桃子"的效果。

3. 目的明确，分类设计

提问要有明确的目的，这是课堂提问成败的先决条件。提问的目的有多种：为引入、为过渡、为突出重点、为突破难点、为引起兴趣、为引发争论、为评价、为总结归纳等。目的不同，所设计问题的性质也应不同。如在评价阶段，要求学生必须有正确的价值观，会根据判断标准进行综合分析。此时，教师应设置一些高级认知提问。

例如，

师：你认为你的作品最有创意的地方在哪里？

生：创作中体现了欢乐的一面。

师：从哪里体现？

生：图片。

师：你认为不足之处在哪里？

生：……

师：其他同学对他的作品有什么看法？给你留下印象最深刻的地方在哪里？

生：有片头和片尾，这些都没有学过。

师：你能给他的作品评什么等级？（按照具体的评价指标）为什么？

生：……

教师首先从正反两方面要求学生对自己的作品做出恰当的评价，并且每个方面都做了"还有吗"的追问。然后让其他学生发表观点，做出评价。其目的是让学生通过全面的分析、深入的思考，从不同角度对作品做出恰当的评价，并通过追问，让学生意识到问题的复杂性，促使学生积极思考，从而多角度地认识和分析问题。

4. 层次分明，循序渐进

教师的问题要按照教材知识结构的内在逻辑顺序和学生认知活动的层次进行设置。问题的设置环环相扣；问题的解决如剥笋层层展开。在设计时，问题的排列要符合学生认识事物的规律，同时又要依据知识本身的逻辑关系。即要为实现教学思路而问，又为推进教学程序而问，形成教学的思维链，环环相扣，循序渐进。

有位教师在讲解"文件类型的查看方法"时是这样设计的。

师：文件有多少种类型？（屏幕出示很多图标不同的文件。学生直观地根据图标的不同进行了回答。）

师：两个图标一样的文件是不是同一种类型的文件呢？（这时，教师显示了两个文件的扩展名，让学生根据扩展名识别文件的类型。）

师：当文件无扩展名显示，且图标也不认识时，怎么识别？

这三问，让学生懂得查看文件类型方法：首先可以看图标，因为比较直观；当图标不能辨别时，可以看扩展名；当看不到扩展名时，我们必须将扩展名显示出来。这样层层递进、步步为营，将查看文件类型的知识点清晰地呈现在学生的面前，便于学生在大脑中建立起连续、完整的认知体系。

有效的提问不仅包括对课堂问题进行精心的设计，课堂提问的具体实施，以及教师对学生应答的评价等也属于有效提问的有机组成部分。在课堂提问的实施过程中，要注意提问要面向全体学生，使全班学生都能够参与思考，同时在提问过程中要注意教师主导作用的发挥，提出的问题应围绕学习的中心内容。有效的课堂提问应以"分次式"、"启发式"和"教师为主导，学生为主体"的教学思想为指导，引导全体学生进入积极的思维状态，学会研究问题和解决问题的方法，从而使课堂的提问更有效、更精彩，进而提高课堂的有效性。

（三）合理布置课堂作业

课堂作业是课堂教学中非常重要的环节，通过作业既能考查学生对学习内容的掌握情况，又能发挥学生的创造性思维。信息技术课程不同于其他学科，课堂上很难完成一个完整的作品，因此如何合理地布置课堂作业就成了当前比较重要的问题。

随着课程标准的实施和课堂教学改革的不断深化，教育创新的意识已经深入课堂，针对课堂作业的布置，不仅要顾及作业的一般作用与功能，更要注重学生主体作用的发挥，尊重学生的个别差异，改革作业的形式与水平，创新作业的设计，从而使每个学生的个性得到充分的发挥，学习能力和知识水平都得到提高。所以在教学实施过程中，课堂作业要做到多样化、多元化、多层化，致力于调动学生的学习主动性和积极性，激发学生的自主参与，促进学生素质的个性化发展，进而提高课堂教学的有效性。

1. 操作实践式作业

实践出真知，操作实践式作业能增强学生运用知识的能力，是一个手脑并用的过程，是培养技能技巧，促进思维发展的一种有效手段。实践性作业也是"学以致用"的最好注解。学生通过实践，在自己探索研究的过程中，提出解决现实问题的方法和策略，把书本上的知识转变为运用所学知识解决问题的能力。在巩固知识的同时，让学生逐步学会并提高提出问题、分析问题和解决问题的方法和能力①。

如在《算法与程序设计》教学中，让学生针对具体的实际问题设计算法、编写程序、调试结果。只有学生自己实践操作过，才能对算法与程序有一个真正的理解。例如在"if选择分支结构"的课堂作业中设计诸如请解释选择语句的意思；请写出 if 的语句结构等的作业。显然，这样的作业，学生或许只会死记，根本没有真正意义上的理解。若设计为：某超市为了促销，规定购物不足 50 元的，按原价付款；超出 50 元不足 100 元的，超出部分打九折；超过 100 元的，超出部分打八折，请你为超市收银员设计一个程序。这种联系实际的问题，不仅将所学的知识运用于实际生活中，使之加深对知识点的理解，同时更能激发学生学习的积极性。当他们的代码编写正确时，学生的成就感得到了满足，促使他们去解决更多的实际问题；相反，当他们的代码出错时，那么一种渴望成功的欲望会促使他们去进一步探索和思考，从而培养了学生自主学习和探索研究的能力。

在教授"信息获取"这一部分时，可以进行如下的实践性课堂作业：以小组为单位，制定一条江南七日游的旅游线路。这是一个带有研究性、学习性质的综合实践性作业，让学生真实地体验制定旅游计划的过程。小组成员就会积极行动起来，完成自己分配到的工作。各小组在制定完旅游计划后，对收集的资料进行整理、分类、处理。小组成员一起讨论沿途的每个旅游城市的每个景点，把各景点资料（图片和文字）通过"网上邻居"汇总到一台计算机中，根据实际需要组织文件夹结构，把各类资料分类存放。最后，各小组都提交制定好的七日游详细计划安排表，并附带查找到的各类图片和文字资料。通过这一实践性作业，不仅提高了学生解决实际问题的能力，而且培养了学生间合作学习的情感。

2. 创编式作业

课程标准指出："学生是学习的主体，是学习的主人。教师是学生学习的合作者、引导者和参与者。"传统教学中，都是教师设计好习题让学生完成，学生被动应付，主

---

① 丁芳，周剑辉．新课改背景下信息技术课堂作业的设计与评价［J］．现代教育技术．2008（7）

动性得不到发挥。事实证明，学生对自己"创造"出的习题更感兴趣，练习也更投入、主动。教学的目的不仅仅是教给学生一些书本知识，更重要的是如何培养学生的自主学习意识和自主学习能力。因此在作业中根据课堂知识，从学生的需要出发，让学生当一回作业的"导演"，自己设计题目。创编式作业主张主体的参与，空间的开放，形式的多样，让学生在能动的创造性的过程中体验成功的喜悦。同时，学生自己创编题目的过程，就是一个自学的过程，一个深层次理解和思考的过程。这样的过程可以培养学生独立思考的能力，而不是将知识停留在记忆的层面。

实施创编式课堂作业，首先教师要端正自己的教育思想，转化传统的作业观念，真正把学生当作学习的主体，把学习的主动权交给学生。做什么，怎么做，什么时候做，应放手让学生根据自己的实际情况而定。认识到信息技术课堂无差生，不同学生应有不同的作业。只要是体现学生性情的，有真情实感的，并能围绕一定的课堂知识点的作业都是好作业。如在《多媒体设计》教学中，对于一些 Flash 和 Photoshop 作业，教师就应该以这种创编式作业的方式，让学生认识到我们做的不是作业，而是表达自己真情实感的作品。比如在讲 Photoshop 文字效果处理的时候，学生应用所学的知识制作贺卡、对联、个人签名的设计等，将自己的想法结合所学的知识，创作出真正属于自己的作品，而不拘泥于一些形式，不囿于束缚。像这些既可巩固所学知识，又可基于理论进行创造性思维的作业，可有效地培养学生的创新意识和创新能力。

3. 层次式作业

全面提高每一个学生的信息素养是信息技术新课程标准的核心理念，面向全体学生，就是要求信息技术课程为每个学生提供公平的学习机会。但是，学生因原有学习基础的不同，因智力、情感发展的不同，他们的信息技术水平也各不相同。因此，根据分层教育、因材施教的原则和最近发展区理论，作业布置必须要有层次性。一般情况下，在布置课堂作业时，针对学生的个性差异，可以将作业分成三个层次：基础层作业、提高层作业和发展层作业①。目的是让不同层次的同学都能得到提高，感到满意，有所收获，最大程度保护学生学习的积极性。

（1）基础层课堂作业

基础层课堂作业面向全体学生，基础层的要求是要让学生"吃得了"，一般的学生都能通过。教材中的内容都是比较基础的知识，可以通过教师讲解，学生自学等方式就能够掌握。这时就可以适当布置作业进行练习，练习的题目不必多，通过简单的操作就能达到，如果学生中出现个别不能掌握的情况，就可以让同学出面帮助解决。这个作业一般都能在课堂上完成。

（2）提高层课堂作业

提高层作业是面向大多数学生，可根据练习内容或题型设置多个题目，在他们掌握基础知识的情况下再开发他们的学习能力。提高层作业的布置应注意两个问题：首先，不可硬性要求某些同学做提高层次的作业，那样会使另一些同学产生被老师轻视

---

① 马冬雪. 设计有差异的信息技术课堂练习［J］. 河北大学成人教育学院学报. 2008（2）

的感觉，作业层的选择要尊重学生的意愿。其次，针对不同学生的学习状况，做好细致的思想工作，防止偷懒思想的产生与蔓延。

(3) 发展层课堂作业

发展层课堂作业是面向学有余力的学生，主要针对"吃不饱"的学生。他们接受能力强，因此设计一些富有思考性的练习题和作业题，主要是本课知识点的深入应用，让学习能力较强的学生进行创造性的思维训练，进而有更大的发挥空间。

如对"For 循环语句"的内容进行布置作业时，可将作业分成以下三个层次进行。基础层作业：要求学生能正确理解 For 循环语句基本结构、功能，能读懂程序、分析程序得出正确结果。提高层作业：要求学生重点在于对 For 循环语句基本结构、功能理解的基础上，对典型程序进行依葫芦画瓢式的编程，在教师的指点下调试出正确结果。发展层作业：要求学生对 For 循环基本语句结构、功能能够很快举一反三，对一些较难的、需要一定技巧的程序进行综合分析，并编写调试出正确结果。通过这三个不同层次作业的完成，能够提高学生的综合应用能力，培养学生的创造力，进而提高课堂教学的有效性。

要提高信息技术课堂的有效性，我们应重视作业布置这一教学环节，在信息技术课堂里如果能布置适量的知识性、技术性作业，将有效地促进学生对信息技术知识的掌握和技术能力的提高，从而促进教学质量的提高。信息技术课堂作业应该既体现信息技术学科的特点，又符合学生掌握知识的特点，同时教师布置的作业应当及时讲评，对完成作业情况好的同学进行表扬，对差的学生多鼓励，做到不增加学生的负担，不影响学习情绪。这些都需要教师在教学过程中不断探索，巧妙实施，使他们体验到学习的快乐和成功的喜悦。

二、课堂管理

课堂是由教师、学生及环境组成的复杂的社会系统，课堂管理主要是对课堂中诸多因素进行有效的调控，采取适宜的方式与策略，以营造积极的课堂环境为基础，以师生的互动为中介，以促进学生的自我控制并最终促进课堂教学顺利实施为目标的过程。搞好课堂管理不仅是课堂教学顺利进行的基本保证，而且是提高课堂教学质量的有效途径。

就信息技术课堂教学而言，课程教学的操作性、实践性和互动性及相应的对计算机设备的依赖性等基本特征，决定了该课程和其他课程课堂教学的差别，也决定了该课程课堂管理的特殊性。因此，作为信息技术教师，首先要了解当前信息技术课堂管理中存在的问题及其产生的原因，并能"对症下药"，采取有效的课堂管理策略，维持良好的课堂秩序，以保证课堂教学的有效实施。

（一）信息技术课堂管理的现状及其原因分析

"信息技术课的课堂纪律很难维持"，相信所有信息技术教师对此都深有体会，尤其是在机房中授课，混乱的课堂秩序总是让教师们手忙脚乱。"安静"的时候，学生在玩游戏、网上聊天或者上网找歌听；喧闹的时候，有人讲话，有人喊电脑坏了，有人在走道中走动，电源声、击键声、挪凳声、讨论声……不绝于耳。好像学生都有自己忙碌的事情，可就是没人用心听教师的授课，不按照教师的教学要求制作作品。这就是许久以来信息技术课堂教学面临着的一个困境——课堂管理问题。为了方便描述，我们按照问题产生的原因，对其进行如下的分类[1]：

（1）教学内容引起的纪律问题：学生玩游戏，上网，却不喜欢听课……

（2）教学软硬件引起的纪律问题：机器数目少于学生人数，不能一人一机；机器配置低，运行速度慢；机器故障率高，影响正常使用；没有教师机或教师机上没有电子教室软件；没有投影设备……

（3）教学方式方法引起的纪律问题：由学生的交流与合作引起的"乱"，讨论、辩论演变成了"吵"论；小组讨论变成了小组"聊天"；小组协作学习中小组成员分工不明，部分学生做其他事；课堂比较吵、乱；学生互评自评，出现敷衍现象，比如全是一个分数，或是全是满分等……

（4）学生起点不同引起的纪律问题：学生的水平参差不齐，起点不统一，水平高的学生无事可做；水平低的学生做不出来……

（5）课程地位和观念引起的纪律问题：学生认为信息技术课就是应该玩的，对于作业敷衍塞责，不如抓紧时间玩游戏……

（6）学习环境引起的问题：信息技术学科的绝大部分课时是在计算机房完成的，和教室相比存在着更多吸引学生注意力的其他因素，因此会引发一系列的问题……

信息技术课堂为什么会存在这些问题？归结起来，这主要是由于信息技术学科与其他学科在学科地位、学科特点及学习环境等方面有着很大不同，从而课堂中存在着的问题也与众不同。归结起来，其产生的原因主要有以下几点：

（1）学生不重视信息技术课程

从学科地位上来说，和其他学科相比，信息技术学科不仅是一门小学科，更是一门新学科，先天不足。虽然在课程标准中明确指出了它在普通高中的地位，但是在很多学校，信息技术学科仍是被遗忘的学科。这些因素使学生对本学科缺乏重视，持轻视态度，从根本上缺失了认真的学习态度。

（2）计算机教室的环境不利于信息技术课堂管理

从学习环境来说，与其他学科相比，信息技术学科的大部分课时是在计算机房进行，与教室相比，计算机房中的干扰因素更多，环境更为复杂，带来的纪律问题也更多。教师在授课时虽然面对的是学生的面孔，但同时也面对着一台台显示器的后背，无法及时发现学生在做些什么。学生利用这些"优越的地理优势"充分地发挥主动性，弥补在其他课堂中被压抑的情感。

（3）信息技术课程本身的特点

从学科特点上说，与其他学科相比，信息技术学科有以下若干特点：实践性、层

① 浅析信息技术课堂管理．http：//www.scjks.net/Article/Class11/Class121/itlw2008/200812/5441.html．浏览时间：2010－12－01

次性等。其中实践性是指信息技术更多的是学生的实践和操作，在操作中，学生会碰到很多问题，有些会超出教师事先的准备范围，引起课堂的突发事件，产生纪律问题；信息技术学科中的层次性具体表现在：学生基础水平的层次性、教学内容的层次性，学生基础水平的层次性，造成了学生的水平不一，出现会的学生玩游戏，不会的学生也玩游戏的局面。

由于信息技术学科课堂与其他学科课堂存在着很大差异，所以，我们不能盲目地用其他学科的课堂标准来要求和评价信息技术学科的课堂，信息技术学科需要有自己解决课堂管理问题的策略。

（二）有效改善信息技术课堂管理的策略

为了从根本上解决信息技术课堂管理问题，达到高效的课堂教学，必须采取合适的课堂管理策略，优化信息技术课堂管理。由课堂管理的定义可知，要优化信息技术课堂管理，信息技术教师要在以下两方面进行努力：一方面，要保证课堂总是持续着有意义的学习活动；另一方面，还要使学生不良行为降到最低程度，并能在不良行为发生时采取有效的干预措施。

1. 制定相关课堂规则

有效的课堂管理意味着以预防为主，纠控为辅，其核心就是制订并有效执行课堂规则。信息技术课堂，学生与计算机屏幕面对面，不利于教师与学生实时交流。便捷的上网条件，也成为课堂上与教师争学生眼球和精力的第三者。因此，信息技术教师在接手一批新生之时，在学生进入机房之前，就要着手与学生一起制订相关的课堂管理规则，使学生明白在信息技术课堂中，哪些可以做，哪些不可以做，并制定相应的违反制度的处罚措施；同时，教师要保证规则的执行，不能"纸上谈兵"。

另外，规则的制定应尽可能由课堂成员讨论而成，并且始终如一地呈现，涵盖学生全体，但条目不要太多，尽可能控制在 10 项以内，要明确而具体。一经形成，要将规则传递给每一位学生，并让他们理解与配合。在实施过程中，教师要不断向学生提醒、解释和探讨规则，并要注重规则实施的检查和反省。

例如，有的信息技术教师利用新课程下的学分管理制度，将学分与课堂行为挂钩，制定了如下的信息技术课堂规则[①]：

1. 评定学分 = 平时成绩 ×60% + 学分认定考试成绩 ×40%

平时成绩包括学习态度、出勤率、作业上交情况、进机房的卫生习惯、遵守纪律情况。

2. 遵守纪律和素养情况

（1）按时上课，不迟到、不早退。

（2）按学号对应机器号就座，不能私自调换座位。

（3）上课前带上书和笔。

（4）只能修改自己的文件夹下的资料和信息，不能修改别人的资料和信息。

---

① 陈丽红. 新课程下有效信息技术课堂管理的策略探究 ［J］. 新课程（中学），2010，（08）

（5）作业未完成前不能聊天，不能玩游戏。

（6）禁止浏览不良网站。

（7）机房里不能大声喧哗。

（8）不得私自插拔键盘、鼠标及其他设备接口。

……

制订以上这个行为规范的目的是为了让学生在机房上课时可以有纪律规范来约束自己的行为。虽然有些规范只能做到"防君子不防小人"，但是每个学生的心里至少都有一条界线。当学生不小心跃过这条界线，老师的目的不是把他抓出来扣分，而主要是做到预防和提醒，让整个班有一个好的课堂纪律，提高课堂管理效率，最大限度地达到良好的教学效果。

2. 增强课堂吸引力

首先，应当联系生活进行教学，使信息技术课贴近学生的生活。依据教学内容和学生生活实际，运用计算机和多媒体工具将学习内容以多媒体、动画等形式和友好互动的界面为学生提供数字化资源，让学生身临其境。如在讲授 Excel 中的求和时，可以让学生统计一下自己一个月的总花销；在讲授电子邮件时，把网络中的电子邮局和现实中的邮局联系起来，从而增强了学生把所学知识与现实生活相联系的能力，激发了学生学习的兴趣，增强了信息技术课堂的吸引力。

其次，在教学的时候还需要注意选择不同的教学方法，让信息技术课生动起来。信息技术教师还要善用语言艺术。马卡连柯曾经说过："同样的教学方法，因为语言不同，就可能相差二十倍"，这充分说明教学语言是教师"传道、授业、解惑"的重要武器。因此，信息技术教师语言要用词准确规范，注意语调高低强弱；语言要有启发性，要引导和启发学生积极思考、发展智力；表达方式要形象生动、富有情趣、通俗易懂，善用比喻，想方设法化抽象为具体，帮助学生理解概念和掌握操作。

例如，教师在讲解"文件夹和文件"时，可以将"文件夹"比作"抽屉"，"文件"比作抽屉里摆放的"物品"，或将"文件夹"比作"房间"，"文件"比作房间里的"人"或"物品"，既形象又贴近学生生活，易于学生理解。同时，人要居有定所、物品要归类摆放，这样就水到渠成自然化解了学生心中"为什么要建立文件夹"的疑问。当然，信息技术教师的课堂语言除了科学无误还要简明扼要，特别是操作步骤要层次分明、条理清楚，不能不着边际和不得要领。教学语言艺术不仅反映了教师的自身素质和人格魅力，同时在一定程度上也决定了课堂的吸引力和课堂教学效果。

3. 构建良好师生关系

课堂教学中，学生的学习活动是思维活动、认知活动和情感活动的统一，只有将教师的情感与知识传授有机结合起来，才能够有效地促进学生情感认知。而情感交流必须建立在关爱与理解的基础上，离开了关爱与理解，情感交流就会变成无源之水。

课堂上教师应该用心地去关注每一位学生，承认并尊重学生的差异，尽可能多地走下讲台，到学生中间去，拉近师生之间的距离，鼓励学生大胆质疑，大胆发问。当学生取得进步时，总是充满激情地赞扬；当学生遇到困难时，总是关切地出现在他们面前，引导、鼓励他们克服困难。当一件件小事积累下来，量变就会引起质变，从而使得师生关系更加融洽，课堂气氛也更加轻松、和谐。同时，教师还要设身处地地体会学生的需要，善于让学生谈自己的苦恼、忧虑和渴望，并逐步走进他们的内心世界，这样学生就会对老师拥有高度的认同，并且会因"亲其师而信其道"，从而真正用心地投入学科的学习中。

某校的一高中生由于父母整天忙于生意经营，没有时间管理他的学习和生活，对他的兴趣和爱好也熟视无睹。但是该父母又怕自己的孩子迷上网络，就把家里的电脑锁起来。并且，父母和他之间的话题除了学习还是学习，造成该生非常抑郁，上机实验时不是聊 QQ 就是玩游戏，有时干脆用 MP3 听起歌来。当看到这种情况时，老师并没有"没收"他的 MP3，而是找时间和他聊天。通过聊天，老师发现该生在初中时就喜欢上了动画制作和滑板运动。当老师问他："知道滑板运动从哪流行起来的吗？"该生回答说不知道，老师接着说："上网找找吧，看滑板运动都有些什么知识，有时间我用数码相机把你的滑板动作拍下来，然后你用 Flash 软件把你的动作描下来，与那些在网上找的滑板图片对比一下，看看你的动作是否规范……"类似这样几个回合的情感交流，并通过坚持在 QQ 上给他留言，听他的倾诉，给他情感上的关怀，不到一个月，他上课不听 MP3、不玩游戏、也很少上 QQ 了，而是专注于老师布置的任务，信息技术动手能力也进步得很快。

由此可见，要想提高课堂管理水平，就必须建立良好的师生关系，做学生的知心朋友，建立起民主、平等、相互信任、相互尊重、团结互助、共同进步的良好师生关系，才能顺利地完成教学任务，提高课堂教学效率。

4. 规范有碍学生的行为

在课堂教学中，总会有那么一小部分学生，他们并不是无条件地接受课堂规则，有时还会与这些规则作对。这样，老师就需要建立一个课堂结构，或者说是规则来限制他们的捣乱行为，使他们重新关注正确的学校行为。同时，教师还需要特别照顾个别长期的规则违反者，控制、引导这部分学生。

（1）处"乱"不惊

课堂秩序混乱是中小学信息技术课的第一大"顽症"。这种"乱"主要有两类：一类是学生中的一些"技术高手"因感觉学习内容自己早已掌握，心理上产生优越感，就以指导同学、另类操作或者是高谈阔论等方式来彰显自己，而一部分基础较差的学生，由于听不懂讲课的内容，跟不上操作的进度，干脆破罐破摔，彻底放弃学习，转而做其他的事情，从而影响了课堂秩序；另一类则是源自于正常学习过程中学生之间的讨论与互助，例如，讨论、辩论演变成了"吵"论、小组协作学习中的"乱"等，这也在客观上影响了课堂秩序。

对于第一类形式的"乱"，我们在教学中可以采用互助、合作等方式，分层设置学习目标，使不同层次的学生都能体验到学有所获的快乐。这样，能力强的学生在较高层次学习目标的指引下，有了进一步提高和发展的空间；基础差的学生也能找到适合自己的学习内容，避免了破罐破摔的情况发生。例如，在学习 Excel 函数时，对于低、中层的学生要求掌握求和、平均值、最大值、最小值函数，对于高层学生就要求掌握条件函数的灵活运用。我们可以设置这样一道题目①：

1.（必做题）求出成绩表中所有学生的总分、平均分、最高分和最低分。

2.（选做题）对成绩表中总分大于等于190分的学生在"成绩"栏中填入"优秀"，对于总分小于190分大于等于170分的学生在"成绩"栏中填入"良好"，对于总分小于170分的学生在"成绩"栏中填入"达标"。

第二类由学生的交流与合作引起的"乱"并不是学生故意捣乱引起的乱，而是由于学生掌握不好一个合适的度。因此，教师在采用讨论、辩论等教学方法时，应注意在活动开展之前就把相关的活动规则以及违反活动规则的处罚告知全体学生，使学生明白在活动中哪些是可以做的，哪些是不可以的，以保证活动的顺利进行，同时避免出现失控现象。另外，为了保证学生遵守这些活动规则，教师在制定规则的过程中，还要参考学生的意见，或者动员学生参与。如果教师选用小组协作学习的形式，那么教师在活动开展之前，应使每位学生明确分组协作学习的每一步骤，明白如何分组，如何确定小组内成员的分工，如何合作完成主题以及完成的作品需满足什么样的标准。

（2）导"玩"促学

计算机教室是一个特殊的教学场所，计算机和网络为学生们提供了一个相当丰富的开放式空间。课堂上，一些学生会经不住诱惑，将机房当成了网吧和游戏厅，玩起了游戏，上起了网。这不仅影响学生的学习，而且对课堂管理造成诸多不良影响。

一方面，我们可以采取一些措施引导学生或疏导学生的游戏情结。比如，通过反面典型教育学生，让他们深刻认识到沉迷于游戏会造成的严重后果；通过谈心等方法疏导学生，淡化他们的游戏情结；通过屏蔽、监控等技术手段加强对学生的管理，减少学生下载、安装、运行游戏的机会；创造机会引导学生区分游戏的优劣，科学地探索游戏，把"玩"的兴趣转移到"研究"的兴趣上来。比如，可以通过开展兴趣小组，激发学生的某种计算机特长，比如电脑动画制作、网页制作、电脑绘画等，充分发挥学生的创作力和想象力，并组织学生参加电脑竞赛，展示自己的才华，把对游戏的兴趣转移到电脑制作或其他有利于提高学生信息技术水平的活动上，让他们产生成就感，从而对信息技术产生浓厚的兴趣，使学生从"要我学"变成"我要学"。

另一方面，可以充分利用学生"好玩"的天性。"好玩"是中学生的一个显著的心理特征。计算机和网络对他们而言，与其说是学习的工具，不如说更像是一种"玩具"；学生们很渴望能有一些时间可以让他们自由地玩电脑。针对学生"好玩，想自由支配计算机"的心理，在教学中就可以尝试运用"15＋20＋10"的时间分配法进行激励式教学。所谓"15＋20＋10"时间分配法是指：每节课用于教师讲授、师生交流的时间控制在10～15分钟之内，学生自主学习与完成上机实践的时间约为20分钟，如果学生能在规定的时间内顺利完学习任务，剩余的大约10分钟左右的时间可任其自

---

① 陈文. 有效开展信息技术课堂教学. http：// www. yajyw. com/jyky/jxlw/others/200906/5092. html. 浏览时间：2010－12－01.

由支配，教师将无条件地满足他们的用网或上机要求；如果在规定的时间内不能完成任务，说明其对所学内容的理解、掌握程度不够，则需要继续加强训练。由于顺应了学生"希望自由支配计算机"的心理需求，他们在学习中呈现出了一种更为积极主动的学习态势，对完成任务过程中遇到的困难也能够通过各种途径想办法解决。这样的课堂看似浪费了宝贵的 10 分钟，实则是提高了课堂效率，让学生们有更多的时间从"玩"中获得知识、技术和应用能力的"隐性"提高。[①]

在教学中，信息技术教师应当明确课堂管理的最终目的是提高教学效能，一切课堂管理的策略都应该服从这个目的。然而，良好的课堂管理氛围不是一朝一夕能够促成的，它需要持之以恒、不懈努力。作为信息技术教师，要时刻想着课堂管理，对课堂教学中发生的一切事件保持警惕，把影响课堂教学的不利因素消灭在萌芽状态。对待课堂教学中学生的不良行为，切勿急躁，也不要轻易采取直接批评的方式处理问题，以免造成对立的师生关系，从而影响课堂教学的正常进行。

【反思探究】

一、信息技术课的"本"到底是什么？

整合成风的今天，信息技术掺杂了太多的元素在里面，而信息技术本身的内容越来越少，更有甚者是几乎完全没有了。例如，有一堂信息技术课讲的是演示文稿的超级链接，教师中途联系到长征，结果大半节课都在讲长征的知识，搞得有点主次不分，更像是在普及长征历史。一节课下来能完成任务的学生没几个。这不禁使我们反思：这种课堂是我们需要的信息技术课吗？信息技术课一星期也就一节，可是课上这么大的信息容量和信息技术知识有关的内容却很少，而学生真正又能接受多少有关信息技术的知识呢？

信息技术的"本"，到底是什么？"本"应该落在教给学生一些基本的操作技能，并能用这些技能解决实际问题的信息技术的知识上。我们必须清醒地认识到，信息技术课用历史知识是让学生掌握用信息技术解决实际问题的办法，不能让历史知识喧宾夺主，淹没了信息技术课的本质特征。我们应该从信息层面减少掩饰，去除过多的"旁系"元素，别让笨重的身躯把真正的信息技术课堂拖垮。

二、不为形式忽略实效

随着课改的推进，情境创设、主题活动、自主探究、协作学习等模式和方法越来越多地被用到课堂中。这让信息技术课堂热热闹闹、轰轰烈烈地动了起来，看起来也符合了新课标所倡导的理念。问题是这些时尚的东西给信息技术课堂带来"利润"了吗？

仔细观察和反省就会发现，大多数老师往往只是用了它们的形，没用它们的神，

---

① 邵光信. 如何有效地进行信息技术课堂管理［J］. 中国教育信息化，2009，（06）

虽然形似，却不能用它们为课堂教学带来实效。许多时候，我们陷入了刻意营造气氛的情景创设，为了情境而进行创设，使情境和学习任务处于分离或勉强合成的状态；主题活动过度泛滥，而学生缺乏相应的学习策略，教师不能及时指导；自主探究缺少契机，没有探究的价值；协作学习，找不到实质性的合作，成了优秀生表现自己的舞台，搭载差生的顺风车，达不到学习相长，共同提高的效果。

教学中情景要创造，活动要组织，多媒体要使用，但这些都不是教学的本质，教学的本质是：把握目标，讲清重点，突破难点，理清教学的知识点，衔接知识的生长点。我们不能因为片面的追求表面的形式，而浪费了大量宝贵的时间，使课堂知识、技能、方法等内容含量减少，在热闹过后，真正的重点、难点却没落到实处，学生的的技能、思维没有提高。课堂必须是一种有目的、讲究效益的活动。有效性才是课堂教学的生命。

三、不为素养淡化技术

过去，我们为技术而技术，为操作而操作，学生表面是掌握了操作，但脱离了练习环境，还是不能应用学到的操作解决实际问题。我们要提倡培养学生的信息素养，但与此同时基本的实践、技术却被淡化了。

往往讲授新课程时，新授的一些技能都是一带而过，并没有让学生重复操作；另外一些技术操作次数不多，造成掌握的不熟练。经过这样的讲授，学生普遍感觉技术没有学会，因此无法在短时间内调用各种软件、各种技术来进行学习。特别是综合实践课，因为技术的缺憾，很难将老师布置的内容落实。

例如，在一堂制作电脑小报的综合课上，学生都沉浸在对文字内容的处理和加工之中。但对于制作小报所隐含的搜索下载内容、在 Word 中运用分栏、插入文本框（图片）等具体技术点，老师却没有给予足够的重视。教师没有对分栏这个新授的技能进行充分的教学，也没有对搜索下载、插入文本框（图片）的技能进行复习回顾，似乎学生都成了天才，不需要老师的讲解就能学会。但最后因为并没有掌握真正的制作技术，能完成任务的学生寥寥无几。

信息技术课培养学生的信息素养是基于技术实践、问题解决、信息交流和文化重构的信息素养。而解决问题、信息交流以及文化重构等实现都需要以技术实践为基础，所以信息技术教学中，脱离技术实践会使信息技术课程变得空洞，离开了技术谈信息素养无疑是纸上谈兵。因此，我们不能因为追求时尚的"素养"而淡化了永恒的"技术"。在每周一节的信息技术课上，要把基本的操作技能讲清楚，通过设计包含重复操作的任务把基本的操作技能练扎实。只有"技术"之根基牢固，才有"素养"之枝繁叶茂。

高

中信息技术教师专业能力必修

Gao Zhong Shu Xue Jiao Shi Zhuan Ye Neng Li Bi Xiu

专题五：高中信息技术教学设计之评价阶段

教学评价是信息技术教学过程的重要环节，对提高教学质量、优化教学过程、促进学生积极主动地学习具有重要作用。面对课程标准下的信息技术，教育工作者要善于开展客观、公平、公正、全面的教学评价，抓住学生的闪光点，把握学生学习进度，了解学习成效，使教学评价成为调整和控制教学过程以及实现和达到教学目标的重要手段和依据。

【问题提出】

学期末到了，高一二班的信息技术王老师积极地准备着期末考试试卷，想想一学期已经过去了，同学们学习得怎么样呢？成绩出来应该就能知道了吧。可是一个月后，当王老师拿到该科的期末考试成绩时，一时无语，这和自己当初的预想有很大差距。试题出得并不难，为什么平均分只有 68 分呢，而且上课认真听讲的学生考得也不理想，各个同学的成绩差距较大。从试卷上的成绩反映出的这些问题令王老师陷入了沉思。这可是他所带的第一个班级，怎么会出现如此的结果呢？于是他找来与评价相关的书开始了系统地学习。这一看，可把他惊呆了，原来信息技术课程的评价竟然有这么大的学问。

（1）课程标准下的信息技术教学评价理念是什么？
（2）在教学过程中如何进行多种评价方式的综合使用？
（3）诊断性评价、过程性评价以及综合性评价应如何开展实施？
（4）评价过程中应注意的要点有哪些？

【内容梳理】

一、新课改理念下信息技术课程的教学评价

新课程倡导发展性教学评价观，强调以人为主，注重每一位学生的发展。它注重培养学生的创造能力，倡导学生自主探究学习、合作小组学习。同时，注意培养学生的技能水平和情感、态度、价值观。总的说来，新课程理念下的信息技术课程具有以下特征：

评价主体多元化——传统的教学评价都是教育行政部门对教学的评价，老师对学生的评价，忽略了学生对老师的评价、学生对学生的评价以及学生对自己的评价，这样就会造成评价结果的不全面，不能得出准确的结论。新课程提出，评价主体应多元化，评价过程要增强主体间的交流、互动，实现学校、老师、学生、家长等多元主体间的评价。

评价方法多向化——过去常常把考试作为唯一的评价方式，过分注重分数、等级，忽略了学生综合能力的发展，因此，单一的评价方式已不能够满足新课程的要求，我们需要将多种教学评价综合起来使用。具体说来就是将定量评价和定性评价相结合，相对评价和绝对评价、自我评价和他人评价相结合，诊断性评价、形成性评价和总结性评价相结合，多种评价手段取长补短，综合使用。

评价内容全面化——在过去很长的一段时间里，人们对教学效果的评价，都是采用对学生的学业检查来实现的，把知识的记忆和运用作为衡量学生学习能力的唯一标准，这种方法具有一定的片面性，只检查了学生知识水平的一个方面。而新课程要求我们，要全面地对学生进行评价，不仅要评价学生的知识能力，更应该注重学生的技能水平和情感态度价值观的评价。

教学评价可以依据不同的维度分为不同的类别，这里我们根据教学评价在教学过程中发挥作用的不同，将其分为诊断性评价、过程性评价和总结性评价。下面对这三者进行简单地介绍。

（一）诊断性评价

诊断性评价，一般是指在某项教学活动开始之前对学生的知识、技能以及情感等状况进行的预测。通过这种预测可以了解学生的知识基础和准备状况，以判断他们是否具备实现当前教学目标所要求的条件。诊断性评价既需要以日常观察为主要手段的定性分析，又需要以测试为主要手段的定量分析。实际操作中要求教师将这两种分析手段综合起来使用，从而对学生进行全面、系统的"诊断"。通常，可以通过提问、访谈、问卷和诊断性测试四种方法进行诊断性评价。

提问——可以分为两种形式：课堂上的集体提问和针对个人的提问。第一种提问，可以大略地知道全班同学对于某部分知识的了解程度；第二种提问，则更有针对性，能够对个人有一个系统的了解。

访谈——访谈是访员和受访员之间通过面对面地交谈来了解受访员的心理和行为，访员是教师，受访员是学生。访谈分为两种形式：个别访谈和小型座谈会的团体访谈。

问卷调查——用书面形式间接搜集研究材料的一种调查手段。通过向调查者发出简明扼要的征询单（表），填写对有关问题的意见和建议来间接获得材料和信息的一种方法。

诊断性测试就是在教学前通过试卷的方式，对学生的初始的知识、技能、态度等方面的测试，是一种常用的诊断性评价方法。诊断性试题的质量如何直接影响到学生今后的学习质量。下面主要从诊断测试题的题型来谈一下：

选择题——这是客观性试题，具有正确的标准答案。选择题一般由题干和备选项两部分组成。题干就是用陈述句或疑问句创设出解题情景和思路。备选项是指与题干有直接关系的备选答案，分为正确项和干扰项。它具有知识覆盖面广、题量多的特点，因此可以在短时间内测出学生大量的内容，但是由于它有固定的答案，因此限制了答题者的独立发挥，不能全面地表达被测试者的思想。

简答题——简答题是一种主观性试题，它没有确定的答案，被测试者可以按照自己的理解、自己的方式回答问题，随意性较大，弥补了选择题的缺点。

（二）过程性评价

过程性评价是在某项教学活动过程中，为了能更好地达到教学目标的要求，取得更佳的效果而不断进行的评价。过程性评价可以及时了解阶段性的教学成果和学生的学习进展情况，从而进行准确的反馈，及时调整和改进教学工作。它一般在一单元或某一小节结束后进行评价，以更有效地促进学生的学习。课程标准指出：要综合应用各种过程性评价方式，全面考查学生信息素养的养成过程；评价与教学过程相结合，动态把握，及时引导学生情感、态度和价值观的形成。可见，过程性评价应该是对学生学业进行的最主要的评价方式。关于过程性评价的具体内容，请看后面的重点讲述。

（三）总结性评价

总结性评价又称"事后评价"，一般是在教学活动告一段落后，为了解教学活动的最终效果而进行的评价。学期末或学年末进行的各科考试、考核都属于这种评价，其目的是检验学生的学业是否最终达到了各科教学目标的要求。总结性评价重视的是结果，借以对被评价者做出全面鉴定，区分出等级，并对整个教学活动的效果做出评定。关于总结性评价的具体内容，同样在后面的内容中会重点讲述，这里不再赘述。

二、过程性评价

过程性评价是信息技术教学的有机组成部分，围绕培养目标（知识目标和情感目标）评价教与学，保证课程目标的达成。以学生操作或运用信息技术解决实际问题过程中的表现和成果为依据，全面评估学生信息技术操作能力、运用信息技术解决问题的能力，逐步树立正确的情感、态度与价值观，提升信息素养。过程性评价实施效果如何，很大程度上取决于教师选择的评价方法和工具。信息技术教师可以根据自己学校的实情，权衡已有的资源和条件来制订评价方案。较常用的过程性评价工具有课堂观察、学习契约、项目型任务、电子档案袋和网络教学平台等。由于任何一种评价工具都不能完全评价出一个学生的全部素质与能力，各种评价方式对学生的评价视角又各不相同，所以对于学生学习的过程性评价，应当尽可能地将各种方法结合起来使用。我们以目前使用最广泛的基于电子学档和网络教学平台的过程性评价为例进行具体分析。

（一）基于电子学档的过程性评价

电子学档（E - Learning Portfolio，又称为电子档案袋或学习文件夹）是学习者运用信息技术记录和展示其在学习过程中关于学习目的、活动、成果、付出、进步以及对学习过程和结果进行反思的一种集合体。Helen · C. Barrett 博士将电子档案袋概括如下：电子档案袋应用电子技术，允许档案袋开发者以多种媒体形式收集、组织档案袋内容（音频、视频、图片、文本）。因此电子学档通过构建电子化存储空间，供学生收集自己的作品，并促使学生在反思中不断进步。

1. 电子学档的设计

电子学档主要收集学生在不同学习阶段的具有代表性的材料，其内容可细化为三大部分：目标计划的内容、过程表现的内容、反思评价的内容，具体见下图：

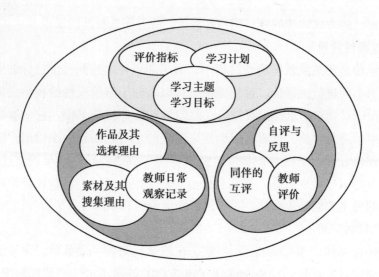

图5-1 电子学档内容结构图

电子学档里的内容类目很多，在实际的教学过程中，我们可以以文件夹的形式来组织学档内容：第一级文件夹以班级命名，第二级以学生的学号和姓名命名，第三级文件夹以三大部分内容来命名，第四级是各个子类，然后将相应的信息存放在相应的子类里。

一般教师都是以按时间顺序建立电子档案袋，以"信息加工与表达"中的"文本信息加工与表达"为例，下图是一名高中信息技术教师建立的电子档案袋：

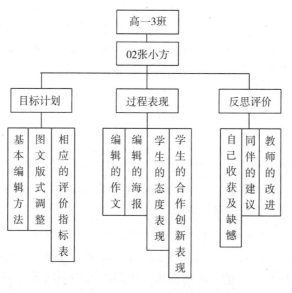

图5-2 电子学档

2. 电子学档的操作过程

基于电子学档的过程性评价在其具体实施地操作过程中，可大致分为四个阶段：准备阶段、实施阶段、评价阶段、评价结果反馈阶段。下图为其流程图：

以高中信息技术课第一部分"信息技术基础"为例，在使用电子学档进行过程性评价时，其具体过程如下：

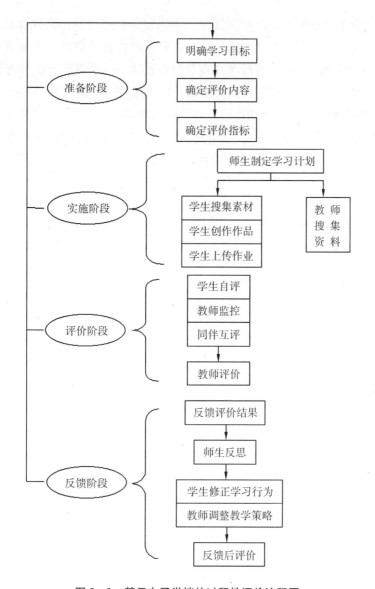

图5-3　基于电子学档的过程性评价流程图

（1）准备阶段

教师在明确"信息技术基础"总体目标的基础上，把具体目标定位在知识与能力、过程与方法、情感、态度与价值观三维目标的有机结合。

评价内容：1）学生信息技术基本知识、基本技能的评价；2）学生自主学习、合作学习能力的评价；3）学生意识、情感、态度和价值观的评价。

进一步细化包括：搜集、选择、整理、交流、发布信息的能力，规划设计能力，探究学习能力，综合运用技术制作作品能力，作品评价反思能力，发现问题、解决问题能力，学习态度、习惯、意志能力等。

确定好评价内容，依据评价内容来设计在"评价指标"。这里要注意两点：一是标准应明确，可供学生在创作时参照；二是标准不宜太细，太细则不利于学生创造性的发挥。在具体操作层面上，采用制定量规表来进行。

所谓量规就是指根据教学目标围绕某一主题制定的经过量化的评价指标。量规是一个真实性评价工具，它是对学生的作品、成果、成长记录袋或者表现进行评价或者等级评定的一套标准。祝智庭教授在《现代教育技术——走进信息化教育》一书中提出，设计评价量规时应注意把握好四条原则：1）根据教学目标和学生的水平来设计结构分量；2）根据教学目标的侧重点确定各结构分量的权重；3）用具体的、可操作性的描述语言清楚地说明量规中的每一部分；4）评价量规的指标要全面、精练、可行。

仍然以"文本信息加工与表达"为例，下面两个表格分别是"文本信息加工与表达"过程性评价量规、学生海报作品评价量规：

表 5 – 1   "文本信息加工与表达"作品评价量规

一级指标（权重）	二级指标	得分
学习活动（30%）	能否及时上传作品 评价同学作品次数 浏览教师和同学评语次数	
版面设计（20%）	使用图片居中对齐并调整好间距 布局合理，符合多数人的审美观点 在层次感方面，重点突出	
制作效果（20%）	文本表达的主题、意图鲜明 字体大小、类型合适 很好地应用了艺术字，能增强版面的阅读效果 引用图片与内容吻合 风格保持前后一致，色彩搭配协调	
创新进步性（30%）	主题表现形式新颖 技术的创造性使用 作品大部分是自己的观点和见解，原创的内容多，引用能注明出处 给同学评价中语言的创新性	
建议反思		

电子学档的评价标准并不是一成不变的，要根据具体情况具体分析。一般是先由教师根据评价目标设计各种评价指标初稿，与学生共同讨论后定稿。注意评价指标要难易适中。然后教师再根据具体情况运用和实施不同的评价指标。

（2）实施阶段

实施阶段主要就是教师和学生利用电子学档收集学生在学习过程中的各类资料，以证明学生的学习过程状况。仍以"文本信息加工与表达"为例：

师生制定学习计划：本次课的计划是完成两项任务：1）自主编辑一篇文章（自己在网上选择的文章或诗词）；2）小组分工合作编辑一张海报（由老师基于实际任务需求统一布置）。

接下来师生的工作分别是：学生开始作业，自主或小组合作创作作品，最后上传

高
中信息技术教师专业能力必修
Gao Zhong Shu Xue Jiao Shi Zhuan Ye Neng Li Bi Xiu

作业。教师搜集学生整个过程中的相关资料，包括学生学习中的态度表现、操作速度、小组讨论的活跃程度和学生的心理状态等。

资料收集是实施过程性评价十分关键的一步，从理论上来说，一切能反映学生学习过程状态的资料都可以作为过程性评价应收集的资料。在实施阶段，收集的内容主要是电子学档三大部分（目标计划的内容、过程表现的内容、反思评价的内容）中的过程表现的内容。学生主要是按要求上传自己或小组完成的练习、创作的作品、解决的问题、学习笔记和活动分工等；教师主要收集反映学生学习方法、学习能力、学习态度的操作过程性资料，学生行为的改变或习惯的建立、学习过程的某一特定方面等资料。收集方式可以有两种方式：1）提问，通过提出问题让学生回答，了解学生的操作过程和心理变化；2）课堂观察，课堂观察，就是教师在课堂情境中对学生进行察看，对课堂的运行状况进行记录、分析和研究，并在此基础上谋求改善学生课堂学习、促进教师发展的专业活动。课堂观察沿着"主题——观察——现象——归因——对策"的基本流程去研究课堂的教学问题。在课堂观察中，教师一要敏锐地捕捉细节，善于从纷繁的教学现象中发现有针对性、可研究的细节；二要在观察之后及时将观察到的现象乃至瞬间的感悟记录下来。这样有利于日后的评价和反思。

（3）评价阶段

在新课程标准中，倡导个人评价、同学评价、小组评价和教师评价相结合，改变学生远离评价主体的现状，在评价主体上体现多元化。评价的多元化主要体现在评价的内容多元化，评价的主体多元化等。

在这里，评价量规从反思、互评、自评、师评、进步程度 5 个方面对学生进行多元评价，评价量规如下：

表 5 - 2　评价量规

评价指标（权重）	评价标准（满分 100 分）	得分
反思（10%）	有很好的具体的自我反省，有利于提高作业的质量。 1. 在整个演示文稿的制作过程中，我的成就和进步主要表现在？ 2. 之所以会有上述的成就和进步，原因是？ 3. 在制作海报的过程中，我还有一些需要改进或克服的问题？ 4 我对教师、同学的希望和建议还有？	
互评（10%）	1. 同伴作业的优点、不足之处在哪里？ 2. 自己的具体的建议和意见？ 3. 给出得分。	
自评（10%）	每节课能够给自己的作业一个客观的分数。	
师评（50%）	整个过程中按要求完成任务。	
进步程度（20%）	每节课都有明显的进步。	

首先，学生参照评价量规表对自己或小组的作品、自己学习过程进行自我反思；根据"文本信息加工与表达"过程性评价量规和作品评价量规，进行组内同伴间的相互评价；最后由教师总评。

上完本节课，高一3班张小方同学的最后得分计算方法如下：

1）张小方本人、同伴、教师分别根据过程性评价量规和作品评价量规对张小方本次学习的过程和海报作品进行评价，二者满分各100分，求平均值。

2）根据评价量规进行如下计算：A = 反思得分；$B1$ = 同伴1评分；B_2 = 同伴2评分；B_3 = 同伴3评分；C = 自评得分；D = 教师评分；E = 进步程度得分（此项由教师和小组同学结合以往信息技术课中张小方同学的表现进行综合评价）。

张小方同学总得分 = $A \times 10\% + (B_1 + B_2 + B_3) / 3 \times 10\% + C \times 10\% + D \times 50\% + E \times 20\%$

3）根据最后评分直接转换为相应的等级（85分以上为优秀，75分以上为良好，60分以上为合格，60分以下为不及格）。

对电子学档中学生作品的评价固然重要，但更重要的是能通过对整个学档的制作过程、对整个学习过程的回顾和反思，发现学习过程中的进步和不足，以便有效地调节自己下一步的学习。教师评价每个学生作品时要结合学生的过程性表现打分。评价过程中可能会出现以下情况：有的学生虽然计算机水平并不突出，但是其制作的作品，有独特的创意和构想，此时教师也要给予充分的肯定和表扬。

在本次作业中，张小方同学所在小组制作了一个景区的宣传海报，虽然技术水平并不突出，但看得出来他们在作业过程中很花心思去讨论：写出了每个景点的有趣之处，并附上以前去时所拍的照片；仔细详尽地列出了此景区的交通、住宿方面的信息，以及每个景点要注意的事项等。

这些都不是简单拷贝网上的图片和内容简介，而是融合了小组成员的生活经验，把所学到的知识应用于生活。因此，在这里教师可以给他们打高分，即教师可以并且要注重扩展评价范围，关注学生传统意义上在学业以外的闪光点，增加每个学生的成就感，促进形成自我发展的动力。

（4）反馈阶段

反馈阶段也是教师和学生的收获阶段，主要是师生针对教学或学习中的问题和不足，制定相应的改进措施，调节自己的学习目标、学习策略和方法，以及对自身的认识和定位。

在上述评价阶段结束之后，要及时进入反馈阶段：

1）反馈结果：每个学生拿到自己的作品和评价内容。

2）反思讨论：认真分析各项得分，找出自己的最强项和最弱项，小组交流讨论。

3）展示演讲：各个小组推荐出修改后的一份最优作品，上台演示，分享小组作业过程和在作品技术方面所做的努力。注意由各组每个学生轮流担当演示重任。

4）扬长补短：师生共同讨论，找出各个小组最优作品的可借鉴之处和需改进之处。评出班级最优作品，颁发奖品。

5）反馈后评价：对评价量规作出修改。在评价过程中，对情感、态度与价值观的评价不太好把握，而且评价标准与指标的制定比较困难，甚至有时缺乏科学性，实施起来有一定的难度，可根据评价实施过程中的需要进行修改与改进。

反馈评价就是帮助师生更好地教学和学习。在科学全面地对学生进行评价反馈之后，制定学习改进计划是很有必要的。教师根据学生的具体情况，判断学生存在的优势与不足，促进学生的自我反思和改进，真正体现并发挥评价的发展性功能，使学生全方位地良性发展。

电子学档的实施过程，可以说是整个学期或学年。因此，在电子学档实施过程中，教师要全过程跟踪和指导学生的学习，工作量较大。教师感受到工作量增加的压力来自于电子学档的内容收集和进行评价两个环节，所以应把握自己在档案袋评价中的作用和角色定位：教师要相信学生的能力，放手让学生自己去做，以指导和监控为主；鼓励学生的自省与反思，教师主要负责定期主持召开电子学档的反思和交流活动。

（二）基于网络教学平台的过程性评价

上述所讲的"电子学档"是目前信息技术课最常用的过程性评价方式，但是在教学实践中，电子学档也存在着一些不尽如意的地方：学生往往倾向于仅仅上传自己的成功资料，不利于其自身的反思成长；每个电子学档是一个学生的记录，不易进行横向比较。利用网络技术搭建一个网络化的评价系统是目前的一个发展趋势，也是对电子学档的一个补充。网络教学平台是一种开放式的教学支撑系统，能够实现教学、答疑、讨论、作业、自测和考试等各种教学过程。一般应包括很多功能模块：资源模块、教学设计模块、课堂管理模块、作业模块、协作交流模块、专题讨论模块、测试模块、教学评价模块等。这里我们主要探讨教学评价模块的应用。

1. 教学评价模块的设计

基于网络教学平台的教学评价模块从不同的操作权限可细分为三个子模块，如下图所示：

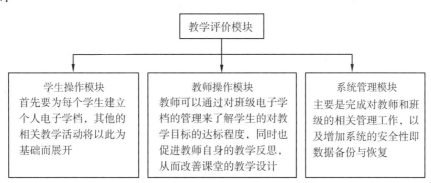

图 5-4　基于网络平台的教学评价模块

2. 教学评价的操作过程

基于网络教学平台的过程性评价系统，旨在利用网络的优势，变静态评价为动态评价。可以实现学生学习、活动过程中的即时评价；可以对学生进行动态的、跟踪性、长期性评价。这样可以有针对性地发挥评价对学生学习的导向、激励等综合评价功效。基于网络教学平台的过程性评价系统主要采用以下几种评价方法：

学习测试评价：依据考试成绩进行评价，主要考查学生所学基础知识和基本技能的掌握情况。测试题多是选择题，由老师网上出题，学生在线测试，由计算机直接反馈答案（例如，学生若答对，计算机显示"恭喜你，回答正确！"若答错，计算机显示"很遗憾，此题正确答案为 A，请参考教材第二章知识点 3"）。

全过程跟踪评价：评价包括对实践活动方案设计和组织实施。通过学生提交的网上作业，计算机可以全程记录学生的活动设计、活动实践、解决的问题和合作交流的过程。

即时评价：教师通过课堂观察监控学生的整个操作过程，及时了解学生的学习情况，即时积极反馈指导和调整。

电子学档记录：参考前述，此处略。

在网络教学平台上，学生的活动主要包括以下几点：

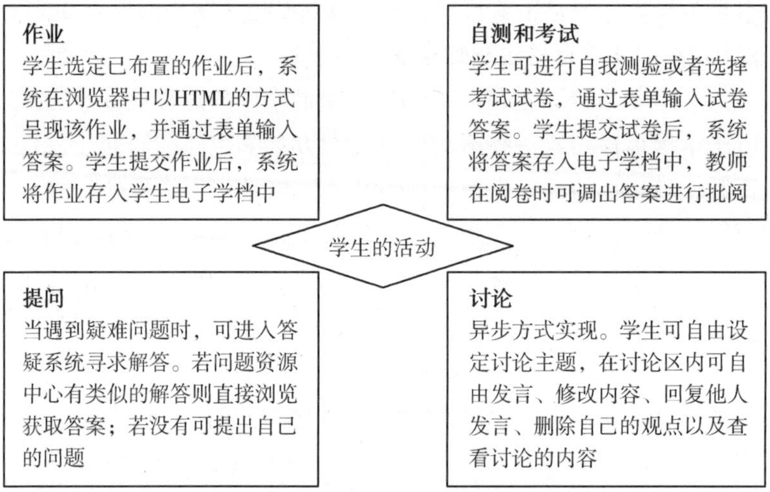

作业
学生选定已布置的作业后，系统在浏览器中以 HTML 的方式呈现该作业，并通过表单输入答案。学生提交作业后，系统将作业存入学生电子学档中

自测和考试
学生可进行自我测验或者选择考试试卷，通过表单输入试卷答案。学生提交试卷后，系统将答案存入电子学档中，教师在阅卷时可调出答案进行批阅

学生的活动

提问
当遇到疑难问题时，可进入答疑系统寻求解答。若问题资源中心有类似的解答则直接浏览获取答案；若没有可提出自己的问题

讨论
异步方式实现。学生可自由设定讨论主题，在讨论区内可自由发言、修改内容、回复他人发言、删除自己的观点以及查看讨论的内容

图 5 - 5　基于网络平台的学生主要活动

网络平台的利用可以大大减轻教师的负担，直观呈现每个学生的掌握情况以及班级整体情况。教师可以通过网络教学平台用报表的形式列出某位同学的作业和每次测试的成绩，也可以调出某班同学一次测试的结果，进行横向比较，非常直观。

在"文本信息加工与表达"基础知识讲解完之后，教师让学生进行在线测试。这样，教师可以根据某学生的测试情况了解他对某单元各知识点的掌握情况，同时也可以通过全班的测试情况统计表，了解所有学生的学习薄弱环节。

高一 3 班学生在线测试统计表

第二章第一节　文本信息加工与表达		
题号	答对人数（班级总人数：32 人）	答对率
2 - 1	31	96. 875%
2 - 2	25	78. 125%
2 - 3	28	87. 5%
2 - 4	17	53. 125%
2 - 5	22	68. 75%

同样，学完本章之后，教师可以了解所有学生综合成绩表和班级掌握情况。

高一 3 班作业情况统计表

第二章　信息加工与表达			
姓名（班级总人数：32 人）	成绩	人数（人）	比例
何芳、耿蓉、杨曦、周晓露、冯永康、郑冰、史亚、董发、赵小玉、周倩倩	优秀	10	31.25%
魏蕾、刘彩艳、宋思思、王志强、张小方、李东辉、冯真真、杨梅、周颖、宋江涛、常苏、吕小静	良好	12	37.5%
苏东晨、章涵、张攀、王燕、刘洋、崔素素、吴樱子、梁静茹	中等	8	25%
	不合格	0	
陈典、何春雨	未交	2	6.25%

总之，网络教学平台展现了动态趋势，及时了解学生发展情况，弥补了电子学档的部分不足之处。同时网络教学平台呈现多重解释，进行开放评价。不过目前在其开放式建设方面还需加强。学校的网络教学平台范围不应仅仅局限于本校，也应充分重视与兄弟院校间的交流，使网络教学资源能够充分共享，推进教学水平的共同进步。

三、总结性评价

信息技术课的总结性评价主要有机考和笔试两种方式。采用机考的形式进行考察有一定的优势。比如，考试环境生动、具体，有助于学生知识的迁移；对工具操作的考察直观明了，体现了过程性原则；考试结果客观统一，机器判分准确公正等。它也存在一些显而易见缺点，比如，有的考试系统人性化不足；硬件标准及考试环境要求较高；受偶然性因素影响较大，如突然断电或机器死机等，都可能给考生造成巨大影响。而信息技术课的笔试的优势在于，考试形式为考生所熟悉，不增加额外的紧张情绪；考试受客观环境偶然性因素影响较小且硬件条件要求较低，比较适合会考、高考等大规模、高利害的考试。如何设计试题、试卷才能充分彰显新课程的理念，并对信息技术课程发展产生积极的引导作用是我们这一部分研究的目标与核心。

（一）试题设计原则

针对信息技术课程来说，总结性评价问题可以直接表述为：如何实现对知识与技能、过程与方法、情感态度价值观三维目标的测量。目前，试题设计有三大原则：过程化、人性化、面向三大目标。下面结合案例对三大原则进行说明。

1. 过程化原则

过程化，是指通过试题创设情境，学生可以基于相应实际使用经验，在脑海中虚拟地再现解决问题的环节与步骤，以实现对过程与方法掌握程度的评价。可以采用这样的命题思路：给出一个"制作"，请学生构建或判断其完成过程，或者给定一个问题，请学生设计一套指令以及步骤去解决这个问题。

有表格如下，请在下面给出的操作步骤方案中至少选出一个合理的答案。

1. （1）插入一个 4 列 6 行左上角带斜线格式的表格；（2）调整行距（列高）到适当；（3）用橡皮工具将右侧第一栏中的第 3、4、6 条线擦掉。

2. （1）插入一个 4 列 6 行的表格；（2）将第一行表格高度加大约一倍；（3）在左上角的单元格内画一条斜线；（4）合并第 4 列的第 2、3 行单元格；（5）合并第 4 列的第 4、5、6 行单元格。

3. （1）插入一个左上角带斜线格式的表格；（2）将表格调整为 4 列 6 行；（3）调整行距（列高）到适当；（4）用橡皮工具将右侧第一栏中的第 3、5、6 条线擦掉。

4. （1）插入一个 4 列 3 行的表格；（2）加大行宽到适当宽度；（3）在第 3 行中画一条横贯 1、2、3 列的线；（4）在第 2 行中画两条上下排列横贯 1、2、3 列的线；（5）在右上角单元格内画一条斜线。

分析本题可以发现，学生每阅读一个选项，都要按照此选项的思路在头脑中相应描绘出一个表格，4 个选项阅读完后，学生经历了 4 次表格的虚拟创建，并在创建中不断进行评价与分析，从中寻找一个他认为最合适的答案。显然，他无法直接使用死记硬背的知识去解题，而必须借助自己在使用表格时积累的经验在大脑中虚拟地构建制作表格的过程。

2. 人性化原则

人性化原则是新课程改革中所提出的"关注每一个学生的发展"的理念在评价方法层面上的映射。具体表现为应该尊重学生的喜好和习惯，没有必要也不应该规定所有的学生都用同一种方法来处理一个问题，应该尊重学生之间经验的差异，最大限度地让他们充分发挥自己的能力，显露自己的才能。人性化体现在题目设计上，应坚持超越教材，超越工具软件，尊重学生操作习惯的个性化，贴近学生操作与使用的经验，语言形象亲切，问题指向明确，避免超量出题。

网络摄像机是一种连接到网络的摄像机，任何联网的计算机都可以通过网络摄像机获取直播的视频。

高
中信息技术教师专业能力必修
Gao Zhong Shu Xue Jiao Shi Zhuan Ye Neng Li Bi Xiu

1. 从表中选出 3 项通过使用网络摄像机能做的事。

内　容	选出 3 项
楼下的父母可以看到在楼上卧室睡觉的婴儿	
英国民众可以观察首相的日常生活	
学习科学课程的学生可以观察恒星的特定镜头	
全世界的人都可以观看到航天飞机起飞	
人们可以观看其他星系外生命形式的演变	
地理课上的学生可以看到地球另一面的火山爆发	

2. (1) 写出两项使用网络摄像机的有利之处。

　　(2) 写出两项使用网络摄像机的不利之处。

3. (1) 对联网的计算机来说,病毒是一种安全威胁。请描述病毒是如何被下载到本机的,并说明如何阻止病毒的下载。

　　(2) 试举出联网的计算机受到的另一种安全威胁,并说明如何预防。(选做)

4. 试描述出 4 种防止计算机硬件丢失和损坏的方法。

本题要求学生选出摄像机可能的应用场合,并由此引发出关于网络安全的考察,从而考查学生对新知识的理解、掌握、应用能力,非常贴近我们的生活,语言形象贴切,问题指向也很明确。因为给出了描述性学习材料,所以可以回避是否超出教材内容范围的问题。题目中包括必答题和选答题,选答部分答案不是唯一的,学生只要回答合理,就可以得分,学生可以做个性化的选择。

3. 面向三大目标

新课程从三个维度描述了课程目标,评价中也必然要体现对三维目标的考察。前文所提及的过程性、人性化原则对知识与技能、过程与方法也都有较好地诠释。所以这里的"面向三大目标"侧重强调对情感、态度与价值观的评价。

网络银行可以为客户提供通过网络访问的账户;网络银行在主要的街道上可能没有分支机构;客户可以通过自动柜员机或者 ATM 取款。

1. (1) 给出客户使用网络银行的两项有利之处。

　　(2) 给出客户使用网络银行的两项不利之处。

2. 客户可以通过网络从网上商场在线购买书和 CD,购买之后,书和 CD 被邮寄给客户。

(1) 给出客户在线购物的三项有利之处。

(2) 给出客户在线购物的两项不利之处。

3. 网络银行及网上商场收集客户的个人信息;他们知道客户的住址及购买的物品;有时,他们会将这些个人信息转给其他公司。

(1) 给出对客户来说,网络银行、网上商场及其他公司知道客户的个人信息的两项有利之处。

（2）给出对客户来说，网络银行、网上商场及其他公司知道客户的个人信息的两项不利之处。

4. 给出两项防止公司滥用客户个人信息的数据保护原则。

该题目是围绕着情感、态度与价值观设置的，其优点是借助一个具体的网络银行展开对学生的考察，从中判断学生对问题的认识及价值取向。用来考查学生情感态度与价值观的试题多以主观题的形式呈现。

需要说明的是，过程化、人性化、面向三大目标是信息技术新课程总结性命题的三大原则，不是各自独立，而是相互依存的，但是我们不要求每一道试题均能全面体现这三个原则，整份试卷在试题设计过程中能在这三个方面给予关注，即可很好地实现对新课程评价目标的全面覆盖。

（二）试题设计

一般情况下试题可以分为客观题与主观题两大类，但实际上主观、客观并非截然对立的两个极端，这两端之间在多个维度上存在着渐变的过程。根据信息技术学科的特点，从主观与客观的维度上，可以将试题类型分为客观题、半客观题、主观题、微型主观题四类。

1. 客观题

客观题一般覆盖有限的能力范围和较低的学习层次，用来考查学生对知识的掌握情况，包括基础知识点、基本的判断能力等，含有较多的记忆性成分。题目本身提供几种明确的答案，只要求被试者对答案的正确性做出选择或判断，或让其填写客观存在的答案。因其考查的知识层次有限，一般出现在试卷的前半部分，难易程度适当。较多采用判断题、选择题、连线题、填空题等形式。

（1）判断题

判断题通常用来测量事实性陈述、术语定义以及定律表述是否正确的辨认能力，一般是由陈述句组成，要求学生对试题描述的内容做出真假、正误、是否等的判断。每个问题只需要一个陈述句和两个可能的答案。判断题可以覆盖大量的知识内容，体现客观题的典型特征。但是，由于它的答案只有两种可能，做题的猜测性较大。因此，在试卷中出现时不仅要控制其数量还要充分注意其质量，避免模棱两可的判断和无关线索的出现。

请判断下列说法是否正确：

Word 2000 可以把正在编辑的 Word 文档保存为 Web 页格式的文件。（　　　）

（2）选择题

选择题是最常见的传统的客观题的表现形式，也是最有适应性和最有用的客观性试题。可以测量在知识、理解和应用方面的多种学习结果。选择题的问题的阐述可以通过直接提问或者不完整陈述的方式呈现，在不参考选项的条件下，问题的表述应该清楚、明确而且有意义；选择题只能在言语水平上对问题解决的行为进行测量，不适合测量组织或者呈现观点的学习内容。一般包括单项选择题和多项选择题。

1. 在 Word2000 中要使文档的标题位于页面居中位置，应使用格式工具栏中的

高
中信息技术教师专业能力必修
Gao Zhong Shu Xue Jiao Shi Zhuan Ye Neng Li Bi Xiu

（　　）。

A. 两端对齐　　B. 分散对齐　　C. 居中对齐　　D. 右对齐

2. 要表达学生会组织机构，我们可通过如下（　　）表达出来。

A. 文字表达

B. 项目式表达

C. 表格表达

D. 结构图表达

E. 流程图表达

（3）连线题

连线题由两列或三列构成，将试题中描述的内容（前提项）与备选的合适答案（反映项）两两匹配，完成作答，连线题可用来考查相对简单的知识。

信息作为一种资源，有许多特征。请用连线将左侧背景资料与右侧信息的基本特征相连。

普遍性

你有一个苹果，我有一个苹果，交换之后，
每个人还是只有一个苹果；然而，你有一种　　　　不完全性
思想，我有一种思想，交换之后，每个人就
有两种思想。　　　　　　　　　　　　　　　　时效性

盲人摸象

可共享性

老黄历看不得

依附性

因为其前提项和反映项的出现，很容易为答题者提供相关线索，存在学生通过猜测和排除得出连线的情况。针对此种情况，可以模仿上例，将题目中的前提项和反映项的数目设置成不相等，在答题指导语中告诉学生一个反映项可以使用一次、多次或者根本不用，这样使所有反映项都可能是每个前提项的合适的选择，从而减少了成功猜测的可能性。连线题的结构紧凑，可在短时间内测量大量的内容，但较难去除无关线索。因此，连线题一般数量不多，出题要求相对较高。

（4）填空题

填空题是建构性测验题目，要求学生通过一个单词、短语或一段完整的话语完成作答。填空题中补充的内容是客观唯一的，适合测量相对简单的学习结果，范围可以覆盖知识、理解和应用等多个方面，大大提高了试卷的难度。命题时要注意措词简洁具体，不要留有太多空白，在不完整陈述的时候要避免模棱两可的提问，题目的描述应尽量让学生能够理解考查意图。

制作出的网站中，网页文件的后缀名都是".htm"，但是同学们注意到很多其他网站的网页在打开时，其后缀名是".asp"。

（1）请简述"asp"的含义是什么？＿＿＿＿＿＿＿＿＿＿

（2）".asp"与".htm"格式的网页从技术角度来讲最大的区别在哪里？＿＿＿＿＿
＿＿＿＿＿＿＿

　　本题考查的是扩展名的意义的问题，答题者必须根据自己的已有知识来回答这个问题。从此题可以看出填空题的优点在于学生必须回忆所需的信息以解决呈现给他们的问题。

　　2. 半客观题

　　半客观题，是介于客观题和主观题之间的一种题目，其答案客观但并不唯一，有着有限的若干个标准答案。主要用于考查学生的知识记忆、理解和应用能力，简单的组织、语言表达、分析能力，较难考查深层次的分析能力、综合能力、组织表达能力以及创造能力等。半客观题的题型一般采用选择题、填空题和简答题等题型。

　　（1）选择题

　　客观题中的多项选择题有多个答案，但它的答案唯一，选多或选少均不能拿满分。然而半客观题的选择题答案不是唯一的，答案只要合理就可以。这是二者的主要区别。选择题均存在猜测正确答案的嫌疑。因此，命题人在命题时要尽量避免在试卷中出现大量的半客观性选择题，而对少数出现的半客观性选择题要控制标准答案的个数。

　　小明制作的网页发布到 Internet 上后，原来正常显示的图片，现在成为如下图所示的状态，可能的原因是（　　）。（多选题）

　　A、图片没有上传

　　B、"图片属性"中图片的路径是绝对路径

　　C、图片的扩展名是"bmp"

　　D、图片大小大于1MB

　　参考答案：A 和 B。

　　答题者只有将 A 和 B 均选出才能拿全分，所以具有客观题的客观性和唯一性的特点。而如果将试题的描述改为"小明制作的网页发布到 Internet 上后，原来正常显示的图片，现在成为如下图的状态，可能的原因是（　　）（只需选出一种）"，则试题就是一道半客观题。因为答题者只需选 A 或 B 均可拿全分。

　　（2）简答题和填空题

　　简答题和填空题都是建构型测验题目，学生可以用词、短语、数字或符号做出回答。它们的实质是一样的，只不过在问题的呈现方式上不同。简答题采用直接提问的方法，而填空题用不完整的陈述构成。实际上简答题是填空题的一种变化形式，即将填空题的陈述方式改为以问句的形式提出问题，要求应试者在题后的空白处写答案。

　　中国互联网络信息中心历次调查不同性别网民的数量如下表所示

性别＼时间	2001.06	2002.06	2003.06	2004.06	2005.06	2006.06
女性（万人）	1026	1791	2713	3541	4161	5068
男性（万人）	1624	2789	4087	5159	6139	7232

高

中信息技术教师专业能力必修

Gao Zhong Shu Xue Jiao Shi Zhuan Ye Neng Li Bi Xiu

试分析：

（1）在网民的特征结构方面，_____性网民的比例占据主要地位。

（2）以_____图表形式表示男女网民数量的变化趋势比较恰当（柱形图、饼图、折线图），试绘制该图，并说明图形反映了男女网民数量的变化趋势是什么。（最少两点）

（3）以_____图表形式表示每年男女网民比例的变化趋势比较恰当（柱形图、饼图、折线图），试绘制该图，并说明图形反映了男女网民比例的变化趋势是什么。（最少两点）

（4）从以上分析体现了数据的_____性。

半客观题命题时除了要注意联系学生生活实际、试题描述人性化、测试内容过程化和关注学科发展等原则以外，还特别需要注意题意明确和答案明确。半客观题答案虽不唯一但有限，因此标准答案应尽可能地将所有正确答案都给出。如果命题人无法罗列出所有答案，可以告知阅卷者答案合理也可给分。

3. 主观题

主观题具有较强的综合性，能够创设出具有多个冲突的问题情境，并留给学生足够的时间和空间来完成问题解决的全过程，可以考查学生对于实际问题的解决能力，实现对学生多维度的综合评价。在信息技术课程总结性评价中，论述题能较好地符合主观题的特征并体现其价值。论述题属于建构型测验题目，允许考生根据自己对题意的理解采用自由的表达方式组织答案。这种题型一般综合性较强，篇幅较大，所占分值较多，但题量很少。

请先阅读以下两则报道材料，然后谈谈你的一些看法。

材料一：1998年7月，美国《财富》封面文章刊登了比尔·盖茨与沃伦·巴菲特的对话。盖茨说："虽然中国每年的电脑销量为300万台左右，但人们不花钱买软件。总有一天，他们要付钱的，只要他们想偷，我希望他们偷我们的，他们将会上瘾。因此，我们可以算计出来未来10年的某一天，我们将怎样去收钱。"

材料二：对美国微软情况，国内的媒体曾有报道："美国微软进入中国市场，为抢占市场份额，一度对国内的一些盗版行为采取不闻不问的策略，使美国微软盗版软件在市场流行，国内用户用惯了以极低成本获取的微软软件。造成一些国内软件公司的倒闭。1999年金山公司扛起了抗衡微软的大旗。国产金山办公软件WPS2000问世，被中国软件测试中心等评测机构评为质量超越国外的产品。金山WPS2000上市后居软件销售排行榜首位，使微软最赚钱的Office软件受到直接威胁，开始降价。所以，有人说微软现在出手了。"

本题的意图是考查学生有关盗版软件问题的情感态度与价值观，让学生在阅读材料的基础上发表自己的看法，这就使对盗版软件问题认识不清的学生，在材料的引导与启发下认识到盗版软件对我国经济的巨大危害性，形成使用正版软件的意识，这样本题就具有了促进发展与测量考查的双重作用。

4. 微型主观题

微型主观题倾向于从局部出发考查学生的问题解决能力，学生只有在对题意全面理解的基础上将头脑中原有的知识合理迁移才能完成题目的解答，仅靠简单回忆是无法完成此题的。微型主观题可以从学生实际生活中的问题中寻找情境，考查学生在实际生活中的信息素养；也可以用简单的文字表述主观认知，不仅可以全面客观地评价学生的信息技术素养以及运用信息技术解决问题的能力，还可以考察学生的情感态度价值观，考察过程性的学习和培养创新意识。微型主观题的特点决定了它不宜使用选择题、连线题等给定候选项、开放性较小的题型，自由空间更大的填空题、简答题更为符合微型主观题的精神，体现微型主观题的优势。

几位同学在做一个介绍黄山的网站，需要搜索一些相关信息。下图为某搜索引擎的搜索目录。（图略）

（1）他们可以在哪些目录下找到对自己有帮助的信息？请填写下表。

一级目录	二级目录	目录中可能包含的黄山信息
参考资料	地图	黄山景区游览图及周边交通图等

（2）网站设计好后，同学们希望能够将网站加入搜索引擎的数据库以增加网站的知名度，将向搜索引擎发出申请，那么你建议他们将网站申请加入哪个二级目录中_____，请说明理由_____。

本题考察的是搜索引擎的使用。对于搜索引擎，评价时经常涉及的基本都是关键词检索方式，而本题考察的，则是被相对忽视的目录式检索方式。第一小题的开放性相对较小，而开放性较大、能够体现学生思维能力的，主要在于学生如何填写"目录中可能包含的黄山信息"这一列。根据学生对于网站内容着眼点的不同，学生会选择搜索不同的黄山信息，并进一步进行分析和判断。第二小题对于网站的描述只是"介绍黄山的网站"这样一带而过，并没有对网站内容进行更多的界定，因此就给了学生更大的自由空间。

（三）试题的组织

在信息技术课总结性评价中，试卷结构的优化是实现考试标准化和增强考试整体效应、保证考试质量的重要前提。试卷结构主要是指试卷所包含的考试目标、内容、题型、难度、分数、时限六种要素。

考试目标。新的信息技术总结性评价目标不仅要了解学生的学习效果，还要促进每个学生的全面发展。所以在编排试题的过程中应着眼于学生的学习进步和动态发展，同时着眼于教师的教学改进和能力提高。

试卷内容结构的优化。内容结构是指一份试卷所含内容的组成部分，以及不同内容所占的比重与相互关系。试卷内容结构的确立应把握三个基本点：试卷内容的不同

高 中信息技术教师专业能力必修 Gao Zhong Xin Xi Ji Shu Jiao Shi Zhuan Ye Neng Li Bi Xiu

组合成分，应能如实反映所考科目教材的基本内容体系；试卷内容的各组成部分之间，需要有内在联系，能正确体现教材内容点与面的关系；试卷各分项内容在全卷内容中所占的比重，应与各分项内容在所考科目内容体系中所处的地位相称。

题型结构的优化。采用何种题型是依据考试内容和目标的要求来确定的，不同的题型在测试的功能和评分误差的优化上具有不同的效果。为了保证大型考试的科学性，应采用多种题型组合，将学科内容、能力分解，使题型与内容、能力相匹配。

试题的难易程度。难易程度要形成合理梯度，能反映不同层次学生的真实学习水平，基础题与难题应该保持恰当的比例，尤其需要注意的是，在出难度较高的题时，不能在繁、偏以及技巧性上做文章。一般情况下，在信息技术课程总结性评价试卷中，容易题、中等难度题、较难题比例有三种情况，即 6：2：2、6：3：1、7：2：1，这些比例可以根据考试性质和目的的不同作适当调整，且要注意每种题型的题目要按由易到难的顺序合理安排。

分数结构的优化。该项与内容结构和目标结构的关系最为紧密，每题赋予分值的多少以知识点及其能力层次在考试整体中的重要性为依据。此处应注意三个要点：不能完全按题型赋分，需从试题内容、测试目标要求和题型三个维度综合考虑；考试内容各组成部分的分数比重，应与该部分内容在所考科目内容体系中的地位和作用保持一致；应有确定试题分值的共同参照系，以使全卷各题的分数基本等值。

试卷的时限结构。是指一份试卷的限定测试时间和各道试题的解题时间，以及各类试题解题时间在整个测试时间中的比例关系。时限结构的优化，要综合考虑考试的特点、目的要求、试卷题型、题量、难度、施测方式、考生的身心特征等因素。

试题拟好后要逐题进行审查、修改，并进行筛选，使其达到答案科学、准确、合理。命题人必须对试题进行试答，并记录答题时间。一般情况下，用于实际考试的时间，为命题教师试答试卷时间的 2~2.5 倍，还根据试答试题的情况，对试题内容进行适当调整。试卷的评分标准由与命题相关的老师制定，并请命题组专家进行讨论，阐明命题思路，以便评卷老师更好地把握评分标准。同时，实施则根据不同答题情况细化。评分标准要包括三项内容：参考答案、给分尺度、评分标准。

（四）考试评估分析

通过对试卷中试题及学生成绩情况的分析，一方面可以得到教学情况和学生学习情况的反馈；另一方面，通过对分析结果做客观、详细和真实地分析、记录，可以使试卷试题具有较高的可信度，从而使教学考核和教学质量越来越高。

评价报告是在评价过程结束之后，根据对评价材料的充分整理、分析，对评价结果形成的文字总结。一份试卷分析报告，一般包括以下四个方面的内容：

1. 对试卷内容的分析。包括试题质量的高低、试题是否适宜、覆盖的知识面是否到位等。

2. 对学生答题情况的分析。包括数据分析和实例分析。数据分析中，应包括各题的得分情况，得分比例；实例分析中，应包括每一试题答题的具体实例。

3. 得失分原因分析，应包括分析得分高和得分低的原因。通过分析得失原因，以总结教与学两个方面的经验，并找出存在的问题及剖析产生这些问题的原因。

4. 建议及措施。根据以上三方面的分析，提出改进命题工作的建议和解决存在问题的措施。

【反思探究】

一、评"教"、评"学"孰重孰轻？

在新课程理念的指导下，人们针对传统的课堂教学评价中存在的问题进行了一系列改革。不可否认，这些改革清理了教学评价中的一些问题，带来了教学评价理念的更新，产生了积极的结果。但是，在教学评价的改革中，一味否定传统，盲目追求新意，这样的教学评价还能反映出当前教学过程中的现状和问题吗？

传统的教学评价主要反映的是教师的"教"，而对学生的"学"则关注甚少。在新课程理念的影响下，一些教学评价改革者认为，学生对于教学的正常进行是一个至关重要的因素，应该以学生的"学"为评价的中心，反映在教学课堂的评价上，就是以学生的行为、活动作为评价的主要依据，而不重视教师的活动和表现。因此，在这种观点指导下制定的教学评价量表中，大部分的标准针对的都是学生的"学"，例如"学生认真思考，积极回答问题"，"学生小组合作，自主探究"等，而对教师的"教"的评价则仅仅用只言片语一笔带过。

学生的"学"的活动在整个教学过程中无疑是非常重要的，并且最终还是要将学生是否掌握知识、获得能力作为教学活动是否达到预定教学目标的评判标准。然而，学生的"学"的活动也是在教师的"教"的基础之上进行的，没有教师的"教"就没有学生的"学"，即使学生自主探究式学习，那也是在老师的"教"的指导之下完成的。要想学生进行积极主动并且有效地学习，那必然要以教师有效的教授为基础。

既然教学中学生的"学"，必然是在教师的"教"的引导之下产生的，而彻底脱离教师的"教"的学生的"学"是不存在的，那么仅仅孤立地对学生的"学"进行评价，而漠视教师的"教"，固然摆脱了重"教"的片面性，却又不免走向了重"学"的极端。不能将两种评价等同衡量，将会造成评价的"一头大一头小"，产生不平衡的结果。如果一味地重视对学生"学"的评价，而对教师的"教"关注甚少，也不能全面地评价整个教学活动，从而无法得出令人信服的教学评价结果。这样的评价就是不科学的，不可信的。

因此，在进行教学评价的过程中，不能把教师的"教"和学生的"学"割裂开来，而应该把教学看成是"教"与"学"的统一活动，将"评教"与"评学"结合起来进行，不可偏向其中任何一项。只有这样，才能准确和全面地进行教学评价，获得令人满意的评价结果。这样的结果对于以后的教学过程，才能具有积极的指导意义。

二、自评、互评的注意事项

过程性评价的一个显著特点就是使学生从被动接受评价转变为评价的主体和积极

高

中信息技术教师专业能力必修

Gao Zhong Xin Xi Ji Shu Jiao Shi Zhuan Ye Neng Li Bi Xiu

参与者，因此学生自评互评的评价方式就得到了十分广泛的应用。但在实际教学中，经常会出现学生自我评价过高或小组之间为了"不伤和气"而彼此打高分的情况，使评价流于形式，得不到预期的效果。在这里我们探讨一下教师在评价的实际操作过程中应注意的事项。

　　教师要打破已往的评价氛围，形成一种使学生感觉安全且积极向上的评价氛围。在学生自我评价中，教师首先使学生明确评价的意义在于客观地认识自己，看到自己的成功与不足，促进自己今后更好地发展，不要纠缠于分数；其次要让学生掌握评价的方法，学会依据一定的标准进行评判，提高具体情景中的分析与判断能力。评价的指向应该是学生的学习过程表现，鼓励学生去反思自己的问题，而不是关注得分等级或是奖励惩罚。

　　除了让学生明确评价的标准、给予积极反馈之外，教师要努力促进学生之间的合作、借助各种方式来促进学生自评与互评，如评价项目清单，良好的评价样本，自我评价表，随堂记录卡等。这些促进方式或在评价内容上给予学生细致的描述，或在评价标准上给予学生详尽的阐明，或在评价过程中给予学生可以模仿的案例。以下几种策略可供教师在评价实施的过程中使用。

　　反对比策略：教师通过正确的技术与学生在学习时易出现的错误技术对比，把技术评价标准让学生深入理解、准确把握，这样就建立了评价的出发点与平台。

　　范评引路策略：通过教师示范的评价指导学生评价，使学生的评价与教师的评价对照并逐步使学生的评价水平提高。做到以教师范评为基础，让学生明确自我发展的目标和发展的需要，从而实现学生主动性的评价和创造性的评价。

　　互评尝试策略：在教学过程中教师要有意安排两人一组的一练一评，让所有的学生都有机会进行尝试，使自己的评价和同伴的评价进行对照，进一步修正、完善、补充自己的评价。分组时教师可以尝试程度相当的分组、以优促劣的分组、自愿结合的分组等。两人相互评价后，再在小组中进行评价，最后在全班发言。这样有利于使全班每个同学都参与进来，消除一些学生在评价时的胆怯心理。由两人互评到小组的评价，可以培养学生评价的准确性以及语言的流畅性，增加学生评价的勇气，提高学生评价的兴趣等。学生会评了，心里自然也有了底气，学生在全班发言时就会准确流畅，同时在互评尝试中也有利于培养学生的交往能力。

参考文献

[1] 蔡建平. 高中信息技术新教材"零起点"问题与对策 [J]. 中国教育信息化

[2] 李艺, 朱彩兰. 信息技术课程中内容的相互衔接与选择 [J]. 电化教育研究

[3] 张云. 高中信息技术教学现状与对策初探 [J]. 中国信息技术教育

[4] 李艺, 李冬梅. 信息技术教学: 继承与创新 [M]. 高等教育出版社

[5] 李艺. 信息技术课程与教学 [M]. 高等教育出版社

[6] 中华人民共和国教育部. 普通高中信息技术课程标准 (实验) [S]. 北京: 人民教育出版社, 2003

[7] 黄莉. 浅谈信息技术必修模块和选修模块的教学

http: // www. nhgcjy. net/Article_ Show. asp? ArticleID = 424, 浏览时间: 2010 - 9 - 17

[8] 李志宜. 关于高中新课程算法与程序设计教学的初步探讨 [J]. 福建电脑, 2007 (8)

[9] 林霞.《算法与程序设计》选修模块教学实践与研究 [J]. 信息技术教育, 2008 (1)

[10] 沈红杰. 比喻法在《算法与程序设计》教学中的应用探究

http: // www. hzhs. net/ReadNews. asp? NewsID = 2525, 浏览时间: 2010 - 9 - 17

[11] 丁芳, 周剑辉. 新课改背景下信息技术课堂作业的设计与评价 [J]. 现代教育技术, 2008 (7)

[12] 李艺, 李冬梅. 信息技术教学: 继承与创新 [M]. 北京: 高等教育出版社

[13] 李艺. 信息技术课程与教学 [M]. 北京: 高等教育出版社

[14] 普通高中技术课程标准 (实验). 北京: 人民教育出版社, 2003.10

[15] 技术课程标准研制普通高中技术课程标准 (实验) 解读.

[16] 段青. 选修模块带来的思考

http: // blog, cersp. com/6002/category/4836. aspx, 2005 - 08 - 14/2007 - 03 - 10

[17] 李艺. 信息技术课程与教学 [M]. 高等教育出版社

[18] 李艺, 李冬梅. 信息技术教学: 继承与创新 [M]. 北京: 高等教育出版社

[19] 解月光. 多媒体技术应用. 北京: 教育科学出版社, 2004

[20] 吴敏. 信息技术教学中的常用教学方法

http: // blog. cersp. com/6002/36221. aspx

[21] 林奕生. 信息技术选修模块实施略谈. http: // blog, cersp. com/6002/archive/

高 中信息技术教师专业能力必修 Guo Zhong Shu Xue Jiao Shi Zhuan Ye Neng Li Bi Xiu

200703. aspx, 2007 – 03 – 05/2007 – 03 – 10

[22] 教育部. 全日制普通高中信息技术课程标, 2003 – 02

[23] 周小山, 严先元. 新课程的教学策略与方法 [M]. 四川: 四川大学出版社, 2003.

[24] 段青. 选修模块带来的思考. http：// blog, cersp. com/6002/category/4836. aspx,

2005 – 08 – 14/2007 – 03 – 10

[25] 林奕生. 信息技术选修模块实施策略 http：// blog, cersp. com/6002/archive/200703. aspx, 2007 – 03 – 05/2007 – 03 – 10

[26] 范建农. 第七届全球华人计算机教育应用大会入选案例改编

[27] 李艺, 李冬梅. 信息技术教学：继承与创新 [M]. 高等教育出版社

[28] 李艺. 信息技术课程与教学 [M]. 高等教育出版社

[29] 全日制普通高中信息技术课程标. 教育部, 2005. 2

[30] 李艺. 信息技术教学研究与案例

[31] http：// acad. cersp. com/article/1371775. dhtml

[32] http：// stqz. stedu. net/jybk/qzjy/qzjy21/21 – 11 – 1. htm

[33] http：// res. hersp. com/content/23604. aspx

[34] 任友群. 新课标下高中信息技术教材编写的实践与思考——以数据管理技术选修课为例. 信息技术教育, 2007. 7

[35] http：// www. ictedu. cn/bbs2008/dispbbs. asp? boardid = 11&Id = 11300

[36] 张剑平. 关于人工智能教育的思考 [J]. 电化教育研究, 2003 (1)

[37] 许爱娣, 张家华.《人工智能初步》选修课 CAI 课件及其设计 [J]. 中小学信息技术教育, 2005 (12)

[38] 张家华. 高中人工智能课程及其教育问题研究 [D]. 金华: 浙江师范大学, 2006

[39] 教育部. 普通高中信息技术课程标准 [S], 2003

[40] 张晓, 朱萍, 徐吉吉, 于秀梅. 高中人工智能教学中存在的问题及对策 [J]. 教学与管理, 2007 (8)

[41] 李艺. 信息技术教学研究与案例 [M]. 北京: 高等教育出版社, 2007 (3)

[42] 皮连生, 刘杰. 现代教学设计 [M]. 北京: 首都师范大学出版社, 2005

[43] 周瑜珍. 精彩, 从"碰撞"开始——农村初中信息技术课堂生成性资源教学初探 [J]. 中国信息技术教育, 2010 (16)

[44] 金小平. 例谈如何利用信息技术课堂资源的自然生成性提高课堂教学效率 [J]. 浙江教育技术, 2010 (3)

[45] 贺剑夫. 放飞梦想 踏歌前行——一位农村初中信息技术教师的专业成长之路 [J]. 中国信息技术教育, 2010 (19)

[46] 陈丽伶. 信息技术课学生学习动机现状及对策 [OL].

http：∥www. zxzxit. net/Article/ShowArticle. asp？ArticleID = 67

[47] 李龙. 教学设计 [M]. 北京：高等教育出版社，2010

[48] 李艺. 信息技术教学研究与案例 [M]. 北京：高等教育出版社，2006

[49] 皮连生. 教学设计：心理学的理论与技术 [M]. 北京：高等教育出版社，2006

[50] 乔平侠. 高中信息技术教学方法的思考 [OL].

http：∥www. studa. net/gaodeng/100617/10040536. html

[51] 张小彩. 课堂情境下运用学习动机理论，激发学习动机 [J]. 黑龙江科技信息，2009（36）

[52] QB 信息学校本课程中学生学习动机的实践研究 [OL].

http：∥ktsb. e21. cn/content. php？id = 3646

[53] 刘锦兴. 信息技术课堂中生成性资源的探究 [J]. 中国信息技术教育，2010（08）

[54] 李艺. 信息技术课程与教学 [M]. 北京：高等教育出版社，2005

[55] 李艺，李冬梅. 信息技术教学方法：继承与创新 [M]. 北京：高等教育出版社，2003

[56] 李艺，朱彩兰. 走进课堂——高中信息技术新课程案例与评析（必修）[M]. 北京：高等教育出版社

[57] 冯伯虎. "主题活动式教学"要叫停吗？ [J]. 中小学信息技术教育，2006（12）

[58] 朱莹莹. 浅谈信息技术教学中的情境设置. http：∥www. bjkecheng. cn/news_ 16276. html. 浏览时间：2010 – 10 – 9

[59] 李艺. 信息技术新课程实验的成就与存在的问题. http：∥www. hfes. cn/ReadNews. asp？NewsID = 1484. 浏览时间：2010 – 10 – 9

[60] 张曙光，陈启胜. 构建学案导学模式—培养学生自学能力 [J]. 山东教育学院学报，2000（4）

[61] 苏光洁. 构建符合素质教育要求的中学课堂教学模式——运用学案导学初探 [J]. 教育实践与研究，2001 – 08

[62] 徐新福. 构建"学案导学法"教学模式的探讨 [J]. 生物学教学，2001，26（5）

[63] 肖广艳. 导学学案——一本学生不可缺少的"教材"[J]. 中国教育研究论丛，2006

[64] 武传伟，葛春英. "学案导学，自主探究"教学策略初探 [J]. 延边教育学院学报，2005 – 08，19（4）

[65] 罗届中. 学案导学——自主建构"课堂教学模式设计原则及策略 [J]. 教育实践与研究，2009 – 09 – B

[66] 冯春生. 多媒体教学课件的评价指标及制作流程综述 [J]. 教学研究，

2006 – 07，29（4）

[67] 谢雪晴．多媒体计算机辅助教学课件研究与展望［J］．四川文理学院学报（自然科学），2007 – 03，17（2）

[68] 贾超群．多媒体教学课件分类制作［J］．科技创新导报，2009

[69] 王卫萍，王爱星．计算机多媒体教学课件的制作与运用［J］．中国校外教育下旬刊

[70] 刘丽．编写教案八要素［J］．信息技术教学，2003

[71] 郝杰．走出教案撰写误区　张扬教师个性［J］．教育理论研究，2008（7）

[72] 马学军．信息技术教学网站建设的实践与探讨［J］．教育理论研究，2007（11）

[73] 周义范．信息技术在线教学网站的建设与应用［J］．中小学信息技术教育，2008（6）

[74] 梁伟焱．网络课程的设计与开发［J］．计算机与信息技术，2007（20）

[75] 杨晓丹．浅谈网络课程的理论基础［J］．网络探究，2008（8）

[76] 马学军．信息技术教学网站建设的实践与探讨［J］．教育理论研究，2007（11）

[77] 陈晓艳．Blog 在教学方面的功能初探［J］．理论创新，2007（7）

[78] http：//www. douban. com/group/topic/10781593/

[79] 李艺，朱彩兰．走进课堂——高中信息技术新课程案例与评析（必修）［M］．北京：高等教育出版社，2007：32 ~ 35

[80] 杨玲．新课程背景下信息技术课堂有效教学的实施策略［J］．当代教育论坛，2009（3）

[81] 王秀荣，孙良林，冯旭鹏．竞赛式教学法在中小学信息技术教学中的应用［J］．现代教育技术，2009（9）

[82] 丁芳，周剑辉．新课改背景下信息技术课堂作业的设计与评价［J］．现代教育技术，2008（7）

[83] 马冬雪．设计有差异的信息技术课堂练习［J］．河北大学成人教育学院学报，2008（2）

[84] 李小川，卢清．浅谈信息技术课课堂管理［J］．科技创新导报，2009，（26）

[85] 邵光信．如何有效地进行信息技术课堂管理［J］．中国教育信息化，2009，（6）

[86] 李薇，李子运．信息技术课堂管理策略探究［J］．软件导刊，2008，（5）

[87] 丁婧，李艺．信息技术新课程总结性评价试题设计研究［J］．中国电化教育，2006（4）

[88] 冯伯虎，李艺．科学命题：信息技术课程总结性评价研究的核心［J］．中小学信息技术教育，2006（6）

[89] 王洵．信息技术新课程总结性评价试题设计研究［D］．南京师范大学，2006

[90] 樊天岳．普通高中《信息技术基础》必修模块总结性评价的设计思路［J］．观察思考，2009（9）

［91］李艺，张义兵．信息技术教育的双本体观分析［J］．教育研究，2002（11）

［92］魏小山．信息技术过程性评价的实践性思考［J］．中小学信息技术教育，2006.7～8

［93］杨仙锋．电子档案袋评价在高中信息技术课中的应用与研究［J］．山西师范大学学报自然科学版研究生论文专刊.2008－03，22

［94］李顺．电子学档：一种面向过程的评价手段［J］．中小学信息技术教育.2004，5

［95］包红兵．信息技术课过程性评价中电子档案袋的构建与实施［J］．中国教育技术装备.2008，21

［96］尹建秋，王继梅．对学生自评与互评的有效评价策略［J］．体育师友，2010，2

［97］陈武．信息技术教学中运用电子档案袋评价的探究［J］．江苏教育研究（实践版），2008.4

［98］李有华，李兴柱．中小学基于电子学档的发展性评价的实施策略［J］．电化教育研究，2008（2）

［99］吴立忠．关于课堂教学评价改革存在问题的反思［J］．教育导刊，2010（09）

［100］高永鑫，王华学．论新课程视野下的课堂教学评价［J］．长江工程职业技术学院学报，2007－06，24（2）

［101］魏游，王洲林．浅谈新课程改革背景下教学评价的新发展［J］．新课程研究（下旬刊），2009，1

［102］高润桐，郝艳梅．浅议新课程标准下教学评价的转变［J］．中国体卫艺教育，2010，1

［103］袁维新．用诊断性评价揭示学生的前概念［J］．生物学通报，2003，38（6）